钱建国　上海奶业行业协会秘书长

《讲透乳业营销》是乳业经营的基础，乳业营销的参谋，值得所有乳业同人学习！

张志民　山东省奶业协会名誉会长

侯军伟老师多年来深耕中国乳业营销领域，有着丰富的理论和实践经验，《讲透乳业营销》内容丰富广泛，论理清晰深刻，具有很强的指导性、实用性，是一部难得的工具书。愿这本书尽快与大家见面！

宋　亮　著名乳业分析师

《讲透乳业营销》是一本全面介绍当前中国乳业发展历史、市场竞争态势和发展格局的经典著作。书中详细阐述了乳品营销中的产品创新、渠道构建、定价策略和促销推广等内容，是乳品企业营销能力提升的必读之书。

石　浏　重庆光大集团乳业股份有限公司董秘

《讲透乳业营销》是一本具有宏韬伟略的乳业发展战略指导书，也是一本落地实操的营销工具书，是乳业同行值得学习的营销指南。

蒋端平　浙江华美冷链科技有限公司董事长

国内不缺好牛奶，也不缺好企业，但怎么把好牛奶卖给更多的人？营销是关键。这就是一本乳业营销的全方位的说明书，我一口气读完，启示良多，受益匪浅，希望更多的人通过阅读此书而受益。

崔继平　内蒙古兰格格乳业有限公司董事长

《讲透乳业营销》这本书把乳企的产品、渠道、推广等都讲得很透，特别是产品创新的方法，给我留下了深刻的印象，做产品一定要有差异化，把一款产品做到极致，通过聚焦做到最好，这是我们乳企生存的根本法则！

姚　慧　湖南南山牧业有限公司董事长

《讲透乳业营销》没有枯燥的理论，是活生生的营销案例，是鲜活的市场实战方法，可以说，每一页都充满了智慧和力量，每一页都凝聚了经验和心血，愿您在阅读中获得更多的启示和勇气，愿我们奶业人都从中汲取力量，在浮躁的社会中寻找到前进的方向，感谢侯军伟老师！

安保森 青岛新希望琴牌乳业有限公司总经理

荣幸拜读侯军伟老师的新作《讲透乳业营销》，书中的一个个案例，一个个方法，一个个工具，一个个乳业故事，有理论，有实践，见微知著，洞若观火，是真正可以赋能中国乳业高质量发展的方法论。

杨　永 河南花花牛乳业集团股份有限公司总裁

奶业发展的风向标，乳品营销的教科书。

周喜平 宁夏塞尚乳业有限公司副总裁

《讲透乳业营销》非常系统地讲述了乳业营销的基本理论和操作方法，而且易学、易懂，非常适合乳品企业营销人员去学习，并结合本企业实际情况去应用。

丁建平 西安东方乳业有限公司总经理

侯军伟老师所著《讲透乳业营销》一书，系统地剖析当下中国乳业的整体竞争格局，深入研究行业不同地位、不同特色、不同基础条件的企业的发展机会和面临的挑战，讲解了区域企业走出困局的经验，既有战略思想认识，也具有实践方法论，观点新颖，方法务实可行，本人有幸拜读且获益匪浅！

孔令伟 淮安快鹿牛奶有限公司董事长兼总经理

《讲透乳业营销》紧扣乳业发展脉搏，观点新颖实用，实战案例清晰，乳业营销理念系统化、策略化、可视化。全书分析了当前乳业营销的痛点，并针对性地提出了非常好的建议和办法，可借鉴性很强，是乳业营销方面少有的佳作！

凌　梓 河北弗蒙特生物科技有限公司CEO

《讲透乳品营销》凝结了侯军伟老师数十年来从事乳品营销工作的心得。不论你是从事市场、销售、研发，还是生产工作，该书都是乳品行业从业人员必读的经典之一。

他在书中高屋建瓴地阐述了乳品企业如何破局、锻造爆品的方法论，并且融入了几十个生动而具体的行业案例加以解说，使读者能够快速透过市场上的种种表象，摸清背后操盘手的逻辑和思路。

该书语言简练生动，信息量很大，一气呵成读完后，让人酣畅淋漓。希望侯军伟老师今后能推出更多新书、好书，让大家能更深刻理解乳品企业的营销之道。

《讲透乳业营销》推荐语

刘 超 **中国乳制品工业协会副理事长兼常务副秘书长**

《讲透乳业营销》以鲜活的案例，深入的市场研究，实效的方法，全面论述了乳业市场营销的策略与方法，是一本教科书式的乳业市场营销大全。在乳业新的发展阶段，在乳业由大变强的历史进程中，是乳制品企业破圈、求变、发展，做好市场营销的一把解锁钥匙！

张养东 **国家奶业科技创新联盟秘书长**

消费是决定奶业发展方向的牛鼻子，但只有营销做好了，消费才能上规模，奶业才能实现振兴。《讲透乳业营销》就是讲如何开发好产品，如何建设销售渠道，如何打造品牌，如何塑造品牌，最终实现企业的增长，产业的振兴。全书通过营销理念、案例与方法相结合的方式讲述，极具参考价值。我推荐所有乳业同人都看看这本书！

高海伟 **中国副食流通协会副秘书长**

企业所有的努力都需要通过营销完成最终的价值转化，《讲透乳业营销》从行业发展历程、产品创新、渠道变革、推广实施及品牌打造等多个方面进行了论述，期待这本书早日与读者见面，助力企业发展。

邓荣臻 **原农业部奶业管理办公室副主任/中国优农协会优质畜产品分会会长**

从事奶业工作多年，以前经常看睿农咨询的文章，受益匪浅。最近认真读了侯军伟老师的新作《讲透乳业营销》，更是茅塞顿开，特别是书中营销是实践科学、产品终端媒体营销、口碑品牌公关事件营销等观点，非常实用，对于当前乳业的竞争形势具有很强的指导意义，推荐业内人士阅读这本书。

徐环宇 **辽宁省奶业协会会长**

有幸拜读佳作。我作为行业中人，对区域性乳企的营销模式和市场情况还算比较熟悉，作者团队也曾在辽宁区域与本地企业合作，进行实操策划指导，获悉收效甚好。本书所著内容，有理念有方法，故推荐乳业同人阅读。

乌日金 **内蒙古奶业协会秘书长**

侯军伟老师深耕行业多年，对乳业分析研究透彻。《讲透乳业营销》有理念，见解独到；有方法，可资借鉴；有工具，简单实用，是行业从业者难得的好助手！

刘文庆　河南三色鸽乳业有限公司总经理

《讲透乳业营销》是本立体的、全方位的乳业营销葵花宝典。从全域到局部,从战略到战术,从产品到促销,从线上到线下,从品牌到跨界,都会让你产生共鸣,得到提升。

在这个信息与科技大爆发的时代,市场竞争更加多元化,一本《讲透乳业营销》就是企业发展的催化器,成长的助力器。如果你是正在进军乳业或已经在乳业路上的人,《讲透乳业营销》这本书值得去认真读一读。

韩　冬　朴道晟源管理咨询联合创始人

写作是个辛苦活,凡著书之人,必以某种情怀作为初心。通读此书,大概理解了侯军伟老师的初心:首先是分析乳品行业的格局和生态,为乳品产业链提供清晰的市场蓝图;其次是解析市场营销中的关键要素,并为乳品从业人员提供落地产生实效的方法;最后是以消费者为导向,为乳品企业的未来指明方向。总之,怀有利他之心,为行业提供可持续发展的知识资产,就是侯军伟老师辛苦创作本书的初心。

同时,这不仅仅是一本讲透乳品营销的学习宝典,更是每一位快消人应该参照学习的营销教科书,侯军伟老师将自身对营销理论的专业研究和多年咨询实战经验相结合,为我们构建了商业思考的底层逻辑,提供了一本拿来就能用的系统而全面的市场营销工具书!推荐给每位身处快消领域的企业家、高管和营销精英共同阅读!

解　策　山西古城乳业集团营销公司总经理

获悉侯军伟老师的《讲透乳业营销》即将问世,深感欣悦。

本书集乳业营销理论研究和实践案例于一体,是乳业营销丛林中的大成之作、经典之作,理论深厚,案例前沿,接地气,重实操。

本书系统、全面、详尽地阐述了乳业营销的全过程。通过对市场规模、消费者需求、竞争形势的深入分析,使我们对乳业市场的整体格局有了更清晰的认识,从乳业现状、产品、价格、渠道、营销策略、品牌、乳企舆情、服务、乳业未来等各个方面进行了解析,提供了许多实用的方法和思路。这些策略不仅适用于乳业营销,对于其他行业也有借鉴意义。

我认为,这是一本不可多得之杰作,读后定能受益匪浅。

刘国强　洛阳生生乳业有限公司总经理

这本书,紧贴乳业市场前沿,洞察行业动态,市场操作方法清晰,是每个乳业营销人的工具宝典。

王成武 山东省奶业协会会长

　　《讲透乳业营销》内容简洁，全面系统、精准严谨地分析了国际国内的乳业市场，作者凭借丰富的品牌营销经验，通过方法提炼、案例分析，对如何做好产品创新、搭建营销渠道、塑造消费场景、精准营销推广、危机管理等提出了新思想、新概念、新方法，对打造乳业品牌，提高乳业从业者和管理者水平，推动乳业快速健康发展，都会有很大的支持和帮助，也将为奶业振兴和高质量发展做出积极的贡献！

刘蜀昆 云南省奶业协会副会长/优牧品原乳业创始人

　　全球乳业营销是个大话题，中国乳业的营销更是一门大学问。侯军伟老师的这本著作全面阐述乳业营销的方法，可以提高乳业人的营销能力，真正助力乳业高质量发展！

王伟民 陕西省乳品安全生产协会副秘书长

　　《讲透乳业营销》高屋建瓴，见解精辟，全面总结，行业最高水准，独树一帜。

崔海平 内蒙古兰格格乳业有限公司总经理

　　收到侯军伟老师大作《讲透乳业营销》时，不禁感叹时光飞逝，侯老师的书（《乳业营销第1书》）出版十年，兰格格与侯老师的合作也五年有余，重温这本书的内容，就像重温双方的合作。

　　兰格格是内蒙古乌兰察布市本土的乳业品牌，创始人家族四代传承蒙古族酸奶技艺，但本土市场人口少、地域跨度狭长、竞争压力巨大，作为区域乳业品牌，兰格格的生存承压可想而知。

　　与侯老师的合作，正是兰格格走出区域的关键时刻。双方聚焦草原酸奶品类开创，围绕"4P"基础建设，重点在于营销团队的培训，侯老师及其团队深入兰格格营销体系各个环节，不遗余力调研、座谈、培训、复盘，让顶层设计在基层落地，让经典理论在营销动作上予以体现，可以说整个合作，就是侯老师向兰格格营销团队讲透乳业营销的过程。与侯老师合作的五年正是兰格格走出区域、走向全国的五年，草原酸奶品类正在全国扎根。

　　侯老师专注乳业营销，兰格格专做草原酸奶。我希望更多的读者能够看到这本书，受益于这本书，更希望侯老师与兰格格的合作能够再创新的佳绩。

王海宁 中国副食流通协会饮品分会秘书长/全球高端食品展览会总经理

　　《讲透乳业营销》真正讲透了中国乳品行业发展的脉络，总结归纳了优秀企业的成功方法，找到了失败企业的原因，帮助乳品企业在发展的道路上取长补短。市场上关于营销的书籍很多，但真正从一个行业切入，专注于某一品类的营销书籍不多，相信侯军伟老师这本《讲透乳业营销》，能够帮助乳品企业找到适合自己的营销路径。

张国峰 **内蒙古额尔敦羊业股份有限公司**

本书对市场竞争格局、竞争战略、产品战略、渠道变革以及区域性乳企运作模式等方面都讲得很透彻。全方位的市场分析，各种实操案例和方法，为区域性乳企在竞争中指明了方向，更是各类型乳企快速增长的营销宝典。

张红宇 **纷美包装有限公司市场副总监**

侯军伟老师的书特别适合在这种情况下阅读：对行业和自己公司的发展感到迷茫和缺乏思路的时候；当您考虑如何培养营销铁军的时候；年度业绩复盘总结，确定未来计划的时候。相信这本书能为您提供非常有益的指引！

韩 潇 **北京超级节点科技有限公司营销总监**

《讲透乳业营销》是所有乳业从业者都值得拥有的一本书。书中全面讲解和分析了乳业营销中涉及的各种问题，字里行间都流露出作者对中国乳业的关注、热爱和期待。近年来，乳业的营销理念和方法不断升级，营销数字化也逐步成为很多乳企的布局方向，希望中国乳业发展越来越好，中国乳企实力越来越强！

刘 力 **澳洲尼平河乳业有限公司大中华区董事长兼CEO**

侯军伟老师是国内营销咨询公司中最了解乳业，乳业中又最懂营销实操落地的第一人。《讲透乳业营销》值得每个乳业人阅读！

何景平 **叶茂中冲突战略成都商学院院长**

《讲透乳业营销》这本书从乳制品行业入手，非常系统地阐述了乳制品行业所需要的市场营销观点，有理论分析，有实战案例，可读性很强，推荐阅读！

李 雷 **聊城好佳一生物乳业有限公司总裁**

在行业这么多年，我终于高兴地发现，中国乳品领域能出现这样的重要著作，它为我们提供了一份宝贵的行业指南，涵盖了乳业市场的各个方面，提供了实际的操作方法，指导从业人员能够系统掌握理论，继而将理论高效转化为实际的市场行动。

我强烈推荐这本书，它能够全方位帮助从业人员更好地做好乳业营销，掌握乳业市场趋势、竞争格局以及未来发展，相信它必将成为每一位乳企的老板、乳业营销人不可缺少的案头读物！

李荣久 皇氏集团遵义乳业有限公司总经理

本书从形而上的理论角度宏观分析中国乳业在世界乳业发展变革中的发展趋势，也从形而下的实践解读新形势下乳品企业如何从顶层战略设计、内外部资源分配整合到终端战术落地的应对变革，为新形势下乳企如何在发展中寻求解决外部矛盾和自身问题之间的平衡关系提供了根本性指导，堪称新时代乳品企业战略制定及战术执行的体测对照表。

马万平 云南来思尔乳业有限公司总经理

侯军伟老师是我多年的好友，也是乳业界的大咖！《讲透乳业营销》不仅有乳业发展的历史与现状，还有对未来发展趋势的独特见解。同时，作者以极其丰富的乳业营销经验为基础，分享了从产品定位到渠道建设，从价格制定到市场推广，从品牌建设到危机管理的详细步骤和策略。如果你是乳业从业者或是对乳业市场感兴趣的人，这本书将为你提供宝贵的建议和指导！

刘佑民 伊犁伊力特乳业有限责任公司总经理

有幸收到《讲透乳业营销》，迫不及待地打开连夜拜读，书中对乳业市场营销深刻的见解和对未来发展的深度分析，有理论，有方法，让我受益匪浅，非常感谢侯军伟老师给我们乳品从业人员带来这么实效的营销实战方略。

伯建新 新疆新牧冰川乳业有限公司/营销专家

《讲透乳业营销》这本书的问世对于目前处于发展低谷的中国乳品行业来讲可谓是恰逢其时，一方面让一直从事乳品行业和刚进入乳品行业的新人能够再一次回顾中国乳业的发展历程，清晰地了解中国乳业发展一波三折的过往；另一方面可以对这十年中国乳业的发展进行总结和反思，厘清思路，找到发展中问题的所在，以便重拾信心更好地迈入下一个十年。

书中呈现了最具代表性的营销实践案例、最前沿的市场营销理论以及对新产品、新营销、新趋势的全新解读。让我们一起跟着这本书进入一个全新的乳业新时代！

万剑啸 异同战略创始人/裸燕奶酒创始人

《讲透乳业营销》是侯军伟先生多年乳品营销实战经验集大成之作。其中18个分析模型和46个实战案例能够让乳品行业的市场人员因地制宜，有针对性地进行学习，从而提升解决问题的能力。所谓"传道授业解惑"，无非也就是这样吧！

陈俊峰 新疆瑞源乳业有限公司总经理

《讲透乳业营销》是作者多年深入乳品营销一线的经验提炼，解析乳业营销的本质，为乳业人指明乳品营销的方向，是乳品营销人的随身好读物！

陈海超 北大博雅客座教授/社区团购研究专家

《讲透乳业营销》用360度全方位的视角，把乳业产业链讲清楚、弄明白与升认知。我用负责任的态度告诉乳业战线的伙伴们，这是一部不希望竞争同行看到的专业秘籍。

杨盛兴 四川省奶业协会常务副会长兼秘书长

此书全面分析了中国乳业市场现状与未来发展趋势，系统总结出中国乳业营销的理论与实践，是一本难得的乳业营销必读之书。

彭德举 众羊联合创始人

中国乳业潜力巨大，未来可期，作为一名羊奶行业从业者，我非常认可书中提到的中国乳业的未来是品牌的竞争的观点，我们将沉心、扎根，练好基本功，奔向更美好的未来。这本《讲透乳业营销》，希望能成为你的案头好书，征程中的良师益友。

杜少华 河南三色鸽乳业有限公司副总经理

国内著名乳业营销专家侯军伟老师的《讲透乳业营销》，从宏观到微观全维度的分析和总结，对我们这些地方乳企的指导价值非常高，所以强烈推荐学习、品读！

王先知 新华社瞭望智库副总裁

侯军伟老师对中国乳业的品牌营销有着独到的见解和系统性的思考。当下，中国乳业已经是红海竞争，企业间早已贴身肉搏，乳业营销已成为引领企业增长的核心驱动力。从产品创新到超级单品开发，从定价、涨价策略到销售渠道变革，从营销传播到品牌塑造，中国乳制品市场遇到的种种问题，在《讲透乳业营销》一书中都能找到答案。

朱洪伟 **安徽杜贝斯特食品工业有限公司总经理**

纵观全球，中国乳品消费量仍处于较低阶段，但同时我国乳制品竞争已成稳定局势。如何打破格局，成为乳业市场超级新星，引发全民购买热潮，我们在埋头钻研产品的同时也要抬头看看怎么做好乳业营销。《讲透乳业营销》这本书，从点到面深度剖析了中国乳业市场，从理念到方法，从策略到执行，是值得深度阅读的一本好书！

武鹏飞 **西安朵拉倍拉生物科技有限公司董事长**

中国不缺营销类的书籍，更不缺行业介绍的畅销书。但是中国乳业板块却缺少优质的营销类书籍，而睿农咨询的侯军伟老师填补了这一缺失。《讲透乳业营销》根据乳制品行业的变化和发展，通过具体案例，详细讲解了乳业营销的核心问题，是行业从业者学习行业知识、了解行业发展、提高自身业务能力的不二选择。

魏永明 **杭州中亚机械股份有限公司销售总监**

这是一本对乳品行业营销具有深度见解和实用策略的书。它不仅提供了扎实的理论知识，还通过丰富的案例，展示了实际操作的技巧和策略。无论你是乳品从业者，还是对乳品营销感兴趣的人士，这本书都会带给你很大的启发和帮助，值得一阅。

沈　坤 **深圳市沈坤营销策划有限公司创始人**

《讲透乳业营销》从战略到执行，大处着眼，小处着手，为乳业营销指明方向，各种策略性建议和案例解析都极具实操性。我敢肯定，这本书不光行业内的企业家和营销经理人会喜欢，甚至还会吸引更多行业外的营销人！不信，我们走着瞧！

李岳光 **畅销书《餐饮效率革命》作者**

侯军伟老师是专注于乳业的营销专家，《讲透乳业营销》是他的最新力作，汇集了他在乳业营销方面深厚的理论基础和丰富的实战经验，非常值得行业内外人士学习、参考和借鉴。

李政权 **《弱势品牌营销》作者/营销专家**

这是一本有关乳业营销的全景式书籍，没有作者对乳业市场营销的多年浸淫，以及服务于中国乳品企业的多年实践，写不出这样一本案例丰富翔实、见解深刻的专著。我相信乳品企业及快消品其他企业都能从中找到自己想要的东西。

祝宝威 **《全食周刊》总编辑**

作为乳品行业的资深专家,侯老师始终坚持走在乳业的第一线,输出最深刻的行业观点,为众多新老乳品企业提供最适配的专业指导。在我看来,本书最大的亮点是侯老师综合了40多个真实市场案例,从产品、渠道、价格、推广等方面进行深入分析,解读品牌打造背后的底层逻辑,为更多乳品企业提供了新的发展思路与思考路径。在如今市场变幻无常的消费大背景下,能够如此细化、量化地对乳品行业进行研究与探索,这背后所花精力与时间是十分巨大的。《讲透乳业营销》是一本可遇不可求的乳业营销著作,值得我们乳业食品行业人学习!

栗 娟 **新乳业主编/华糖云商首席乳业研究员**

《讲透乳业营销》既有从区域到全国,以及到全球的市场环境和竞争形势分析,又有产品创新、价格管控、渠道拓展等方面的操作思路和方法,视野广博,内容全面,实战性强,推荐给乳业同人阅读。

厉善红 **山东碧海包装材料有限公司董事长**

《讲透乳业营销》详细地讲述了中国乳业的发展与本土实效的营销方法,是乳品行业中第一本全面、系统的品牌营销书籍,值得每一个乳业人学习。

王光辉 **济南恒辉科济食品配料有限公司总经理**

做乳业市场的人,都应该读一读《讲透乳业营销》,这本书既有理论高度,又有市场操作方法,有工具、有案例、有步骤,推荐大家阅读。

吕 莉 **威海嘉盛乳业有限公司总经理**

《讲透乳业营销》犹如一座灯塔,用广博的视角、敏锐的洞察力和缜密的商业逻辑,为风雨颠簸中的乳企尤其是中小型乳企,坚定了信心,照亮了前行的方向。乳企宝典,开卷有益!

任未希 **品饮汇创始人**

《讲透乳业营销》阐述了中国乳业在新时代的竞争格局下,不同的企业该如何从营销系统能力建设中去找到适合自己的最佳发展路径,从而构建自己的核心竞争力。此书给我们以宏观视野的大局观,以战略的眼界构建属于我们企业自己的营销"4P",从而有效建设每个企业自己的品牌,乳品行业人士非常值得拜读。

赵义祥 营销专家

本书对于乳品企业在激烈竞争环境中如何找准自己的位置，如何采用适合于自己的战略、战术都进行了深入、细致的解读。其价值不仅仅适用于中小型乳品企业，对大型乳品企业运作市场同样有着不菲的价值。

陈小龙 著名投资人/营销专家

侯军伟先生的《讲透乳业营销》一书从战略与战术两个方面，提供了乳业营销的立体视角，深度把握了乳品企业成功的秘诀，是一本极具参考价值的书。

孙自伟 汉马传播创始人/品牌专家

本书文字平实、案例新鲜、理论新颖，相信是当前中国乳品行业营销所需要的干货，当然也适用于快消品的其他类企业，因为营销本身是相通的，只是行业不同而已。在这里我向读者诸君郑重推荐这本书。

任小东 魔方云销战略咨询创始人/新折扣商业创始人

纵观侯军伟老师这本书，可以看出这是乳业战略营销的与时俱进，同时也是乳业战略营销上新旧能量的重新融合。万变不离其宗，围绕顾客价值进化，重新梳理乳业营销的价值创造、价值传递、价值转化，给您呈现出乳业营销的"真营销体系"。特向诸君推荐！

王巧贞 《销售与市场》杂志主编

中国市场上很多行业进入存量竞争阶段，消费者日渐成熟，零售模式不断创新，供应链革命悄然进行，新的商业模式踏浪而来，乳制品企业也面临着新一轮的市场演变。如何在经济放缓的形势下，寻找新的增长点？作为沉浸乳业多年的行业观察者和参与者，侯军伟老师深入研究了当下乳品行业的市场特点，通过对各类型乳品企业的深入调研，从产品、定价、渠道、促销、品牌及公关等方面为乳品企业如何参与新商业环境下的市场竞争进行了战略及战术上的针对性分析。

守正才能出奇，变革的时代，守得住确定性，才能以创新赢得市场，赢得消费者，《讲透乳业营销》为企业提供了一个极具操作性的参考路径。

赵香君 乳业财经创始人/总编辑

　　《讲透乳业营销》这本书是一本关于国内乳业营销的权威指南。侯军伟老师通过对乳业市场的整体把握和深入剖析，提供了从大局观、营销"4P"到品牌等多个环节的全面解读。无论是头部乳企、泛区域性乳企还是小区域性乳企，在本书都能找到宝贵的市场竞争思路和方法。

　　这本书覆盖了超过40多个案例，侯军伟老师历时一年进行修改，确保了内容的实用性和准确性。不论您是乳品行业的从业者，抑或是对乳业营销感兴趣人士，这本书都能够帮助您更好地理解乳业市场规律，并在实践中提升自己的市场竞争力。强烈推荐！

丁　芳 《中国奶牛》杂志主编

　　《讲透乳业营销》一书以中国奶业企业个体发展历程为实例，对奶业企业的营销行为进行了剖析，仔细梳理了乳业营销中的各种策略方式，同时提出了未来的发展方向。本书可以成为行业管理及营销人员的参考书和指导手册。

罗　莉 《新食品》原总编辑

　　这是一本有关在乳业市场开疆拓土的书籍，读完它也许花不了你多长时间，但其中蕴含的智慧却是侯军伟老师多年营销实践总结而成的微言大义。鲜活的情景案例+具体的招式分解，给业内提供了不少建设性意见。

谢海峰 《销售与管理》原执行主编

　　此书凝聚侯军伟老师多年乳业营销的心得体会，产业宏观分析与营销实战案例并举，为众多有志于中国乳业新格局打造的企业提供了一套战略与战术的成功路径。

彭　克 《销售与市场》杂志新媒体主编

　　通过乳业营销可以看到中国快消品近些年的市场迭代，站在不同视角看到产品创新、营销推广、品牌打造等各个环节，《讲透乳业营销》让我们汲取经验和教训，从历史的发展脉络中找到成功者的方法论。

孙宝山 上海东泽企业管理咨询有限公司总经理

　　《讲透乳业营销》一书，从国际国内市场发展、产品创新、价格策略、渠道营销、品牌传播等方面全方位讲述了中国乳业市场的营销策略与方法，值得我们学习和借鉴！

讲透乳业营销

乳业营销实战操作指南

做好乳业市场，读这一本书就够了

侯军伟 ○ 著

图书在版编目（CIP）数据

讲透乳业营销 / 侯军伟著. -- 郑州：河南大学出版社，2023.10
ISBN 978-7-5649-5655-4

Ⅰ.①讲… Ⅱ.①侯… Ⅲ.①乳品工业－市场营销－中国 Ⅳ.① F426.82

中国国家版本馆 CIP 数据核字 (2023) 第 202281 号

讲透乳业营销
JIANGTOU RUYE YINGXIAO

责任编辑	马　博
责任校对	王　珂
封面设计	睿农小松

出版发行	河南大学出版社
地　　址	郑州市郑东新区商务外环中华大厦 2401 号
邮　　编	450046
电　　话	0371-86059701（营销部）
	0371-22860116（南方出版中心）
网　　址	hupress.henu.edu.cn
排　　版	河南大学出版社设计排版中心
印　　刷	广东虎彩云印刷有限公司
版　　次	2023 年 10 月第 1 版
印　　次	2023 年 10 月第 1 次印刷
开　　本	710 mm × 1000 mm　1/16
印　　张	23.5
字　　数	280 千字
定　　价	99.00 元

版权所有·侵权必究

本书如有印装质量问题，请与河南大学出版社营销部联系调换。

再版自序

《讲透乳业营销》是我于2013年出版的《乳业营销第1书》的修订版，原书出版至今已经十年，书中的部分内容已经和当前的市场发展不匹配，这是促使我做修订版的原因。

这次修订前后历时一年有余，我对全书的框架和内容进行了重新的梳理与完善。原书的主体部分是以产品、价格、渠道、推广四个核心内容为主，新书除了对这个部分进行修改和案例增加之外，还删除了其他多个章节。新书修订后的内容，增加了第一章"全球化浪潮下的中国乳业市场"、第七章"营销传播，塑造品牌"、第八章"危机营销，速度第一"、第九章"中国乳业的未来之路"；除此之外，在每一个章节的后面都增加了方法模型，便于读者朋友掌握理论与方法之间的关系。

全书修订后共有九章，分别是：

第一章：全球化浪潮下的中国乳业市场。对当前的中国乳业环境在全球政治、经济等影响下所存在的问题与机会进行分析，从而提出中国乳业市场的黄金发展期即将到来的论断。

第二章：中国乳业市场格局与竞争战略。本章全面描述中国乳业当前的基本格局与未来发展战略，从乳业发展历史看中国乳业的发展规律，从市场格局看中国乳企的竞争策略，从市场发展的趋势看企业的竞争战略。

第三章：产品创新是基础，产品规划是关键。产品是营销工作的基础，本章详细解读了如何做好产品创新，产品创新的方法，如何打造超级单品，如何进行产品线的规划等内容。

第四章：定价定天下，涨价有方法。价格是产品价值的体现，本章主要从价格战略，定价的方法，如何有效涨价等常见的问题着手，让读者全面理解价格也是企业的战略，是重要的竞争手段。

第五章：渠道变革，终端为王。渠道是链接产品与消费者的关键环节，本章主要包括乳业渠道的发展史，乳业渠道变革的方向，渠道建设的策略，商超运作，终端媒体化建设，电商渠道等内容，使读者能够全面掌握乳业渠道运作的基本方法。

第六章：促销推广，决胜细节。在乳业营销的过程中，乳业促销推广方法众多，但归根结底都是细节决定成败。本章的主要内容包括促销的基本常识，淡季促销，社区促销，免费品尝，节日促销，线上促销等。

第七章：营销传播，塑造品牌。在同质化竞争的市场中，如何去塑造品牌，我提出了占领舆论制高点的观点，通过持续塑造品牌价值，建立和消费者的关系。

第八章：危机营销，速度第一。在乳业发展史中，我们看到很多企业由于对于危机的不重视从而对品牌造成了巨大的负面影响，甚至有些企业还因此而破产。基于此，在这次修订的过程中，增加了这部分内容。本章主要内容包括对危机的洞察及处理方法。

再版自序

第九章：中国乳业的未来之路。站在历史的新起点上，我们展望乳业的未来，乳业进入到新的周期。在这个过程中，大部分乳企需要对品牌进行重新定位，通过梳理品牌的价值体系，建立企业独特的竞争力；与此对应的是，企业需要改变自己的管理模式，以适应市场的变化。

作为专注于乳品行业品牌营销咨询十多年的顾问，我希望《讲透乳业营销》能够为乳业同人提供更多的思想和方法。当然，这本书也会存在着很多的不足之处，希望读者朋友批评指正，我希望在下次修订的时候，能够再次丰富内容，使之不断完善，成为乳品行业从业人员必读的一本书。

感谢过去多年中所有服务过的乳品企业，是你们的信任让我有机会参与企业的成长；感谢我的所有同事，是你们的支持让我有机会不断超越自己；感谢媒体界、行业协会、咨询界、乳业产业链等行业的朋友们，你们的支持和建议，让我相信乳业是朝阳行业，并投身于此！也要感谢我的家人，你们默默的付出让我有安心工作的环境，谢谢你们！

本书的出版，因彭克先生的引荐，得到了河南大学出版社马博先生、展文婕女士、王珂女士的大力支持，非常感谢！

最后，谢谢您购买我的书——《讲透乳业营销》。

侯军伟

2023 年 10 月 9 日于上海

第一版自序

营销是漫漫征途。

自入行以来，从没有停止过对营销的实践与探索，不断积累的经验，付诸笔端，自 2003 年起，开始在杂志和互联网上发表文章，日积月累，也有上百篇，曾有朋友鼓励我整理出来进行出版，但都没有去做。一是觉得这些都是个人的经验之谈，著书立说是大事情，不可轻易造次；二是觉得这些文章内容涉及面太广，既有行业的，也有专业的，都没有深入到某个课题中进行研究。

近年来为乳品行业服务，为企业提供从战略到执行各层面的营销咨询，使我有机会近距离观察中国乳业。在这个过程中，我通过各类营销手段为企业战胜竞争对手出谋划策，同时也在对中国乳业市场进行思考。在区域性乳企占大多数的中国市场，它们究竟该怎么做、通过什么样的方式才能稳健发展呢？于是，关于乳业营销方面的文章就开始见诸报端，时间长了，又有朋友建议把这些文章结集出版。

2012 年 5 月，在博瑞森图书马优老师的督促下，确定重新梳理以前的文章，通过多次修正和内容筛选，确定了本书的架构，这个过程也使我能够重新思考中国乳业的历史、现状与未来，营销的方法与策略。

在营销界，有很多新创的理论，我想很多营销人也是雾中看花，搞不清楚，但万变不离其宗，营销就是围绕"4P"（产品、价格、渠道、推广）展开各项工作的。本书主线也是围绕这几个方面展开，把我所看到的、经历过的、思考过的，都融入到本书的内容中去。

作为行业内人士，我认为，乳品企业首先是在战略方向上要明确，在大格局基本形成的前提下，成为区域市场的王者，以此为基础，通过调整产品结构、完善价格体系、明确渠道建设策略、确定适宜的营销推广方法，逐步提高企业的竞争力。其次才是外围市场开拓，向更大的区域扩张。只有基础牢固，才能够有后劲开疆拓土。

本书虽然已经完成，我也尽力把所熟悉的乳业营销的相关环节书写进来，但依然会存在很多不足之处。对于营销的理解，仁者见仁，智者见智，我只是把我所掌握的一部分拿出来和大家分享，相信读者朋友也会有很多有见地的思考和运作市场的方法，希望你们也能够拿出来和营销行业的同人分享。

本书的出版，受到很多朋友的支持，他们是沈坤、孙自伟、李政权、陈小龙、赵义祥、陈海超、李红敏、罗莉、谢海峰等，感谢他们！同时也要感谢我曾经服务过的乳品企业，是你们的信任让我对乳业的营销有了更深的思考。最后要感谢我的家人，你们的默默支持是我最大的动力！要感谢的人太多，在此一并谢过！

侯军伟
2012 年 11 月于青岛
2023 年 11 月修改于上海

前言：乳业营销的基本

营销是实践的学问，只有在实践的过程中才能发现规律，形成经验，最终成为方法。而乳业营销只是把营销的产品类别限定于乳品，在营销的过程中也必然是遵循基本规律。

中国乳业的市场所呈现的格局基本稳定，以全国市场为销售范围的头部乳企、跨区域销售的泛区域性乳企、在区域市场销售的区域性乳企、以当地城市为核心的小区域性乳企构成了乳业的全景图，各类型企业间的市场交错相间，竞争激烈。

市场竞争的终极目标就是争夺消费者，谁获得的消费者的认可度更高，谁就能够获得更多的市场份额，从而赢得持续的发展。消费者在购买产品的过程中，受很多因素的影响，这些因素就是我们在营销过程中要解决的问题。

消费者的购物过程分为购买前、购买中和购买后，这三个环节从营销的角度看，就是让消费者在购买前知道你，购买中选择你，购买后称赞你。如何成为消费者优先选择的品牌，则需要企业从营销的基础环节展开相关的工作。

要想做好乳业营销，不仅要有局部市场的执行战术，还需要有行业竞争的大局观。战术决定每场战斗的胜负，但大局观则决定企业最终的胜负。

大局观是对整个行业的历史发展脉络、当下竞争变化、未来发展趋势的洞察与理解，这决定着在营销过程中如何去通过产品、价格、渠道、推广的基本要素的组合使用，通过品牌最终影响消费者的购买决策。

乳业营销的基本就是从大局观、营销"4P"、品牌这三个环节展开。

一、大局观

首先是对中国乳业市场的认识。作为全球乳业的重要组成部分，中国乳业的供需矛盾将长期存在，这会影响国内乳业市场的周期性变化；由于中国庞大的人口基数，中国市场在未来将会成为全球乳品消费规模最大的市场；具体到企业本身，兼并收购将长期存在，这也是乳企快速扩张、补充短板的最快方式。

其次是对乳业竞争格局的理解。中国乳业近百年来，从无到有，从弱到强，当前的竞争格局基本成型：头部品牌基本稳定，伊利、蒙牛都进入了全球十强；腰部品牌变数最大，通过不断的追赶，在缩短和头部品牌的差距；底部品牌以区域性乳企为主，不进则退。而竞争战略是随着市场的进化而变化，更不可忽视，未来将在产业链、品牌、全域渠道、新电商等方面竞争。

最后是对乳业未来趋势的研判。乳业当前面临着产品、渠道、推广等方面的同质化，这意味着企业的竞争必然向更高层面的竞争——品牌的竞争转变，乳企需要通过重新定位、重塑品牌、打造价值体系来应对新的竞争。行业进入新周期，也意味着企业要抓住产地品牌、特色乳品、新国货等机遇，跨越周期，赢得增长。而管理决策也将更加注重向"听得到炮火的员工"倾斜，企业将通过服务好员工提高执行力。

二、营销"4P"

"4P"是指产品（Product）、价格（Price）、渠道（Place）、推广(Promotion)，这是经典的营销框架。乳业营销也是从这个架构展开，通过对乳业的产品、价格、渠道、推广的针对性的解读，让乳业同人也能够看到乳业营销的理论与实践。

产品：产品是营销的基础，创新是产品的竞争力。乳业中的产品创新要从新技术、新功能、新形态、新概念这四个方面展开，有了差异化的产品，并不能保证成功，要通过打造超级单品的方法来实现产品的价值。产品的终极竞争力是拥有完善的产品结构，这样才能够从多个层面和竞品展开竞争，并获得优势。

价格：定价定天下，是指价格会影响营销的各个环节，而定价方法的本质是竞争战略，是企业要通过什么样的价格参与市场竞争。在市场营销的过程中，产品的涨价是定价之后经常遇到的工作，合理的涨价及应对措施将会减少市场损失，提高市场销量。而价格战也是市场的常态，乳品企业要从长期价值考虑，避免价格战，多打价值战，这样才有未来。

渠道：乳业的销售渠道以线下的KA（Key Account，关键客户）系统、便利店等为主，渠道的精细化运作决定着企业在市场的竞争力，通过渠道增量模型、终端媒体化等工具的应用，建立品牌，提高销量。随着互联网的发展，电商已成为新兴的渠道模式，乳品企业必须与时俱进，加大在电商渠道的投入。

推广：营销推广，全是细节，要想达到最终的效果，就需要目的明确，执行彻底，最终才能达到销量和品牌共同的提升。

营销没有绝招，如果说有，那就是通过对以"4P"为核心的工作精益求精，做好基本功，最终熟能生巧，事半功倍。

三、品牌

品牌是一个公司的终极战略。所有的营销工作，最终都要落到品牌建设上面去。这是因为产品会被模仿、渠道会被竞争对手覆盖，而只有品牌才是企业自己的。打造品牌的首要工作就是进行品牌定位，并基于定位进行品牌价值挖掘、品牌诉求提炼、品牌支撑梳理、品牌调性匹配、品牌故事发现。其次就是进行高效的品牌传播，通过占领舆论制高点，形成品牌势能；通过和消费者持续建立关系，始终和消费者站在一起，完成品牌在消费者心目中的"种草"。最后是持续地坚守品牌价值，并进行多维度的品牌活动，使其成为消费者生活中的一部分。

在当前浮躁的市场环境下，只有坚持做好基本功，并在此基础上进行创新的企业，才能够在竞争中获得成功。

千里之行，始于足下。让我们开始吧！

目 录

第一章　全球化浪潮下的中国乳业市场 / 001

第一节　乳业供需矛盾长期存在 / 002

　　一、产业链不完善导致产业的供需矛盾 / 003

　　二、消费需求变化导致的供需矛盾 / 004

　　三、全球供应链的供需矛盾 / 005

第二节　中国正在成为世界上最大的乳品消费市场 / 006

　　一、中国的经济发展带来的消费需求变化 / 006

　　二、中国人口结构的变化带来的消费结构的变化 / 007

　　三、中国乳品的消费规模决定未来的增长空间 / 009

　　四、消费认知的提升扩大了乳品消费的市场规模 / 011

　　五、中国乳品质量进入最好时期 / 013

第三节　外资品牌在中国 / 015

第四节　乳业并购改变国内的竞争格局 / 017

　　一、君乐宝的故事 / 019

二、蒙牛的故事 / 020

三、新希望乳业的故事 / 021

第二章　中国乳业市场格局与竞争战略 / 025

第一节　近代以来中国乳业发展简史 / 026

第二节　中国乳业市场格局 / 033

　　一、全国性乳企：全方位覆盖市场 / 034

　　二、泛区域性乳企：跨区域销售 / 036

　　三、区域性乳企：固守本土市场与跨越区域销售共存 / 037

　　四、小区域性乳企：聚焦当地市场 / 037

第三节　中国乳业的竞争战略 / 038

　　一、从注重战术向关注战略方向转变 / 039

　　二、从区域市场竞争到产业链竞争 / 041

　　三、从产品竞争到品牌竞争 / 043

　　四、从价格战向价值战转移 / 046

　　五、从产品宣传到营养教育 / 048

　　六、从线下渠道争夺到全域渠道建设 / 049

　　七、从传统电商到新电商 / 051

第三章　产品创新是基础，产品规划是关键 / 057

第一节　产品创新的挑战 / 058

　　一、产品的技术壁垒正在消失 / 058

　　二、跟随策略是普遍现象 / 059

　　三、产品创新的误区 / 060

第二节　乳品企业如何做好产品创新 / 063

　　一、创新的概念 / 063

　　二、基本的创新方法 / 065

　　三、产品创新的原则 / 068

第三节　产品的局部创新方法 / 072

　　一、概念跟随式创新 / 072

　　二、风潮跟随式创新 / 074

　　三、产品升级类创新 / 077

　　四、口味蔓延式创新 / 078

　　五、口味叠加式创新 / 079

　　六、近亲繁殖式创新 / 080

第四节　乳品企业如何开发超级单品 / 082

　　一、抓住机遇，在已有的品类中创新 / 082

　　二、创造一个品类，并且成为品类的领导者 / 083

　　三、提高产品的价值并成为价值的捍卫者 / 084

　　　　　四、通过细分人群建立品类，并成为领导者 / 085
　第五节　如何做好产品线规划 / 086
　　　　　一、锁定品类，形成结构 / 087
　　　　　二、明确产品职责 / 088
　　　　　三、运用子品牌 / 090
　　　　　四、产品线延伸 / 091
　第六节　区域性乳企的产品发展战略 / 093
　　　　　一、剑走偏锋，单品突破 / 093
　　　　　二、丰富产品线，形成产品群 / 097
　　　　　三、完美产品结构打造产品帝国 / 099

第四章　定价定天下，涨价有方法 / 105

　第一节　价格战和价值战 / 106
　　　　　一、价格战也是战略 / 106
　　　　　二、同质化导致价格战 / 109
　　　　　三、价格战的四种结果 / 113
　　　　　四、价格的本质 / 118
　　　　　五、价值战的策略与方法 / 121
　第二节　产品定价与价格体系 / 130
　　　　　一、影响产品定价的因素 / 131

　　　　二、产品定价的方法 / 132

　　　　三、价格体系的制定 / 137

　　第三节　乳品企业涨价的策略与方法 / 140

　　　　一、企业涨价前要关注的三个问题 / 141

　　　　二、产品涨价的策略 / 142

　　　　三、产品涨价的五大实操方法 / 147

　　第四节　乳品企业涨价之后的营销策略 / 151

　　　　一、全面梳理，重新规划产品线组合 / 151

　　　　二、促进销售，非主流渠道的利用 / 152

　　　　三、促销+传播：方法多样化 / 153

第五章　渠道变革，终端为王 / 159

　　第一节　乳业渠道的类型与发展 / 160

　　　　一、乳业渠道的类型 / 160

　　　　二、乳业渠道的发展 / 165

　　　　三、渠道管理数字化 / 174

　　　　四、泛电商渠道崛起 / 175

　　第二节　渠道变革方向 / 179

　　　　一、线上线下渠道融合，提高经营效率 / 179

　　　　二、泛电商渠道多维度触达消费者 / 181

　　　　三、前向一体化，自建终端渠道壁垒 / 182

　　　　四、送奶到户业务的渠道扩展 / 183

　　　　五、传统渠道的终端媒体化建设 / 185

　第三节　区域性乳企渠道建设五大策略 / 186

　　　　一、市场下沉——差异化的区域选择 / 186

　　　　二、市场拆分——区域市场提量的方法 / 188

　　　　三、终端建设——看得见，买得到 / 189

　　　　四、布点结网——重点终端必须占领 / 190

　　　　五、全域渠道——做好线上和线下渠道的融合 / 191

　第四节　区域性乳企如何运作商超渠道 / 192

　　　　一、进入商超前对自己的产品进行评估 / 192

　　　　二、如何获得商超的认可 / 194

　　　　三、制定营销策略 / 195

　　　　四、进入商超后该做什么 / 197

　　　　五、拥抱商超渠道的O2O业务 / 201

　第五节　乳品关联型终端建设 / 204

　　　　一、关联型终端的概念及发展方向 / 204

　　　　二、关联型终端的运作方式 / 206

　第六节　终端陈列 / 217

　　　　一、终端陈列的重要性 / 217

　　　　二、终端陈列需要避免的四大问题 / 219

　　　　　三、终端陈列的作用 / 220

　　　　　四、终端陈列的原则 / 223

　　第七节　终端媒体化 / 224

　　　　　一、终端媒体化的四个要素 / 225

　　　　　二、终端媒体化建设 / 227

　　　　　三、终端媒体化的二次传播 / 230

　　第八节　乳业电商渠道操作策略 / 231

　　　　　一、电商平台类型选择 / 231

　　　　　二、企业的准备 / 231

　　　　　三、电商实操过程中的五个关键点 / 232

第六章　促销推广，决胜细节 / 237

　　第一节　乳业促销基本常识 / 238

　　　　　一、明确目的——乳品促销活动的原点 / 238

　　　　　二、营造氛围——乳品促销活动的基础 / 239

　　　　　三、高效执行——乳品促销活动的关键环节 / 240

　　第二节　乳品淡季促销如何做 / 241

　　　　　一、联合促销，共同促进 / 241

　　　　　二、小型路演，扩大销售面 / 243

　　　　　三、组合促销，比竞争对手更有策略 / 244

第三节　社区促销，沟通为上 / 247

　　一、沟通交流获取购买的信息 / 247

　　二、社区促销中说服消费者的技巧 / 248

第四节　免费品尝做推广 / 251

　　一、乳品企业做免费品尝的七个原则 / 252

　　二、免费品尝活动执行的五个要素 / 253

第五节　节日促销推广 / 260

　　一、传播先行：信息要准确 / 261

　　二、产品组合：做好礼品装 / 262

　　三、价格利剑：该出手时就出手 / 263

　　四、联合推广：1+1>2的方法 / 264

　　五、促销现场：祝福说出来 / 264

　　六、消费者互动：轮盘吸引转起来 / 265

第六节　线上促销活动 / 267

第七章　营销传播，塑造品牌 / 275

第一节　占领舆论制高点 / 276

　　一、独占创新概念，打造品牌的独特个性 / 276

　　二、互联网时代，口碑营销是关键 / 277

　　三、选择最有影响的舆论营造伙伴 / 279

第二节 始终和消费者在一起 / 283

　　一、消费者在哪里，你的推广就应该在哪里 / 283

　　二、消费者喜欢什么，你就应该提供什么 / 284

　　三、倡导新消费，引领消费者 / 286

第三节 持续塑造品牌 / 287

　　一、确立定位，不要轻易变动，要积累品牌势能 / 287

　　二、通过产品创新和灵活多变的推广持续为

　　　　品牌加分 / 288

　　三、坚持做消费者互动，坚持做创新产品，坚持

　　　　做好服务 / 289

第八章　危机营销，速度第一 / 295

第一节 危机总是在不经意间发生 / 296

　　一、危机事件的类别 / 296

　　二、危机为什么总是出现 / 297

　　三、乳业危机事件的影响 / 298

第二节 公共危机事件的洞察和参与 / 301

　　一、敏感度 / 301

　　二、关联度 / 304

　　三、参与度 / 306

第三节 危机事件的处理方法 / 308
　　一、反应速度 / 308
　　二、行动方案 / 309
　　三、传播媒介 / 312

第九章　中国乳业的未来之路 / 317

第一节 乳业新定位 / 318
　　一、乳企面临的困境 / 318
　　二、品牌才是乳企建立竞争力的关键 / 320
　　三、如何进行品牌定位 / 322
　　四、构建企业的品牌价值体系 / 324

第二节 乳业新周期 / 326
　　一、消费需求变化带来乳业周期性增长 / 326
　　二、乳业新周期的增长逻辑 / 328
　　三、乳业新周期的机遇 / 329

第三节 乳业新管理 / 336
　　一、后台服务前台 / 336
　　二、过程服务目标 / 337
　　三、员工第一，客户第二 / 339

第四节 乳业进入品牌时代 / 341

一、企业管理者对品牌的误解 / 341

二、为什么要做品牌 / 342

三、乳业的品牌时代 / 343

公司名称索引 / 345

参考书目 / 349

第一章

全球化浪潮下的
中国乳业市场

中国作为全球最大的消费市场，是全球化浪潮下的受益者，在改革开放的大环境下，技术的引进、资源的整合、投资的利用等，都促使中国的经济获得了快速的发展。全球化是推动中国乳业发展的重要因素之一，技术、资金、管理模式等的引进都促使其不断地升级、迭代。以伊利、蒙牛为首的乳企，已经进入全球乳业的巨头行列[①]，它们不仅仅在国内拥有强大的品牌影响力，更是通过走出去，在全球多个地区投资牧场、设立研发中心、投建生产基地、实现销售本土化等，建立起了中国品牌的世界格局。在中国消费快速增长的阶段，国内更多的乳企都是全球化的受益者，利用全球的资源（比如原奶、奶粉、奶酪制品等进口）缓解了供应不足的局面。中国乳业已经是全球乳业的重要组成部分，并且正在成为引领全球乳业发展的重要力量。

第一节　乳业供需矛盾长期存在

中国乳业的发展，从当初（以1978年为基点）小规模乳企到当前的现代化乳企；从最初的炼乳、巴氏奶等简易包装产品到现在全品类、丰富多样的常温乳品、低温乳品、奶酪、奶粉等乳制品；消费也从当时（计划经济时代）凭票购买到现在能够随时随地购买，从每天定量供应到现在每天都能够不限量地喝上新鲜的、高品质的牛奶。这是中国乳业发展从小到大、从弱到强的一个过程。

2022年中国人口达到14.12亿人，是全球人口最多的国家，也是

---

① 荷兰合作银行（Rabobank Group，即拉博银行）发布的2022年"全球乳业20强"榜单（Global Dairy Top 20，2022）显示：伊利排名第五，蒙牛排名第七。

全球最大的消费市场。2019年，中国原奶产量占全球的3.8%，人均原奶量非常有限，但中国乳制品消费量却占全球总消费量的12.5%，远高于原奶产量占比[①]，消费需求远远大于供应。随着乳业市场的发展，乳业产业链的供需不平衡是制约行业发展的重要原因。

一、产业链不完善导致产业的供需矛盾

乳业的产业链主要分为上游奶源、中游生产和下游渠道（见图1-1），而整个产业链的发展都受乳品消费市场的影响，消费需求越大，则整个产业链的建设就会越发达。

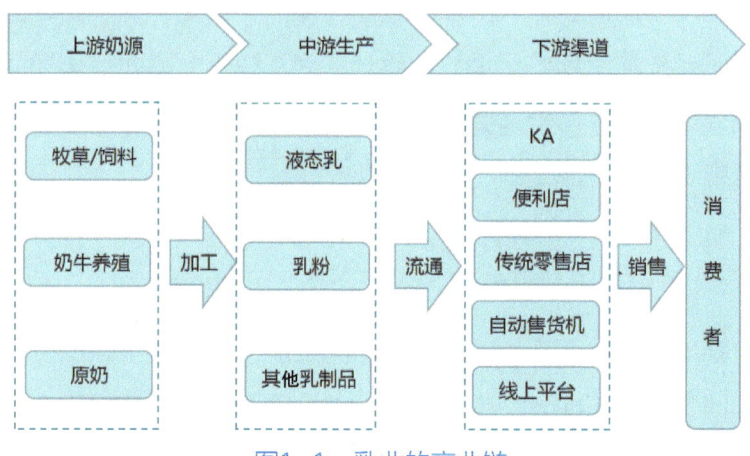

图1-1 乳业的产业链

国内乳业的产销结构是：上游养殖及奶源环节相对独立，生产的原奶销售给乳品企业进入到加工环节，乳企经过加工把产品销售给渠道，进而到达消费者手中。在这个过程中，上游养殖环节基本不具有原奶的定价权，一般由生产加工企业根据市场淡旺季和市场竞争情况

---

① 消费界 & 柠檬品牌社：《2022乳制品行业现状与发展前景》。

进行原奶的定价,这样的结果就是养殖环节的毛利并不稳定。在国内乳业的周期性发展过程中,每隔3-5年都会出现上游养殖环节成本增加,从而导致毛利降低,养殖场倒闭,进而导致原奶供应不足的情况发生。当原奶供应不足时,原奶价格开始上涨,进而吸引更多资本进入上游养殖行业。当养殖行业繁荣,原奶的供应越来越多,供需失衡,奶价开始下降,最终导致养殖业再次亏损。乳业就是在这样的周期中不断地循环往复。

归根结底,就是养殖环节、生产加工及销售环节缺乏建立利益共同体的机制,这不仅仅对上游产生影响,也对中、下游产生影响。在乳品销售淡季的时候,乳品加工企业不能消化掉更多的牛奶,就会压低价格,导致养殖场处于尴尬的境地;到了旺季,比如节庆期间,加工企业开始抢奶,奶价又会进一步地提升。这种现象一直不能有效消除,是制约中国乳业发展的重要问题。

二、消费需求变化导致的供需矛盾

随着消费者对乳品的认知提升、消费能力提升及年轻消费一代的崛起,消费需求正在发生变化,但大部分乳企并没有根据这个变化而满足消费者的需求。乳业市场规模在不断扩大,但引领这个市场增长的依然是以头部乳企为主。以2021年为例,进入统计范围的589家乳企中,亏损比例为22.4%[①];而伊利和蒙牛的营收分别达到1106亿元和881亿元,同比增长分别为14.2%和15.9%,归属母公司利润分别为87.3亿元和50.3亿元,同比增长分别为23%和42.6%。获得增长的乳

---

① 数据来源:国家统计局。

企不仅仅品牌影响力较大，这些企业还能够不断地创新，持续满足消费者的需求。

消费需求变化一：购买便捷性。渠道的重要作用就是提升消费者购买的便利性而存在的，但随着互联网的发展，消费者购买产品的渠道发生了变化，不仅仅是线下的渠道可以满足购买的需求，而线上的渠道更具有便捷性，但大部分的乳企线上的销售并没有跟上渠道发展的步伐。

消费需求变化二：高价值产品。随着乳品行业持续的消费教育，消费者对乳品的认知发生变化，除了乳品是基础的营养食品，满足普通的需求之外，对高价值产品的偏好度越来越高，但大部分乳品企业没有跟随消费的变化，缺乏高价值产品。

消费需求变化三：身份的匹配度。中国的人口结构正在发生变化，除了年轻一代消费者崛起之外，老年人正在成为社会的重要消费力量。不同的消费群体对产品的需求不同，对品牌的需求不同，要想满足其需求，就需要让品牌和消费者的身份匹配度更高。很多企业没有意识到乳品对消费者来说，也是有身份象征意义的，而这都需要在品牌、产品、包装等方面进行创新，使之能够和消费者的心理需求更相匹配。

三、全球供应链的供需矛盾

中国是世界上最大的乳品进口国之一。由于国外的养殖环节成本较低，原奶价格普遍低于国内；即使是不远万里运输到中国市场，其成本价格也不会比国内的更高；这就导致进口乳品每年都在增加。但进口乳品也会受全球经济、自然灾害等影响，从而造成进口乳品价格的波动。要想长期解决这个问题，国内乳企需要从两个方面来做，一是在国外建立牧场，或者收购当地乳企；二是建立紧密的合作伙伴关系，稳定进口量。

无论采取哪种方式，都会受国内乳业消费和竞争的影响，如果国内原奶供应充足，价格合适，进口的乳品量将会下降；如果进口的价格低廉，进口量增加，则国内的养殖行业受挫，导致供应减少。供需的矛盾总是长期存在，但全球化的供应链的建立，是不断调节市场的价格、供应体系的过程，最终使之能够趋向合理。

乳业供需的矛盾将长期存在，无论是原奶的供应还是消费需求的变化，我们需要在这种矛盾中和问题共存，尽可能减少产品和消费者需求的错位，提高供需的平衡度。

第二节 中国正在成为世界上最大的乳品消费市场

一、中国的经济发展带来的消费需求变化

中国正在引领全球的经济发展。以 2021 年为例，国内生产总值超过 114 万亿元，同比增长 8.1%；美国国内生产总值为 23 万亿美元，同比增长 5.7%。从增长速度看，中国保持较高的增长率。近年来，中国大力发展实体经济，开创性地提出"双循环"① 的发展方式，这将进一步拉动经济的发展。

---

① 一般指以国内大循环为主体、国内国际双循环相互促进，充分利用国内国际两个市场、两种资源的优势，推动中国高质量发展。

大河有水小河流，国家经济的发展也带来居民收入的增长，以 2021 年为例，全国居民可支配收入为 35128 元，同比增长 9.1%；分城乡看，城镇居民人均可支配收入 47412 元，增长 8.2%；农村居民人均可支配收入 18931 元，增长 10.5%。收入和消费是相辅相成、互为促进的关系，可支配收入的增长，意味着居民有较强的消费能力。

中国的人均 GDP 收入已经超过 1 万美元，这意味着人民的生活水平进一步提高，其消费需求必然发生变化。

对于乳品消费来说，其变化主要表现在 4 个方面：一是更高品质的产品，从温饱型消费转向小康型消费；二是更多样化的产品需求，从液态奶向固态奶转变，不仅仅是鲜奶、酸奶等液态产品，也需要有奶酪、黄油、高端奶粉等固态乳品；三是高频率的消费，从每天一杯牛奶向多杯奶转变，消费量在增加；四是入门级新消费群体[①]的进入，对基础型产品的需求增加。

二、中国人口结构的变化带来的消费结构的变化

中国的人口结构已经进入新的阶段，以 2021 年为例，城乡人口结构约为 65:35，而 10 年前的 2011 年，城乡人口结构则约为 51:49，这 10 年以来，中国的城镇化率以每年约为 1.2% 的速度在增长。（见图 1-2）

---

① 新消费群体：指乳品消费的新进入群体，即原来不消费乳品，现在开始消费的人。

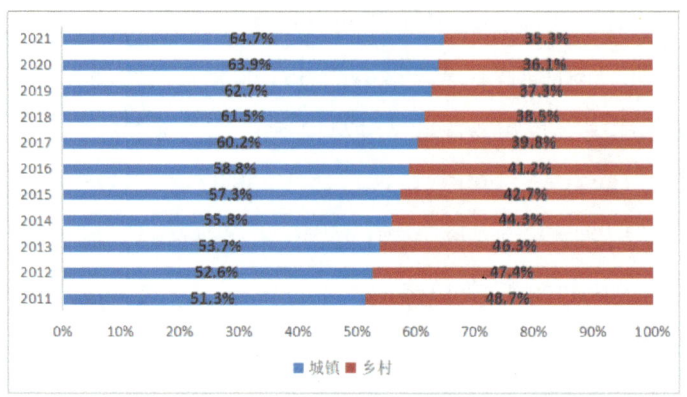

图1-2 2011—2021年中国人口城乡结构
数据来源：国家统计局（睿农乳业研究部整理）

从年龄结构（见图1-3）看，以2021年为例，中国60岁及以上的人口数量为2.67亿，占全国总人口的18.9%；16—59岁的人口数量为8.82亿，占全国总人口的62.5%；15岁及以下人口数量2.63亿，占全国总人口的18.6%。而10年前的2011年，中国60岁及以上的人口数量为1.85亿，占人口总数的13.7%，中国的老龄化正在加重。2021年的人口出生率为7.52‰，而10年前的2011年则为13.3‰，出生率明显在下降。

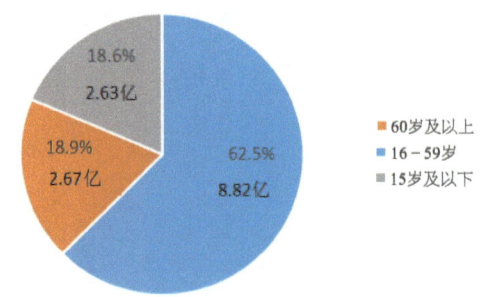

图1-3 2021年中国人口年龄结构
数据来源：国家统计局（睿农乳业研究部整理）

人口结构的变化必然带来消费结构的变化。首先是中国的城乡二元结构短期不会改变，但城镇化扩大了乳品的消费群体，市场的增量大部分就是来自于新进入城镇生活、工作的人群。其次是消费分化，不同群体有不同的消费需求。由于人口的结构中老龄化群体在不断增加，其消费习惯稳定，消费需求更注重实惠价值；而年轻化消费者更注重个性化价值，追求新概念的产品；中国的"421"家庭结构[①]，导致儿童群体更受家庭成员的重视，其消费特征以专业化产品和高价值产品为主。

三、中国乳品的消费规模决定未来的增长空间

乳品的消费与经济发展、消费认知存在巨大关系，在改革开放初期，由于供应紧缺，乳品是少数人的营养品，随着市场经济的发展，消费观念的改变，当前的乳品已经成为很多家庭的日常食品。虽然我国乳品消费的普及率越来越高，但是和欧美发达国家的消费量相比，依然存在很大差距。

消费规模由消费量、消费人口、消费的持续性等要素构成。

首先是消费量。数据显示，2018年世界奶类总产量为8.64亿吨，人均占有量为130千克，而同期我国奶类总产量为3177万吨，人均占有量为23.6千克，差距非常明显。[②]中国奶业协会发布的数据显示，2020年我国人均乳制品消费量达到38.3千克，而2000年，人均饮奶

---

① "421"家庭结构：指4位老人，即爷爷、奶奶、姥爷、姥姥；2位父母，即爸爸、妈妈；1个孩子。

② 中国乳制品工业协会原理事长宋昆冈在"2021世界牛奶日乳制品知识大讲堂"中的发言。

量则不到 6 千克。① 同为亚洲国家的日本，2018 年人均饮奶量为 95.7 千克，是我国的 2.5 倍。《2021 中国奶商指数报告》显示，2018 年到 2021 年的四年中，公众每日乳制品摄入量从 240 ml 提高到 260 ml，消费量明显提升，但和《中国居民膳食指南》中建议的每日摄入量 300 ml 相比，依然存在差距。（见图 1-4）

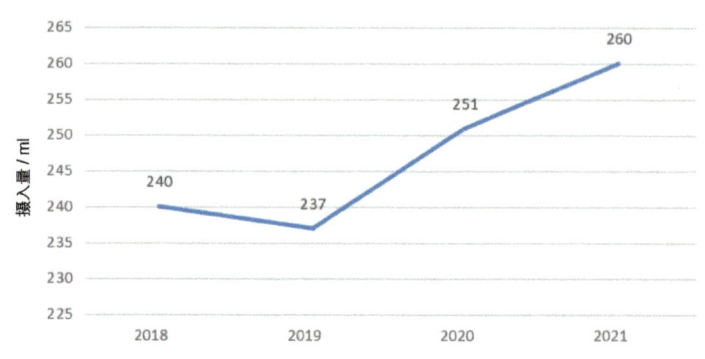

图1-4　2018—2021年公众每日乳制品摄入量变化

数据来源：《2021中国奶商指数报告》

其次是消费人口。2021 年奶商报告显示，每天摄入乳制品的"牛奶人口"② 只有 25.5%，约为 3.6 亿人，而从小没有养成喝奶习惯的人约有 74.2%。而欧美国家的乳品普及率几乎达到 100%，居民从小就有食用乳制品的习惯。当前中国社会的人口结构正在发生变化，老龄化成为不可阻挡的趋势，这部分群体将进一步扩大乳品的消费，与此同时，乳品消费教育带动的入门级消费群体也将进一步扩大。③

---

① 数据来源：《2021 中国奶业质量报告》。
② "牛奶人口"是指坚持每天摄入乳制品的这部分人。
③ 数据来源：荷兰皇家菲仕兰、中国乳制品工业协会、中国医疗保健国际交流促进会联合发布的《2021 中国奶商指数报告》。

最后是消费的可持续性。从乳品消费发展趋势看，液态奶正在从基础型产品向专业化营养品过渡，同时固态乳制品的市场在不断扩大，特别是奶酪类产品，目前还处于起步阶段，从日本、韩国等国的消费量来看，中国市场未来的潜力巨大。随着消费群体的扩容，乳品的消费需求也开始多样化，不同群体对产品的消费开始出现分化，有针对儿童的乳品，也有针对老年人的乳品，还有不同场景下消费的乳品，比如早餐奶等。随着消费者对健康的关注度不断提高，家庭乳品消费将会越来越多。这都是乳品可持续发展的关键要素。

四、消费认知的提升扩大了乳品消费的市场规模

一杯牛奶，强壮一个民族，这是中国乳品行业的座右铭。经过多年的市场教育，当前的中国消费者已经认识到乳品的价值。由于政府相关部门、乳品企业、媒体、营养专家等不断地推广乳品，不断地向社会输出乳品的价值，未来将会有更多的消费者开始食用乳制品。

首先，乳品消费教育从少年儿童开始。2000年，为改善我国中小学生的营养状况，原农业部、教育部等七部委局联合推广国家"学生饮用奶计划"。该计划是通过课间向在校中小学生提供一份优质的牛奶，来提高他们的身体素质。从"学生饮用奶计划"开始至2020年，受益中小学生普及率达到17%，全国日供应量达到2130万份，惠及2600万名中小学生，覆盖全国63000多所学校。[①] 中国已经从少年儿童开始引导乳品的消费，这些群体将会不断地扩大，乳品消费的认知水

---

① 中国奶业协会关于印发《国家"学生饮用奶计划"推广规划（2021—2025年）》的通知。

平也将会不断地提升。

其次是乳品企业的市场教育和宣传。中国当前超过80%的乳企是中小型企业，其销售区域以本地市场为主，通过送奶到户、传统渠道（KA、便利店等）、线上订购等方式进行销售。由于其市场比较集中，为促使更多的消费者饮用牛奶，则通过持续的新鲜教育活动①，强化乳品的价值，增加消费群体，扩大销售规模。除中小型乳企之外，超百亿级别的企业，在乳品的宣传上更是不遗余力，通过赞助各类活动、请明星代言等形式，扩大乳品品牌的影响力，这些方式都进一步强化了乳品的价值。

最后是KOL②群体的示范效应。2019年12月开始的新冠疫情③，蔓延全国，引起巨大的影响。医疗行业的相关专家纷纷表示，病毒的侵扰和人体的抵抗力有关系，而提高抵抗力最简单的方法，就是每天饮用牛奶，补充优质蛋白质。这对于乳品行业来说，是巨大的传播效应，与此同时，各类食品、乳品等方面的KOL都纷纷表示认同这些观点。权威专家的现身说法所起到的示范效应，进一步扩大了乳品营养价值的传播面，从广度和深度上强化了乳品的消费认知。当然，也有很多网红（比如"老爸测评""宝宝评测"等）通过对乳品的评测，向消费

---

① 新鲜教育是指企业向消费者传递饮用新鲜乳品好处的相关活动，比如牧场参观、营养讲座等。

② Key Opinion Leader，简称KOL，是指关键意见领袖，通常被定义为：拥有更多、更准确的产品信息，且为相关群体所接受或信任，并对该群体的购买行为有较大影响力的人。

③ 2019年12月，在武汉发生了类似"SARS"的传染病，这是由新型冠状病毒导致的肺炎，此后，世界卫生组织将新型冠状病毒感染的肺炎命名为"COVID-19"。2023年5月5日世界卫生组织宣布，新冠疫情不再构成"国际关注的突发公共卫生事件"。

者普及乳品知识，不断扩大乳品的传播面，提高了消费者对乳品的辨别力。

多角度地向消费者传递乳品消费的价值，其对乳品消费的认知必然会不断提升，也必将会有更多的群体不断加入到消费浪潮中去。消费认知的提升，导致消费者对乳品消费的偏好度也在不断强化。未来，乳品将会成为中国消费者的日常消费食品，成为其购物清单中必不可少的一部分，成为其补充营养的最便捷的食品。

五、中国乳品质量进入最好时期

2008年的三聚氰胺事件①，导致正在高速发展的中国乳业陷入低谷，消费者对国产品牌的不信任进一步加剧，从而促使整个行业进入整顿、调整期。

2008年以来，随着《中华人民共和国食品安全法》《乳品质量安全监督管理条例》等十几项法规政策及标准的颁布，形成了完善的法规标准体系；2010年以来，陆续颁布的乳品安全标准有74项，其中产品标准21项、生产规范标准3项、检验方法标准50项，这些标准在乳品行业得到贯彻执行，整体上提升了乳制品、婴幼儿奶粉的整体质量水平。经过10多年的行业自律发展，据《2021中国奶业质量报告》，2020年生鲜乳抽检合格率达到99.8%以上，乳制品和婴幼儿配方奶粉

---

① 2008年新闻媒体爆出食用三鹿集团生产的奶粉的婴幼儿被发现患有肾结石，检验在奶粉中发现化工原料三聚氰胺，随后石家庄官方认定：三鹿"问题奶粉"为不法分子在原奶收购中添加三聚氰胺所致；9月13日国务院启动国家安全事故Ⅰ级响应机制，国家市场监督管理总局对全国婴幼儿奶粉三聚氰胺含量进行检测，结果显示，有22家婴幼儿奶粉生产企业的69批次产品检出含量不同的三聚氰胺。2009年2月12日，三鹿集团宣布破产。

抽检合格率分别达到 99.87%、99.89%；三聚氰胺等重点监控，违禁添加物抽检合格率连续 12 年保持 100%；生鲜乳的菌落总数等指标已经优于欧美的发达国家。可以说，当前中国乳制品行业已经可以做到原料可追溯、产品可追溯，质量安全已经达到世界先进水平。

2013 年，农业部（2018 年改为农业农村部）建议实施"国家优质乳工程"[①]；2016 年，国家奶业科技创新联盟正式成立；2017 年 8 月，第一届中国优质乳工程发展论坛在福建福州召开；截至 2022 年 3 月，优质乳工程已经在全国 28 个省份展开工作，已经有 38 家乳企通过优质乳工程验收。随着相关工作的推进，这项旨在促进中国乳业整体转型升级，以拥有优质奶源和巴氏保鲜工艺为基础的巴氏鲜奶为战略方向，从传统乳业向现代乳业转变的战略举措，必将持续提升中国乳业的整体质量，实现产业的可持续发展、国民消费信心提升、奶业振兴的总体目标。

从近年来中国乳业的发展看，中国乳业已经走出低谷，正在成为国内消费者信赖的品牌。在婴幼儿奶粉领域，2021 年，飞鹤以年营收 227.8 亿元，同比增长 22.5%，再次成为国内奶粉第一品牌；在奶酪品类中，妙可蓝多后来居上，2021 年，营收 44.78 亿元，同比增长 57.3%，作为奶酪第一股，已经超越大部分的外资品牌；国内龙头乳企伊利、蒙牛，2021 年，分别以 1100 亿元、881.4 亿元的营收，同比分别增长 18%、15.9% 的业绩，成为国民品牌。高品质的乳品，会不断强化国产品牌的价值，中国消费者也会进一步地信任本土品牌。在当前

---

① 由中国农业科学院北京畜牧兽医研究所奶业创新团队提出的"优质乳生产的奶牛营养调控与规范化饲养技术"成果，通过创建优质乳标识制度、保障优质原料的稳定生产供给，全面实施乳制品加工工艺标准化监管。

的市场环境下，如果一家企业的产品品质不够达标，进入市场的"入场券"都拿不到，低质量的企业是没有生存条件和发展基础的。品质有保障，乳业才能够欣欣向荣。

第三节　外资品牌在中国

外资品牌进入中国有两个高峰阶段：一是1978年改革开放之后，二是2001年中国加入WTO之后。这两个时间节点，见证了外资乳业在中国的发展。

1984年，雀巢在中国广州设立办事处。1987年，雀巢在中国的第一家合资企业"双城雀巢乳业有限公司"成立。自此之后，雀巢在中国这个广大的市场中所向披靡。截至2018年4月，雀巢在中国建立了33家工厂。2020年，雀巢在中国的营收达到440亿元人民币[①]。在近40年的发展中，雀巢乳品成为国内婴幼儿奶粉中的领先品牌。雀巢在中国的发展过程中，经历了乳品消费的启蒙期，也经历了高速发展的阶段，无论处于哪个阶段，雀巢都能够游刃有余地在中国市场发展。到今天为止，雀巢依然是外资乳业在中国的典范品牌。

1995年，世界液态奶排名第一的帕玛拉特乳业集团和天津农垦集团合资成立帕玛拉特（天津）乳品有限公司。1999年，帕玛拉特所产的利乐枕系列产品，在国内经济最发达的上海成为高端市场的老大。2001年，在天津市场一度达到70%的市场份额。在国内乳品品种单一

---

① 雀巢的工厂和营收包括乳制品、咖啡、食品等。

的时代，帕玛拉特的产品供不应求，畅销的表象让资方负责人不断对产品进行涨价，从而对渠道和消费市场产生负面影响，此时新兴品牌蒙牛的常温利乐枕也开始进入市场，以更符合市场需求的价格开始攻城略地。2002年，帕玛拉特的销售开始下滑，而恰在此时，帕玛拉特总部出现财务丑闻（2003年），进而影响到中国的管理团队，最终于2004年8月，帕玛拉特在中国全线停产。

1987年，广州达能酸乳酪有限公司成立，这是达能在中国投资的第一家企业；1992年与上海市牛奶公司（光明乳业前身）组建两家合资企业；2000年参与光明改制，参股光明5%，并把旗下的3个工厂卖给光明；2004年开始，达能和光明针对酸奶经营权展开拉锯战，达能希望能够进一步掌控光明，但在"铁娘子"王佳芬（时任光明乳业总经理）的坚持下，达能没有达到自己的目的；2006年，达能经过几轮增持，已经持有光明20.01%的股份，并许可光明无偿使用达能品牌至2025年，但这并没有换来达能拥有光明控制权的结果；2007年10月，达能用4.1亿元费用的代价退出光明，双方分手。达能进入乳业市场，谋求的都是控制权，包括和娃哈哈的合作，最后也是不欢而散，这也成为外资品牌在中国的典型案例。

外资品牌通过投资、入股、贸易等方式参与中国乳业的市场竞争，已经占据80%的高端市场（截至2015年），世界排名前20的乳企全部都进入中国市场，在中国销售前10的乳品企业有6家与外资合作，中国乳业产值有1/3是由外资创造的[1]。外资品牌在中国的发展，也充分说明中国市场的消费潜力巨大。

---

[1] 董晓霞、丁凡琳、于乐荣、杨宇泽：《外资进入中国乳业市场的现状、影响及对策》，《世界农业》2015年第6期。

近年来，随着国产品牌的崛起和消费者认知的提升，外资品牌的影响力正在下降，但从长远看，外资品牌在中国所建立的高价值形象、规范的管理方式、持续的市场教育等，都为乳业市场的发展做出了巨大的贡献。

第四节 乳业并购①改变国内的竞争格局

中国乳业的发展是从散、乱、小的格局开始，经过多年的市场竞争，一大批小规模的企业被淘汰，行业集中度不断提升。中国乳业的发展有两种模式，一是独立自主发展，不借助于外力，大部分区域性乳企都是如此；二是借助于资本，通过合作或者并购的方式进行扩张，中大型规模的乳企采用这种策略的较多。并购的形式是国内乳企快速发展的加速器，减少了对市场的重复投资，提高了效率。

国内乳企的并购方式主要有三种：一是品牌并购，通过对标的企业并购，扩大销售区域，比如新希望乳业、皇氏乳业、三元乳业等，通过并购其他区域的乳企，提高企业的综合竞争力；二是乳企对牧场等产业链的并购，以大型企业为主，通过向上游养殖、牧草等环节的扩展，强化企业市场掌控能力，比如蒙牛、光明、飞鹤等；三是全球化的并购，面向全球优质奶源基地，对诸如澳大利亚、新西兰等重要的原奶产区进行并购，比如伊利、蒙牛、光明等乳企，利用全球资源，做好中国市场。

---

① 乳业并购是指目标公司控股权发生转移的各种产权交易形式的总称，主要形式有合并、兼并、收购等。

经过不断并购，市场扩张，乳业竞争格局基本形成。

第一梯队是以伊利、蒙牛、光明等为主的全国性企业。近年来，君乐宝、飞鹤等快速发展，已经成长为超 200 亿元规模的企业[①]，已经打破了原来"三巨头"的固有格局，成功跻身第一梯队。头部乳企在发展过程中，并购都发挥了巨大的助推作用。

第二梯队以新希望、三元、完达山、卫岗、天润等泛区域性乳企为主。这些企业大部分都有 20 亿元以上的销售规模，部分已经超过 50 亿元（比如新希望、三元等）。这类企业的特点是全国化市场运作，除企业的本土市场外，在外部市场已经形成了较强的品牌影响力。

第三梯队以区域性乳企为主，聚焦在局部市场，并在核心区域拥有强大的品牌影响力，大部分销售规模在 10 亿元左右，比如河南花花牛、济南佳宝、天津海河、山西古城、陕西银桥等。

第四梯队是城市性的小区域乳业，其销售范围以 300 公里内为核心市场，产品以低温巴氏奶、酸奶为主，销售规模大部分在 5 亿元以下，比如徐州绿健、威海嘉盛、宁波乳业等。

第一梯队和第二梯队的乳企，大部分都有并购的历史，通过并购，快速地扩大市场规模，通过品牌优势，压制中小乳企的发展空间，从而获得增长，也促使行业的集中度提高。

---

① 2021 年君乐宝营收 203 亿元，飞鹤营收 227.8 亿元。（睿农乳业研究部）

一、君乐宝的故事

1995年,君乐宝成立于石家庄,彼时三鹿集团[①]正如日中天。1999年,三鹿入股君乐宝,使其成为旗下液奶的一个子公司,借助于三鹿的品牌影响力,君乐宝快速发展。2007年其推出的红枣酸奶风靡全国市场,成为众多企业模仿的对象。2008年"三聚氰胺"事件之后,君乐宝回购了在三鹿集团的股份,再次独立自主发展。

2010年,蒙牛宣布以4.69亿元收购君乐宝51%的股权,成为其第一大股东,君乐宝再次找到"靠山"。2019年,蒙牛宣布出售所持有的君乐宝的51%的股权,交易价格为40.11亿元,君乐宝再次"单飞"。当年君乐宝奶粉销量达到7.5万吨,超过1亿罐,同比增长62%,成为全国配方奶粉销量第一品牌。2021年,君乐宝销售规模达到203亿元。

从0到100亿元,用了22年,从100亿元到200亿元,只用了4年时间[②],在此之前的25年中,君乐宝是被并购对象,通过被并购,企业获得了发展。在这个过程中,君乐宝的发展战略、企业文化、经营管理等方面都值得借鉴。

2022年3月,君乐宝收购皇氏集团旗下来思尔乳业20%股权获得国家相关部门批准。2022年8月,君乐宝和西安银桥乳业签署《战略合作协议》,拟收购其核心资产。2023年2月16日,此收购案获得批准。从被并购对象到入股或收购其他乳企,君乐宝正加快在全国市场

---

① 三鹿集团前身是1956年2月16日成立的"幸福乳业生产合作社",曾是国内集奶牛饲养、乳品加工、科研开发于一体的大型企业集团,早期发展良好,曾获得国家科学技术进步奖。2007年之前,三鹿奶粉曾连续14年销量居全国第一。2008年被发现奶粉中含有三聚氰胺。2009年2月12日宣布破产。

② 2017年,君乐宝销售规模突破100亿元;2021年,突破200亿元。

的布局。

二、蒙牛的故事

1999年,蒙牛乳业在内蒙古创立,通过先建市场、再建工厂的模式,借助于市场上的闲散资源,输出管理,获得快速的发展。2022年,蒙牛乳业营收达到925.9亿元。

蒙牛在20多年的发展中,并购是常态,在其发展过程中,通过并购,不断地建立优势。在蒙牛的发展过程中,液态奶是其成功的根本,而利润更高、潜力巨大的婴幼儿奶粉,一直是其短板。自2013年之后,蒙牛先后发起了多次与奶粉相关的收购行动,以补充其奶粉的短板。

2013年6月,蒙牛宣布收购国产奶粉品牌雅士利,斥资110亿港元。彼时蒙牛奶粉业务不振,期望通过收购雅士利达到和自身奶粉业务的互补。2015年12月,雅士利以12.3亿港元收购多美滋中国全部股权,交割完成后,其成为雅士利的全资附属公司,多美滋作为中国奶粉销售曾经的老大,其品牌商誉依然较高[1]。蒙牛此前收购的君乐宝,也于2014年推出婴幼儿奶粉,并且以搅局者身份入局,迅速获得市场关注。2019年12月,蒙牛宣布以不超过14.6亿澳元(约合人民币71亿元)收购澳洲品牌贝拉米。2021年,蒙牛奶粉业务营收为49亿元,同比增长8.2%。至此,在奶粉板块,蒙牛形成了高、中、低端的品牌结构,不断强化其市场竞争力。

为了强化其产业链上游的竞争力,蒙牛在成立至今的20多年中,也进行了多次收购,其中以收购现代牧业的影响力最大。现代牧业成

---

[1] 2013年8月,多美滋遭遇恒天然肉毒杆菌乌龙事件,从此受到重创,销售业绩下滑。

立于2005年9月，其创始人邓九强等也是蒙牛早期的创办人之一，可以说和蒙牛渊源颇深。2010年11月现代牧业在香港上市，是全球第一家以奶牛养殖资源上市的企业，也是国内规模最大的奶牛养殖企业。2013年，蒙牛宣布获得现代牧业27.9%的股份，成为最大单一股东。2017年2月，蒙牛又以18.7亿港元增持现代牧业16.7%的股权，交易完成后，蒙牛及一致行动人共持有现代牧业37.7%的股份，成为现代牧业的实控人。同年，蒙牛增持股份至61%，成为控股股东。现代牧业作为国内最大的原奶供应商，蒙牛控股之后，其上游的竞争力进一步加强。

2020年1月，蒙牛通过7.45亿元增资入股妙可蓝多，取得5%的股份；2021年7月，妙可蓝多向蒙牛非公开发行10098万股股票，完成登记后，蒙牛累计持股28.46%[1]；2022年10月，蒙牛再次收购妙可蓝多5%的股份，成为其控股股东。作为国内增长最快的奶酪品牌，妙可蓝多补齐了蒙牛在奶酪业务上的劣势。蒙牛利用妙可蓝多的品牌效应，带动了自身奶酪业务的发展。

蒙牛的一系列收购，都是围绕企业的发展战略进行的，通过对上游、中游及下游的收购，提高和被收购企业的协同效应，进一步完善对整个产业链的布局。

三、新希望乳业的故事

新希望集团是国内农牧业龙头企业，在饲料、养殖等产业方面拥有丰富的经验。为寻找新的增长点，新希望集团进入饲料的下游产

---

[1] 杨雁云：《蒙牛乳业并购妙可蓝多的动因分析》，《商展经济》2022年第3期。

业——乳业。新希望乳业的发展历程，就是通过收购、兼并和重组区域及地方乳企的方式，打造乳业联合舰队，成为行业新标杆。

2001年10月，新希望通过组建合资公司的形式收购了四川阳平乳业。之后的一年中，新希望在国内展开了大规模的并购浪潮，先后在四川、重庆、河北、山东、江苏等地控股或参股了11家当地排名第一或第二的地方乳品企业，乳业全国布局初步形成。在此之后的近10年中，新希望乳业都是新希望集团（上市公司）的乳业板块，虽然拥有10多家区域龙头品牌，但并没有形成真正的合力。

2011年9月，新希望乳业正式从集团剥离，成为独立的乳业公司。在经营管理层"鲜战略"的实施下，坚持"低温、新鲜"的差异化策略，新希望乳业迅速扭亏为盈，2015年开启了第二轮大规模的收购行动，至2021年，先后收购苏州双喜、湖南南山、西昌三牧、绿源唯品、福州澳牛、宁夏夏进等乳企。

截至2022年底，旗下拥有59家控股子公司，15个主要乳品品牌，16家乳制品加工厂，13个自有牧场[①]。2022年，新希望乳业营收达到100.06亿元，同比增长11.59%[②]，已经成为国内乳业第二梯队的领导者品牌。

新希望乳业的发展，就是并购整合式的发展，通过"1+N"的模式打破低温鲜牛奶的区域属性，通过重点经营城市周边牧场，保证产品新鲜，从而缩短"从牧场到餐桌"的时间，以重点区域性市场为支点，向全国辐射。

乳品行业发展的过程就是不断优胜劣汰的过程，通过并购的形式，

---

① 数据来源：新希望乳业官网。
② 数据来源：新希望乳业2022年年度报告。

加快了企业的发展步伐。早在 2009 年，工信部与发改委就制定了《乳制品工业产业政策》，鼓励国内乳企通过资产重组、兼并收购、强强联合等形式，提升产业水平。市场集中度不断提高，规模效益和品控才能够更好地落实，这也符合产业发展规律。

中国作为全球人口规模最大的市场，当前的乳业消费还没有普及，和欧美发达国家相比，依然有巨大的差距，特别是在乳品的新兴品类发展方面，比如奶酪等，目前仅仅是起步阶段。从全球乳业的发展历史看，中国乳业存在巨大的增长潜力。作为全球增长最快的经济体，中国乳业的发展也必将融入到全球的乳业发展中，乳品消费量也必将和全球发达国家逐步缩小差距。

消费规模分析模型

消费规模是指在一个阶段的消费总量，由个体的消费量、消费的人口数量、消费频次构成。（见图 1-5）这三个要素中的任何一个发生变化，其消费规模的总量就会发生变化。

在任何一个市场，要想提高总的消费规模，这三个要素中的任何一个提高，其他不变，总规模就会提升。

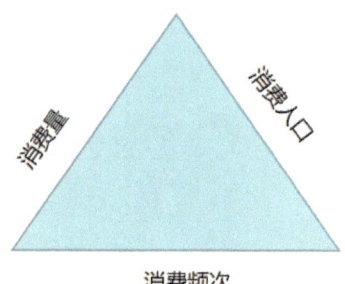

图1-5　消费规模分析模型

第二章

中国乳业市场格局与竞争战略

第一节　近代以来中国乳业发展简史

1865年,陈氏在广州市沙面法租界开办胜记牛奶公司,饲养黑白花奶牛,销售瓶装鲜奶①,这是现在广州风行乳业的前身。1907年,广东揭西县的曾广全自办牛奶厂,创立"长雁牌"炼乳,畅销香港和东南亚地区。1920年,上海的乳品厂已经开始生产巴氏消毒奶,乳品的专业化生产开始出现。1923年,上海牛奶业同业公会成立,从商业的角度来看,行业的规范化开始出现。1925年,温州企业家吴百亨创立百好乳品厂,拳头产品是"擒雕牌"炼乳,由于和英瑞公司的"飞鹰牌"商标之争,成为当时的新闻事件,品牌影响力大增。百好乳品厂定期收购鲜奶,就近生产,产品的乳蛋白含量高,奶香浓郁,深受顾客的信任。1928年,宋美龄在南京把大明皇帝的"御马场"旧址改造成奶牛场,这是卫岗乳业的前身。1931年9月,省立临沂第五中学徐眉生等五位教师到济南共同兴办畜牧场,于1932年成立"五大牧场",这是济南佳宝乳业的前身。……

近代中国的乳业发展,其商业化的程度并不高,只是少数人的食品,不能普及更多的人。这与现实有关,消费者的认知水平和消费能力都决定着行业的发展速度。

1949年,全国仅有4家乳品厂,12万头奶牛,年产奶量20万吨,

---

① 广州市地方志编纂委员会编:《广州市志》(卷十四),广州出版社,1999,第683页。

乳制品产量仅0.1万吨[①]，生产的产品主要是消毒奶和炼乳。

1950年以后，在公私合营的大潮中，行业进行整合，乳品企业收归国有。同时，在政府的主导下，奶牛养殖较多的内蒙古、东北等地开始组建乳品厂。光明牌奶粉也在这一年用喷雾法开始生产，内蒙古的海拉尔乳品厂也正式投产。

在计划经济下，国内的乳业发展比较缓慢，乳品几乎是奢侈品。仅有少量的炼乳供给婴幼儿，液态奶品种也比较有限，以巴氏奶为主。

20世纪80年代，虽然已经实行了市场经济，但对乳品行业来说，企业都是国营企业，市场供应依然不足，乳品仍是少数人消费的"专利"。企业的产品数量少，销售的区域也比较集中，以城市为中心，其他地区为辅。

随着承包责任制的出现，部分乳品企业也引入了这种体制，但毕竟是国有企业的资产，受制于生产、产品创新、销售、运输等的影响，并没有出现全国性的液态乳品企业，奶粉也主要满足婴幼儿喂养的需要。

20世纪90年代初期，乳品依然是少数家庭购买，液态奶的产品主要以散装奶、巴氏奶和瓶装奶为主，奶粉以袋装奶粉为主。随着生活水平的逐步提高，乳品的消费总量也开始逐渐提升。但由于国家缺乏相关政策，整个行业处于自由发展的状态。由于缺乏机制的约束，此时乳品企业的亏损率在30%左右。（见表2-1）

---

① 数据来源：《中国统计年鉴（1980）》。

表 2-1　1994—1998 年中国乳品加工业基本情况

项目	1994	1995	1996	1997	1998
企业数 / 个	562	607	610	573	395
亏损数 / 个	121	173	182	168	142
亏损率 /%	21.5	28.5	29.84	29.32	35.90
总产值 / 亿元	64.79	78.35	98.55	129.08	122.92
利润额 / 亿元	1.45	0.50	-2.60	2.06	0.18

数据来源：《中国食品工业年鉴》（睿农乳业研究部整理）

1992年，"邓小平南方谈话"之后[①]，市场活力被激发出来，随着市场的开放程度加大，合资、私营、股份制等类型的乳品企业开始涌现。

1992年，宁夏夏进乳业集团股份有限公司成立，温州一鸣食品有限公司成立；

1993年，经过股份制改组，内蒙古伊利实业集团股份有限公司成立；

1994年，均瑶集团乳业股份有限公司成立；

1995年，君乐宝乳业集团有限公司成立；

1996年，光明乳业股份有限公司改造后首次登记成立，伊利乳业成为中国乳品行业首家A股上市公司；

1997年，建于1982年的山阴城奶粉厂正式组建山西古城乳业集团有限公司；

1998年，青岛圣元乳业有限公司成立；

1999年，内蒙古蒙牛乳业（集团）股份有限公司成立；

---

① 注：1992年1月18日至2月21日，邓小平先后到武昌、深圳、珠海、上海等地视察，并发表了一系列重要讲话，通称"邓小平南方谈话"。3月26日，《深圳特区报》率先发表了《东方风来满眼春——邓小平同志在深圳纪实》的重大社论报道，并集中阐述了"邓小平南方谈话"的要点内容。

2002年，河南花花牛乳业有限公司组建成立；

……………

正是这些乳品企业的出现，中国乳业的发展进入了新阶段。

此外，达能、帕玛拉特、卡夫、雀巢等10多个外资品牌先后登陆中国市场。这些乳业先后在中国建立乳品生产基地和营销网络，带来了资金、技术、先进的管理经验，中国乳业也在这段时期进入快速发展期。

随着消费数量的增长和消费人群的扩大，中国的乳品行业进入了跨越式发展阶段。

从1999年开始，中国的乳品行业开始快速增长，年均市场容量增长率超过40%，乳品消费增长高峰期已经来临，之后，更是迎来了被行业称为中国乳业增长的黄金10年（一般是指1999—2008年）。以伊利、蒙牛和光明三大乳业巨头为例，这三家企业在这10年里的销售额增长率都超过了100%，其中蒙牛增长速度更快，1999年创立，从0做起，2007年突破200亿元，被行业惊赞为"火箭速度"。（见表2-2）

表2-2 2000—2010年伊利、蒙牛和光明销售额　单位：亿元

企业	2000	2001	2002	2003	2004	2005	2006	2007	2008	2009	2010
伊利	20	27	40	63	87.4	121.7	160	193.6	216.6	242.1	296.7
蒙牛	2.9	7.24	16.7	40.7	72.1	108	162	213	238.7	257.1	302.7
光明	20	35.2	50.2	59.8	67.9	69	74	82	73.6	79.4	95.7

数据来源：各公司年报（睿农乳业研究部整理）

据统计，在2000年前，中国液态奶中常温和低温的比例为3:7，伊利、蒙牛的崛起带动了中国常温奶的快速发展，到2005年，这个比例已经基本成为7:3。2009年第三季度的统计数据显示，液态奶中的常

温奶占据着 86% 的市场份额[①]。

常温奶的快速增长，主要驱动因素有：

一是消费者生活水平提高后，更关注健康，乳品需求量增加；

二是无须冷链运输，可以销售到更多的区域，覆盖市场面更广；

三是常温乳品更易于保存，方便消费者储存式消费；

四是市场推广力度大，消费者通过尝试性购买后，逐渐形成消费习惯；

五是品种多，口味全，符合不同类型消费群体的需求。

在常温乳品迅猛发展的过程中，以低温巴氏鲜牛奶为主的城市性乳企节节败退。主要原因有：

一是缺乏品牌建设意识，在品牌价值传播、市场推广、消费教育方面缺乏持续的投入，品牌影响力随着常温乳品品牌的崛起而不断削弱。

二是产品相对单一，从口味到包装形式，都无法和常温乳品相比。常温乳品企业的产品，多达数十种，口味多样化，口感好。刚刚有饮奶意识的消费者并不能够分清楚产品营养价值的高低，在这样的情况下，更倾向于选择常温乳品，常温乳品随之成为市场的主流产品。

三是低温巴氏奶市场教育方面明显落后，大部分消费者分不清常温奶（纯牛奶）和低温鲜奶（巴氏奶）的区别在哪里，而企业的消费者教育工作的缺失，给予常温奶企业一个绝佳的时机。

就这样，在日益扩大的消费需求和低温巴氏奶不能满足需求的矛

---

① 冯越：《2009年常温液态乳制品消费将持续增长》，《食品工业科技》2010年第1期。

盾中，常温奶一骑绝尘，以其方便、口感好、口味多的优势把低温巴氏奶远远地甩在身后。

2008年的"三聚氰胺"事件后，整个乳业市场快速发展的势头如同按下暂停键。此后的10年，中国乳业跌入低谷，增长缓慢，消费者对国产品牌的信心几乎丧失，食品安全成为消费者关注的首要问题，这也带来了进口乳品高速增长的10年。2008年至2017年的10年间，中国乳制品进口量年均复合增长率达21.5%[①]，消费者开始更加关注产品的品牌、品质、产地等要素，这为低温巴氏奶赢得了发展的机会。

国内低温乳品企业80%的销售都是本地市场，随着产业链建设的完善，大部分已经建立起包括奶牛养殖、乳品生产、市场销售、消费服务的一体化组织，这为低温乳品建立消费者信任奠定了基础。2014—2021年低温巴氏奶的增长速度（见图2-1），已经超过了行业的增长速度（见图2-2）。头部的低温乳品企业，比如光明、三元、新希望等乳企，其低温奶的增速也在不断提高，以2021年为例，光明营收292亿元，同比增长15.6%，其中鲜奶增长达到22%；三元营收超80亿元，同比增长19%，其中低温鲜奶增长20%；新希望营收近90亿元，同比增长18%，其中鲜奶增长20%[②]。

2017年5月，蒙牛鲜奶事业部成立。2018年1月，同时推出17个鲜奶单品。2019年12月，蒙牛订奶平台"天鲜配"上线，通过冷链配送做低温鲜牛奶的入户业务。蒙牛2019年财报显示，其鲜奶业务市场份额从3.1%增长至7.1%，其鲜奶产品已经覆盖华东、华南、华北、

---

① 沈美：《全球化竞争加剧 中国乳企应加快"走出去"》，2018年12月3日，https://baijiahao.baidu.com/s?id=1618793175914384908&wfr=spider&for=pc。

② 睿农乳业研究部根据各企业年报整理。

华中等区域24个省区市和50个重点城市[①]。而伊利则于2018年在哈尔滨试点低温巴氏奶的到家业务，并于2019年12月，推出以伊利和金典为品牌的低温巴氏鲜奶，用"金典"直接命名，可见伊利对低温鲜奶品类的重视程度极高。凯度消费者指数显示，2018年7月至2019年7月，低温鲜奶销售额增幅为19.5%；2018年8月至2019年8月，鲜奶国内市场渗透率为33.6%。随着头部品牌的入局，低温鲜奶品类必将崛起。

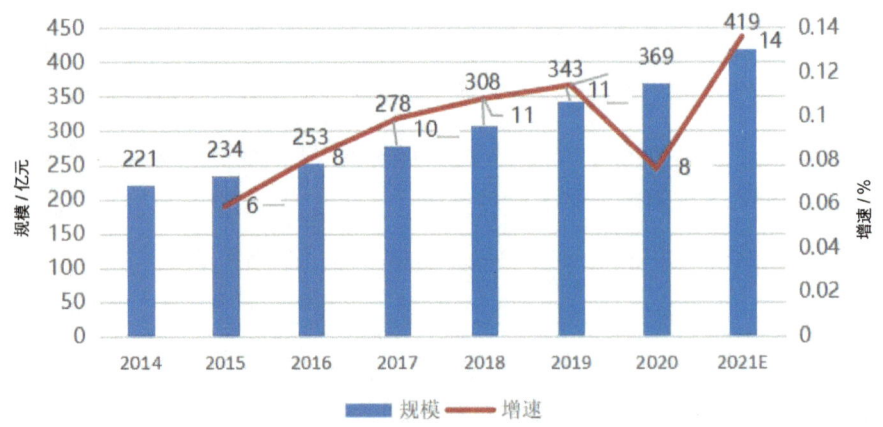

图2-1　2014—2021年中国巴氏奶市场规模及增速

数据来源：华经产业研究院

---

① 刘静、王力纬：《巴氏奶混战，谁是赢家？》，"子弹财经"，2020年7月12日。

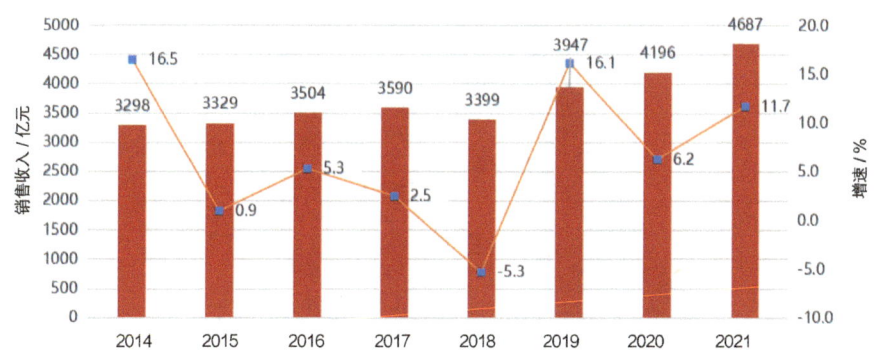

图2-2　2014—2021年全国乳品行业销售收入及增速
数据来源：国家统计局（睿农乳业研究部整理）

中国乳业的发展，是从乳品的短缺阶段开始，在市场经济不断深化的过程中，市场活力被激发，产品逐渐丰富；常温乳品的优势让产品走出了区域，覆盖了更广泛的市场，让更多的消费者开始饮用牛奶；在消费升级的大环境下，消费者需要更新鲜、更安全、更有营养的乳品，低温乳品再次进入消费者的视野。乳业市场的竞争总是循环往复，每一个时代都有每一个时代的特点，常温乳品和低温乳品的竞争也将会继续存在。

第二节　中国乳业市场格局

经过数年的发展，中国乳业已经形成层级分明的市场格局。（见图2-3）

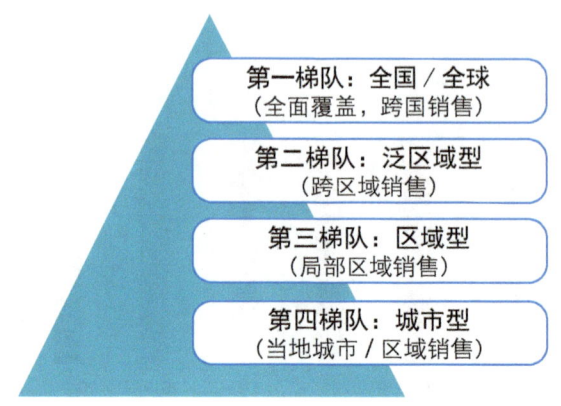

图2-3 中国乳业的市场格局

第一梯队是以伊利、蒙牛等全国（全球）性的乳业巨头为主，全面覆盖各级别市场，通过跨国收购进行全球化的产业布局。第二梯队是以新希望、三元等泛区域性乳品企业为主，在国内市场通过跨区域销售，在多个市场形成销售规模。除企业的核心市场外，在其他的各类市场并没有做到全面市场覆盖。第三梯队是区域性强势品牌。这类企业聚集在局部的区域市场，在当地能够做到覆盖各级别市场，比如天友、卫岗等。第四梯队是小区域性乳企。其销售区域更集中，以当地城市为中心，仅对周边区域的市场有较大的影响，比如南阳三色鸽、威海嘉盛等。

一、全国性乳企：全方位覆盖市场

国内的乳品企业以伊利、蒙牛、光明、君乐宝、飞鹤等巨头为核心的基本格局已经形成，行业集中度高，前五大乳企年销售额约占行业总规模的 56%①，伊利、蒙牛已经都成为千亿级别的企业，在全球乳业 20 强中，分列为第五和第七②，而光明、君乐宝、飞鹤等年度销售规模超 200 亿的企业，正在通过创新求变，继续扩大规模。

全国性乳企巨头主要通过四个方面的战略工作推进，不断强化其市场竞争力：

一是强化企业产业链建设。乳业巨头除布局全国的自建牧场之外，近年来还通过收购的形式扩大自身在原奶供应方面的控制力，比如伊利控股中地牧业，蒙牛收购现代牧业，等。这充分表明乳品企业对于产业链上游的重视。

二是收购整合乳品企业，完善产业结构。比如 2021 年 7 月，蒙牛通过增持中国圣牧的股份至 29.99% 而成为圣牧第一大股东。圣牧作为国内有机乳品的第一品牌，2009 年成立至今发展迅猛，蒙牛坐拥全国最大的有机奶品牌，对于企业综合实力的提升大有裨益。

三是产品的创新，引领行业。光明通过莫斯利安常温酸奶的创新，突破 200 亿元的销售规模③，开创一个品类并引领行业发展。向全国市场推广其中高端低温巴氏奶品牌优倍鲜牛乳。这款产品上市于 2006 年 8 月，主要在华东地区销售，2015 年销售额达到 11.33 亿元。2021 年，推出中温鲜奶产品"新鲜牧场"，迅速风靡全国市场。

---

① 2021 年规模以上乳品企业 589 家，主营业务收入 4687 亿元，前五大乳企销售收入分别为：伊利 1106 亿元，蒙牛 881 亿元，光明 292 亿元，君乐宝 203 亿元，飞鹤 228 亿元。以上数据由睿农乳业研究部根据国家统计局公告及企业公告信息整理。

② 荷兰合作银行发布的 2022 年全球乳业 20 强排名。

③ 2014 年营业收入 203.85 亿元，同比增长 25.13%；其中，莫斯利安常温酸奶实现销售收入 59.6 亿元，同比增长 85%。

四是品牌建设，提高消费者的信任度。伊利赞助奥运会，蒙牛赞助世界杯，光明冠名《典籍里的中国》，君乐宝冠名《声生不息》等，这些品牌活动都获得了广泛的市场影响力。除此之外，在互联网及线下终端，更是不遗余力地进行品牌价值的传递，和目标消费者建立互动关系，建立信任。

很明显，第一梯队的乳企在产业链建设、企业产品创新、市场覆盖率、销售管理、品牌传播等各个方面都处于领先地位，对中小型乳企是全方位的覆盖，未来乳业的集中度将会进一步提高。

二、泛区域性乳企：跨区域销售

从区域性市场向更广泛的市场扩张，其品牌、产品等的影响力在不断加强，并逐渐成为跨多个地区销售的品牌。随着市场消费规模的扩容，这类企业数量正在不断增加，进入"百亿俱乐部"是其首要目标。

泛区域性乳企和全国性乳企最大的差异是销售规模，大部分此类企业已经在全国市场进行了布局，但是市场的下沉度远远不够，空白市场还有很多。

2022年，国内营收规模在100亿元左右的乳品企业依然是个位数，其中新希望乳业是泛区域性乳企中的领先者，目前在国内有16家工厂，产品已经能够覆盖到全国的每一个省份。2010年以来，通过创新产品和高效的营销管理能力，2022年销售规模突破100亿元，达到100.06亿元，同比增长11.59%。而营收在50亿元左右的企业中，妙可蓝多值得关注，2022年营收达到48.3亿元，其中核心业务板块奶酪营收38.69亿元，同比增长16%。作为国产奶酪棒的领导者品牌，其增长迅速，并且已经完成全国布局，所开发的常温奶酪棒，将会进一步推进品牌在下沉市场的扩张。

从第二梯队企业来看，大都正处于快速增长阶段，并且都超过了行业增长速度，我们有理由相信，在不久的将来，将会有更多企业进入"百亿俱乐部"。

三、区域性乳企：固守本土市场与跨越区域销售共存

区域性乳企两极分化比较明显，一类是固守本土市场，精耕细作，企业规模较小；一类是不断地寻求走出去的机会，进行跨区域销售，企业规模不断扩大。既有年销售5亿－10亿元的企业，比如天津海河、江西阳光等，也有10亿－30亿元的企业，比如福建长富、深圳晨光、重庆天友、南京卫岗等。

区域性乳企基本分为两类：一类是固守已有市场，由于其良好的品牌基础，有大量的忠实消费者，销量稳定，但由于其创新能力较为薄弱，基本上很难走出当地市场；另一类是不断寻求改变，通过产品、渠道等的创新，希望能够走出区域市场，获得更大的销售规模。从目前来看，固守型的企业也有稳健发展的，走出去的企业也有快速增长的，企业经营的优劣，关键在于企业的发展战略。

综合来看，区域性乳企面临的竞争更为激烈，一是大型企业的市场挤压，二是小型企业的骚扰。要想改变这种尴尬的局面，唯有从企业的发展战略着手，通过品牌价值体系重塑、产品创新等，抓住当前的市场增长机遇，进入乳业的第二梯队，获得更大的市场空间。

四、小区域性乳企：聚焦当地市场

这类企业一般都是小型乳企，数量较多，它们大都聚焦在当地市

场，围绕重点城市展开营销活动，目前也呈现出两极分化的特点：一类是在过去多年的经营中构建起自身的竞争壁垒，虽然市场竞争激烈，但由于自身有强势渠道，因此生存较好，比如嘉盛乳业、三色鸽乳业等；另一类是通过跟随或者固守当地市场，自身的优势不明显，生存艰难，这类企业在城市性乳企中也比较普遍。总体上看，城市性乳企既要面对乳业巨头对市场的全面覆盖的影响，也要面对泛区域性、区域性乳企的市场压制，可以说是为生存而奋斗。

中小型乳企的常规性动作是跟随，别的企业做什么产品，自己就做什么，缺乏特色，缺乏明确的品牌价值及产品的影响力，在当前物质丰盈的时代，基本上很难获得发展。

当然，对于任何企业来说，都是从小做到大的。小型乳企通过创新，抓住某个市场机会，也能够快速成长，并晋级到中型企业序列中去。比如青海小西牛乳业，通过青海老酸奶而快速被广大消费者认知，发挥区位优势，打造青海特色纯牛奶，获得良好的增长；再比如内蒙古兰格格乳业，最初也只是一个城市性的小乳企，但通过重新梳理企业的资源禀赋，确立品牌定位，专注于草原酸奶的研发与经营，已经成为细分品类的领先品牌。

乳业市场的增长，其中关键点在于，企业要能够为消费者提供更高品质的产品，这样才能够抓住市场增长的机会。

第三节　中国乳业的竞争战略

中国乳业自 1978 年改革开放之后，逐渐从计划经济时代转型到市场经济时代，并在市场经济的大环境下迅速发展。进入 21 世纪以来，中国乳业的发展更是日新月异。牛奶产量从改革开放初期 1978 年的 88 万吨，到 2022 年的 3932 万吨，增长了 44 倍；2022 年乳制品规模以上企业产量达到 3118 万吨，销售收入也增长到 4717 亿元。[①] 奶制品的年人均消费量也从 1978 年的 1 千克到 2021 年的 42.29 千克。[②] 随着国民营养健康意识的提高，乳品的消费结构正在从基础营养类需求转向专业性营养需求，市场竞争也从单一优势的竞争转向综合实力的竞争。

一、从注重战术向关注战略方向转变

从中国乳业几十年的发展历史来看，很多企业都在为短期的销量提升而展开激烈的竞争，从产品的跟随、模仿到终端陈列位置的争夺，从促销活动到公关造势，各类型乳企都参与其中。我们会看到真正获得竞争优势的企业，并不仅仅是战术层面的优势，更是企业在发展战略上的优势。

发展战略明确，企业的各类动作才不会偏离主线。而很多企业只是看到竞争对手采取了某些市场行动，而没有看清楚这些行动背后的深层次原因，这就导致这些企业只从战术上去模仿，最终为别人做"嫁衣"。

战术动作也很重要，但要在战略明确的前提下才能够发挥作用，要不然就会成为"废动作"。

以蒙牛的发展为例，1999 年成立时，没有奶源，没有工厂，但是

---

① 睿农乳业研究部根据公开数据整理。
② 2022中国农业展望大会发布的《中国农业展望报告（2022—2031）》中的奶制品部分。

企业确立了从草原牛到中国牛再到世界牛的发展目标，正是基于这个目标，蒙牛创造性地提出"先建市场，后建工厂"的经营模式，采取利用社会资源发展市场的战略行为，通过联营、托管、租赁等多种形式，从而盘活多家工厂，企业获得了发展。很多人觉得蒙牛的成功是营销的成功，是公关推广的成功，这虽然也有道理，营销促进了企业的发展，但实际上最为核心的是蒙牛的经营战略，做全国市场的经营思维。而对于像冠名《超级女声》[①]、赞助航天员、冠名世界杯等大型公关活动，都是对企业的发展战略的具体支持。

很多区域性乳企的战略目标不清晰，反而在战术上关注度很高，这往往成为发展过程中的问题。因为采取的市场行动没有长期价值，仅仅是短期获得销量的增长。而不断采取战术行动，企业的有效投入就会不断地受到损耗。如果还在纠缠于战术的成败，而没有明确的企业发展战略，相信未来的发展会更加困难。中国的企业不缺乏战术执行的高效性，缺乏的是对战略的理解以及正确战略的规划。

案例 1

兰格格的战略

兰格格乳业2000年创立于内蒙古乌兰察布，经过多年的发展，销售一直局限于内蒙古的部分地区，和很多企业一样，面临着产品同质化、渠道同质化、推广同质化等情况，如何破局？战略是决定企业发展全局的关键。

---

① 湖南卫视与天娱传媒联合于2004年发起主办的大众歌手选秀赛。

2016年，兰格格在确定聚焦低温酸奶的战略后，进行发展路径规划，建立三步走的发展路线图：第一步是通过产品创新找到市场突破口，占领市场制高点，打造价值型产品；第二步是建立根据地市场，形成局部市场的优势，有充足的发展动力；第三步是走出华北市场，逐渐成为有全国影响力的品牌。

战略明确，战术动作就精准。兰格格紧紧围绕企业的发展战略，先后通过建立局部市场的影响力，形成根据地，再进行市场扩张，快速完成大区域的覆盖，随着品牌在市场上能见度的提高，逐步走出了华北区域。目前兰格格已经成为草原酸奶的代表性品牌，产品已经在全国核心城市布局完成。

二、从区域市场竞争到产业链竞争

乳品企业间的竞争从区域市场开始，通常我们看到的是产品、渠道、推广、价格等层面的竞争较多，而这些要素的竞争，核心是为了占据某个市场。当企业在局部市场获得领先优势，就能够获得最大的市场份额，从而成就企业的发展。

但市场竞争并不是静态的，而是动态的，随时会有竞争者再次进入市场，从而展开新一轮的市场争夺。就全国市场范围看，中型乳企面临的竞争压力更大，既有头部品牌的市场压制，也有区域性乳企的进攻或者骚扰。从市场层面来看，最常见的竞争策略是价格战，而价格战对于中小型乳企来说，就是不断的"失血"行为，会迅速拉低企业的利润，甚至会亏损。

市场竞争的过程是企业综合实力的体现，而综合实力则体现在乳企对整个产业链的掌控力方面。从奶牛养殖、原奶供应、生产加工、市场营销这几个环节来看，通常市场营销环节竞争激烈，而本质上，乳业的产业链上游，即奶源供应及原奶价格决定着企业最终产品的价格。如果企业没有完备的产业链建设，则会出现旺季产品供应不足，市场受影响，淡季有产品，但销售不畅。总之，企业的整体经营会受整个产业链的影响。

乳企间的竞争从区域市场转向产业链的掌控力，这意味着企业间的竞争已经不仅仅局限于产品、渠道等环节，而是整个产业链的供应能力的竞争。近年来，各类型乳企纷纷加大奶源建设力度，这将为提高市场竞争力奠定基础，同时也会提高整个中国乳业的全球竞争力。

案例 2

全产业链竞争优势下的小而美的乳品企业

乳品行业的全产业链包括上游的奶源、中游的生产和下游的销售服务，这实际上是第一、第二、第三产业的全链条结合。大部分中型乳企无法做到上游奶源的自我供给，需要通过向外部市场购买原奶，来满足生产和销售的需要，但也有部分中小型乳企有自己的牧场，并能够完成自我供给，这就为第一、第二、第三产业进行结合创造了条件。

产业链的竞争是综合能力的竞争，如果企业规模较小，也可以把上游、中游和下游有效结合在一起，创造出局部竞争力。

河南洛阳生生乳业有限公司是一家小规模的乳品企业，但在当地市场却经营得有声有色，其关键就是把第一、第二、第三产业聚合在一起，形成了差异化的竞争优势。整个产业园区占地近千亩（1亩约等于0.07公顷），其中生生观光牧场占地400余亩，是集牧草种植、奶牛养殖、生态观光于一体的生态牧场；和牧场紧挨着的是生生乳业的加工厂，占地有200余亩，从牧场到工厂仅有几分钟的时间，保证了产品的新鲜度；生生乳业的生态园占地300余亩，可以进行采摘等体验活动。

生生乳业通过开展生态牧场游的方式，让消费者感受牧场、工厂和产品销售的一体化服务。消费者可以通过观光通道，近距离与奶牛接触，参观挤奶厅，了解奶牛养殖的过程；通过参观奶牛文化博物馆，了解乳品的各个方面的知识，进一步强化消费者对乳品的认识；通过参观乳品加工生产线，了解生生乳品生产过程，还可以品尝新鲜的牛奶；可以在游玩结束之后购买设置在厂区的生生奶吧的产品，把鲜奶带回家。

生生乳业通过自身的全产业链建设，构建了较强的竞争力，牧场的原奶可以满足生产的需要，生产的产品可以满足市场的需要，通过对消费者的服务，提高了品牌的影响力，最终形成良性循环，成为小而美的乳品企业。

三、从产品竞争到品牌竞争

乳业的竞争经历了三个发展阶段（1978年至今）：第一个阶段就是供应紧缺阶段，企业只要有产品，就能够销售出去，物资匮乏，消费需求旺盛。第二阶段是物资供应丰富，供需相对平衡，竞争趋向激烈，更多的新兴企业进入，市场需求持续增加。第三个阶段供应过剩，消费需求的发展没有和市场供应达到平衡，供大于求现象时有发生。这时产品的同质化现象越来越严重，价格战时有发生。

当乳业发展到第三阶段的时候，对任何企业都是巨大的挑战。随着产品生产技术壁垒的打破，在产品层面的竞争都无法让企业持续地脱颖而出，创新型产品在短期内可能获得市场认可，但长期看，产品被模仿、被超越都是大概率事件。

那么，消费者在这个过程中是如何做选择的呢？

一般情况下，消费者购买一个产品主要有以下两种心理：一是性价比高，产品实惠，本质是消费者选择更信赖的品牌；二是产品价值高，品牌可信任，本质是消费者的消费能力和产品的价格能够匹配。这两种心理的背后都是信任。当两个产品的性价比都一样的时候，消费者怎么选择？必然是选择信任度更高的品牌。而当两个产品的价值表现都比较高时，消费者怎么选择？必然选择会选择品牌影响力更大的产品。

归根结底，乳业的竞争已经从产品层面的竞争转向了品牌层面的竞争。只有你的品牌能够向市场传递出品牌价值，并能够获得消费者的信任，才能够在竞争中获得优势。

案例 3

莫斯利安 vs 安慕希

2009 年光明乳业推出创新产品莫斯利安常温酸奶，上市之后，迅速火爆市场，由于没有跟进的品牌，莫斯利安一骑绝尘，销售规模不断创新高，2012 年达到近 20 亿元，2015 年达到 58 亿元，2016 年达到 67 亿元，蝉联国内酸奶第一。

2013 年，伊利推出安慕希希腊常温酸奶，从此开启全面增长的品牌发展之路。2014 年安慕希销售额约 7 亿元，2015 年约 40

200亿元。反观莫斯利安，自从2015年之后，再也无法追赶上安慕希。（见图2-4）

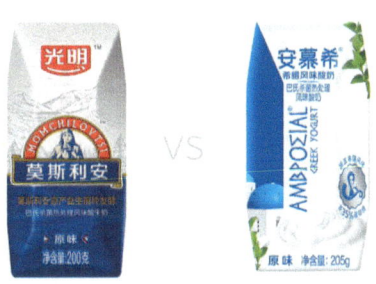

图2-4　莫斯利安与安慕希常温酸奶

图片来源：光明官网、伊利官网

从对比可以看出，安慕希的发展过程，就是通过对品牌的持续建设，形成了强大的品牌势能，而莫斯利安则没有把先发优势转化为持续优势。

1. 品牌价值

莫斯利安采用保加利亚长寿村"莫斯利安"村的菌种，品牌体现出异国风情的特征，通过"长寿村的神奇秘密"，以独特菌种具有长寿功能作为诉求方向。而安慕希则宣称来自希腊，添加了希腊农业大学研制的菌种，以"品味希腊，浓醇之享"作为品牌的诉求。从诉求的角度看，双方在品牌价值方面无法分出优劣。

2. 品牌传播

常温酸奶作为新兴品类，要想快速突破消费认知，最快的方法就是通过大型公关活动和品牌代言的方式进行。莫斯利安自上市后一直到2016年才签约了知名艺人组合作为代言人。安慕希自从上市之后，于2014年签约第一位艺人——中国好声音的明星学员，之后全面开启明星代言模式，先后有数十位当红明星参与。这些年轻消费者喜爱的明星对安慕希的品牌传播形成了强大的品牌势能，其品牌影响力持续扩大。

3. 产品结构

产品是品牌的抓手，品牌是产品的价值体现。莫斯利安自上市后，一枝单品独秀。安慕希在产品上市一年之后，即推出蓝莓等系列口味，2016年又推出香草口味，方便消费者选择；而莫斯利安在2016年才推出2果3蔬的产品，但市场的主动权已经开始移位。安慕希的产品线丰富多样，都围绕"美味酸奶"展开，而莫斯利安则推出了甜点星厨系列等偏离品牌调性的产品。

从莫斯利安和安慕希的竞争过程中，我们可以感受到市场已经从单一的产品竞争，转向系统化的品牌竞争。

四、从价格战向价值战转移

价格战是企业间竞争过程中最为直接、效果最为明显的一个方法。在过去的多年中，价格大战每年都会上演，最终的结果是企业由于参与价格战导致盈利能力下降。有人会说企业的市场份额在扩大，但事实上并不是如此，此时的市场份额是建立在损失企业利益的基础上的。当企业没有利益可以让渡给消费者的时候，就意味着最后的一张王牌已经没有了，企业还能给消费者什么呢？有人说价格战的受益者是消费者，用更低的价格去购买更高价值的产品，这不是消费者所需要的吗？价格战看上去是消费者在受益，但从更长远的角度考虑，最终依然会损害消费者的利益。

为什么这样说呢？因为降价参与市场竞争，就会造成企业的利润降低，成为微利的企业，这意味着企业的后续发展动力降低。一家企业没有利润的支撑，就没有办法去做好产品的研发、生产的改进、品质的提升、团队的激励等工作，这些工作都需要资金的投入。当企业不能够形成良性的循环，品质必然降低，最终和消费者就是一个双输的局面。

价值战是为市场提供更高品质的产品，这意味着企业的产品价格要高于普通产品的价格。随着消费者对乳品营养价值认知程度的提升、家庭收入的提高，其对高品质产品的需求会越来越多。价值战作为一种更高级别的竞争形式，正在被越来越多的企业采用。

● 案例4

乐纯希腊酸奶与优倍鲜牛奶

企业从价格战向价值战方向转移，是提高企业竞争力的最为有力的措施，很多乳品企业已经开启了价值竞争。

创立于2014年的酸奶品牌乐纯，产品采用滤乳清制作工艺，用三倍鲜牛奶和三倍乳酸菌发酵后，再脱去2/3重量的水分的方法，推出了三三三倍希腊酸奶，每杯售价达到16元，产品明显区别于市场上的竞品，并成为酸奶领域价格最高的产品之一。价格是价值的体现。乐纯还通过包装设计、话题营销等方式，让消费者参与其中，最终形成了产品的高价值形象。

上海光明优倍鲜牛奶，通过专属的优质牧场提供奶源，经技术测定，其产品的活性营养物质高于普通牛奶。与此同时，还生产了高品质的有机巴氏奶，由于物以稀为贵，价格是普通牛奶的两倍以上，但市场上依然供不应求。

这些现象说明，为消费者提供更好的产品，就能够获得更高的商品价格，更高的商品价格意味着企业有更好的盈利，更好的盈利意味着企业可以投入更多费用进行产品研发和整个产业链的建设，有了这样的基础，消费者就可以得到自己满意的产品。从这个意义上看，从价格战过渡到价值战，是企业未来生存发展的必由之路。

五、从产品宣传到营养教育

中国当前的人均饮奶量远低于发达国家，这首先与中国的饮食传统有很大的关系，其次与消费者对乳品营养的认知有关。国内的乳品企业大部分都是通过产品概念的炒作、产品口味的创新等进行宣传，产品概念能够直观地让消费者认识产品，但从更长远的角度考虑，要想继续扩大市场的份额，就需要不断通过营养教育的方法，提高消费者对乳品营养价值作用的认知。

区域性低温巴氏奶企业在过去的多年中，也是不断通过消费者教育而获得了相对稳定的发展。营养教育基本上要从两个方面着手：一是产品知识方面，包括产品的各种营养成分、饮用方法、储存方法等；二是营养价值方面，包括各类产品的优势、给消费者能带去什么好处、能解决消费者什么问题等内容。而婴幼儿奶粉类的企业，营养教育方面的工作更加重要，通过母婴营养课堂、健康讲座等形式，向消费者传递乳品的营养价值，并通过这样的活动建立消费者对产品的信任。

营养教育除通过广告、各类宣传单页等方式进行外，更重要的方式是邀请消费者参加企业组织的各类消费者教育活动，比如牧场、工厂参观，营养健康课堂等，能够和消费者面对面沟通，这样消费者就更容易理解，从而接受企业的产品。

● 案例 5

新希望乳业的食育课堂

新希望乳业作为国内以新鲜为品牌核心价值的企业，多年来，连续不断地开展食育课堂，通过寓教于乐的方式，向目标消费群体展开牛奶营养知识的传播，包括认识奶牛的种类、奶牛的生活习惯、如何选择优质好奶等内容。

新希望的食育课堂不仅仅在线下进行，还经常在线上开课，邀请专业医师、营养专家等通过直播等形式进行乳品健康与个人健康知识的讲解。除了邀请目标消费者到工厂参观学习，他们还到学校、社区等进行食育方面的教育。

通过食育课堂，新希望乳业不断向消费者传递新鲜的品牌价值，向社会持续传递一个乳品企业的责任，而且潜移默化地向消费者普及营养知识。

六、从线下渠道争夺到全域渠道建设

得渠道者得天下，企业的产品需要经过渠道各个环节，最终进入到消费者的手中，完成从产品到商品的惊险一跳。乳品企业的销售渠道一般分为 KA 渠道、传统流通渠道、特通渠道、自营渠道、线上电商渠道等类型。在这些销售渠道中,大部分乳企竞争最为激烈的是 KA 渠道和传统流通渠道,特别是以常温产品为主的企业,在 KA 渠道争夺陈列位置、端架、堆头、广告位等,在传统流通渠道争夺专卖权(是指在某个传统零售店内买断销售位置)、门头广告位、店内的堆头面积及位置等,导致渠道成本水涨船高,企业的费用不断增加,但乳企主要销售来源在此,竞争不可避免。

渠道争夺的本质是为了获得更多的销售机会,但消费者在终端会不会购买你的产品,并不仅仅是由渠道的占有率来决定的,还由渠道的持续占有率决定。比如你在某个 KA 销售两个月后,由于销售滞缓,产品被下架,那么,企业去争夺这个终端又有什么意义呢?因此,渠道只是企业销售产品的一个端口,是和消费者建立关系的一个平台,只有消费者在这个终端被吸引,产生持续的购买意愿,渠道争夺才有价值。

因此,要通过渠道建立消费者的信任,改变消费者的购买行为,关键是在终端要做好布置,不仅仅是产品摆放在终端,而是要通过对终端的媒体化建设,向消费者精确传递产品的购买理由,提高产品的销售机会。渠道不过是企业的一个工具,而消费者的信任才是企业最终的目标。

互联网技术的发展,让消费者获取产品信息的渠道从线下转移到线上,更多的平台成为新兴消费者购买的渠道。渠道的碎片化成为当前最重要的特征,这意味着企业在销售渠道的布局上要做调整,以提升不同类型消费者购买的便捷性。

线下渠道和线上渠道要一体化考虑,两者所面对的消费群体不同,线下消费群体年龄比线上更大,年轻消费者更多通过线上购买;渠道角色不同,线下渠道短期内依然是主渠道,是树立形象、获得销售的重要来源,而线上则是获得品牌传播与销售增量一体化的渠道;布局的产品也不同，线下以基础产品为主，线上以差异化的新产品及特色产品为主，这就是当前的全域渠道建设。这将是乳品企业在未来渠道竞争中的核心工作。

案例 6

认养一头牛全域渠道运作

2012年，创始人徐晓波因为给儿子代购奶粉的一次经历，决心进入乳制品行业。2016年，认养一头牛品牌正式创立。在渠道拓展方面，认养一头牛积极运用数字化营销手段，先后入驻了天猫、京东、抖音等电商平台，实现了与用户的有效链接。2020年，认养一头牛进入天猫"双11"亿元俱乐部，斩获京东乳品行业旗舰店"双11"销量第一。

同时，认养一头牛还将线上渠道的品牌影响力延续至线下渠道，目前盒马鲜生、永辉超市等都有其产品在售卖。2023年"十一"黄金周，认养一头牛首次登陆香港市场，旗下2款酸奶产品上架香港超过150家门店。认养一头牛逐步走出"线上自留地"，走向更大的流通市场，并成功覆盖更主流、更高净值的群体和消费场景，成为全域渠道运作的成熟品牌。

七、从传统电商到新电商

电子商务模式从1999年在中国开启以来，已经有20多年历史。在这一过程中，乳品行业也是从尝试、参与到重视，电商已经成为乳品企业不可忽视的经营方式。随着技术的发展，传统电商[①]已经开始进入

---

① 传统电商：以平台型电商为主的商业模式，比如天猫、淘宝、京东等。

转型阶段，新电商①已经成为商业市场中的核心力量，正成为消费群体最易于接受的业态。

传统电商模式是通过平面化的商业信息展示，让消费者足不出户、随时随地就能够购买产品，并能够享受送货到家的服务，其便捷性远远超越实体店面的销售形式，但随着传统电商的流量被新电商吸引，这些平台也纷纷开启新电商的转型。

新电商是以消费者互动为基础的一种电商模式，通过短视频、直播、私域交流等形式，消费者的互动参与性更强，其身临其境、即时下单、互动交流等形式超越传统电商，成为新兴的电商模式，目前主要包括短视频及直播电商、私域电商等。

在乳品行业中，头部品牌都已经开始新电商运营，并且都以矩阵的形式出现在新电商平台上面，比如伊利在抖音上面有超百个短视频及直播账号，有液奶、奶粉、奶酪等各个事业部的，也有各类经销商的，还有业务人员的，等等，其巨大的传播效应不断地强化着伊利的品牌影响力。而私域电商在婴幼儿奶粉领域应用得更多，由于要做好消费者的一对一服务，通过和目标消费者建立私人的服务关系，形成强信任度，最终达成销售。

从传统电商转型新电商，正在成为乳品行业发展的必由之路。

● 案例 7

飞鹤的私域流量运营

飞鹤乳业 2021 年全年实现营业收入 227.76 亿元，较上年同

---

① 新电商：以互动型媒介平台为基础所形成的电商形式，比如抖音、快手、小红书等。

比增长 22.5%，实现净利润 69.15 亿元，同比增长 21.2%。

作为一家婴幼儿奶粉企业，除企业本身扎实的品牌运营能力之外，飞鹤通过私域流量的建立，获得了庞大的消费者数据库，促进了产品的销售。

1. 私域流量的拉新

传统的婴幼儿奶粉品牌都会通过赞助医院，进行线下的"营养知识"公益讲座，让准妈妈或者刚生小孩后的妈妈们参加，通过向她们讲解营养知识，向其推销自家的产品，但这种方式的效果越来越差。

飞鹤的做法是：公益讲座，现场不售卖产品，只讲如何选择一罐好奶粉，连飞鹤自己的奶粉有多好都不讲，只是告诉潜在客户怎么给宝宝挑选好奶粉。但要求参与讲座的人都关注飞鹤的公众号，在讲座开始时建立微信群。

2. 线上社群的留存和激活

当把潜在客户拉到你的流量池中后，真正的营销工作才开始。婴幼儿奶粉的选择都很慎重，并且很多宝妈（潜在客户）在育儿过程中会遇到很多问题，飞鹤通过专业的解答，解决了客户的问题，这正是飞鹤为客户提供价值的地方。通过这种方式，客户的留存就会沉淀下来。

为了解决更多的问题，飞鹤乳业建立了"飞鹤星妈会"线上平台，宝妈遇到的问题，都可以在这个上面找到答案，在找答案的过程中，对飞鹤的认知就会不断提高。而宝妈有一个最大的特点就是爱分享，当把自己获取的知识分享给更多的宝妈的时候，这个平台就会不断地增加目标客户，平台和微信群的活跃度就会很高。

3. 转化和复购

当宝妈不断受到飞鹤贴心、无私服务的时候，对飞鹤品牌的价值认可度就不断提升，信任感也就不断增加。销售转化就是由信任产生的，由于信任飞鹤，因此购买飞鹤。

第一次购买完成之后，通过CRM（客户关系管理）数据系统，精确预测消费者在何时需要补充奶粉，奶粉即将吃完之前，系统会自动通知和这位消费者对接的导购人员，提醒她/他和客户及时联系。

通过这两个动作，达到了让目标消费者了解飞鹤的信息，并且通过微信群建立更为直接的联系。2022年，飞鹤线下活动超过100万场，星妈会会员数量突破5800万人。

模型 2　乳业市场竞争格局分析模型

乳业市场竞争格局是指乳业品牌在市场竞争中的位置而最终形成的竞争关系。

按照企业对市场覆盖的程度进行分类，全面覆盖市场的为第一梯队的全国性乳企或全球性乳企；跨区域销售的品牌大部分都有自己的核心市场，通过对外部市场的扩张而形成了第二梯队；只在局部区域市场进行销售的乳企，为第三梯队；围绕当地城市市场进行销售的乳品企业，通常都是小区域性乳企，也称为城市性乳企。（见图2-5）

竞争格局的分析是为了找到企业在整个市场中的位置，并基于这个位置进行品牌战略、产品策略、市场推广、渠道建设等工作的规划与实施。

第二章 | 中国乳业市场格局与竞争战略

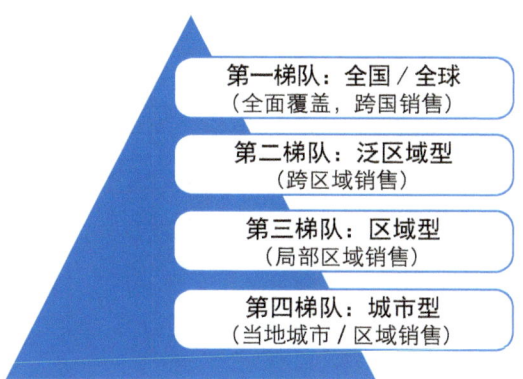

图2-5 乳业市场竞争格局分析模型

模型 3　乳业竞争"7C"模型

乳业竞争"7C"（C：Change）模型是指乳业市场的竞争正在向新的方向转变，乳品企业要通过对变化的关注，使企业能够在一种新的竞争形态下获得竞争优势。（见图2-6）

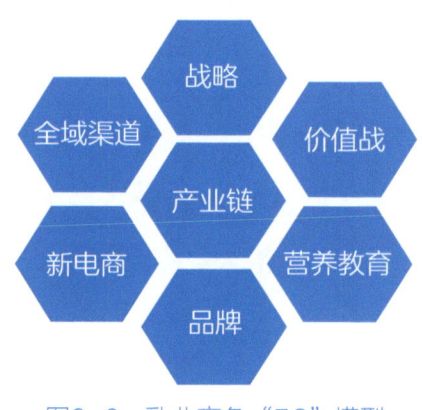

图2-6 乳业竞争"7C"模型

战略：从注重战术到关注战略。

产业链：从区域市场竞争到产业链竞争。

055

品牌：从产品竞争到品牌竞争。
价值战：从价格战到价值战。
营养教育：从产品宣传到营养教育。
全域渠道：从线下渠道到全域渠道。
新电商：从传统电商到新电商。

第三章

产品创新是基础，
产品规划是关键

第一节 产品创新的挑战

产品是企业经营过程中的核心要素,产品创新则是企业可持续发展的核心能力。从内部看,创新要面临技术、人才、资金等方面的投入;从外部看,则要面对技术壁垒难以建立、跟随普遍等现象。这些都是产品创新所面临的挑战。

一、产品的技术壁垒正在消失

每一个乳品企业都想通过创新产品与竞争对手形成差异化,但大部分乳品企业并没有能力去做创新,只是通过供应商进行技术的引进,从而生产出具有差异化的产品。由于技术专利大部分都没有掌握在乳品企业手中,这就导致新技术一出现,很快就会被模仿出来,用技术设置的壁垒正在消失。而头部品牌在技术储备方面较强,有固定的研发费用,从而可以开展一些技术创新工作,在产品的创新工作中,确实能够引领行业发展,但这并不能够真正形成技术壁垒,同行之间的技术借鉴很多,后来居上现象也时有发生。

2009 年,光明推出常温酸奶莫斯利安,这在当时是具有划时代意义的产品,但随着市场的快速发展,在 2013 年之后,伊利、蒙牛等头部乳企纷纷跟进同类产品,并最终超越莫斯利安,常温酸奶技术也成为大众化的技术。

2015 年,北京三元、内蒙古兰格格等推出经过美拉德反应后生产出来的褐色酸奶。这个酸奶产品和普通酸奶的最大区别就是颜色是褐色，口味具有自然的焦香味。产品一经推出，就受到消费者的喜爱，并在短期内风靡市场。2017年，伊利、蒙牛纷纷跟进此类产品，并利用强大的销售网络，开始从北方市场向南方地区蔓延。随之带来的是市场上各类跟风型的产品，被命名为俄式酸奶、烤酸奶、炭烧酸奶等。该类产品属于创新型产品，但基本不存在技术壁垒。

2021年以来的爆珠酸奶、超滤牛奶（膜过滤技术）、常温奶酪技术等，刚推出时是新技术，具有差异化，但很快就会被同类型乳企跟进，并且只要市场上需求旺盛，最终都会成为普遍性技术。

近年来随着各企业对产品的全面升级，我们也发现，当今的乳品无论口感还是风味，与多年前相比都已经有了很大的提升。总体来讲，中国乳业经过多年的发展，各企业之间的技术壁垒正在逐步消失。对于企业来说，技术壁垒已经很难成为核心竞争力；而站在消费者的角度，越来越多迎合消费者口味的优质产品出现，无疑是消费者的福音，这也是行业整体进步的表现。

二、跟随策略是普遍现象

乳品行业中绝大部分企业在产品创新方面是缺乏技术支撑的，在发展过程中常用的策略就是跟随。在中国的乳业市场中，每隔几年都会出现一个红遍全国的产品类型，并随着时间的推移而最终沉寂于市场。

2007年，君乐宝推出了传统养生概念的红枣酸奶，由于口味独特，成为市场上的品类黑马。随之带来的是全国的红枣酸奶热，每一家企业都有自己的红枣酸奶。2011年，新希望推出了调制乳香蕉牛奶，用冰淇淋口味的丝滑感征服了广大消费者，由于此类口感源自韩国，当时韩国文化在中国市场非常流行，这两个因素影响之下，全国的乳企、饮料企业都纷纷模仿，使之成为无处不在的产品。2015年之后的褐色酸奶、2016年科迪推出的"小白袋"纯牛奶、2021年之后的爆珠酸奶等，都是如此。

跟随策略对于大部分企业来说，是短期内能够获得较大市场份额的方式，但从长远看，跟随是没有未来的。由于缺乏产品和品牌的关联，跟随的企业大都抱着"捞一把就走"的心态，这注定其不会精益求精地做产品。

由于创新后的产品总是被跟随，很多企业并不愿意在产品创新方面做投入。但那些持续进行产品创新，并围绕品牌核心价值进行产品开发的企业，即使被跟随，也依然会在市场上占据优势。

三、产品创新的误区

乳品行业每年都会有上千个新产品进入市场，但真正能够存活下来并持续获得增长的新品寥寥无几，为什么会出现这样的情况？除了企业本身的市场选择、推广投入、销售管理等方面可能存在不足之处，在产品的创新方面也存在误区：

1. 做一个全能的产品

每一个产品都会有不同的消费群体，而很多企业在做产品创新时，却幻想做出一个能够满足所有人需求的产品，对产品本身做很多的功能的附加，认为总有一个卖点能够满足消费者的需求。而实质上，产品核心的卖点只能有一个，这样才能够产生聚焦效应，让消费者记忆深刻。做产品创新，要"知止"，消费者不会对一个全能的产品产生信任。

2. 做一个独特的产品

产品创新的目标就是独特性，很多企业都做到了独特性，但这个独特性并不符合消费者的认知与需求，认知是指消费者认可这样的独特性，需求是指消费者通过某个价格购买商品或服务的意愿。曾经有企业要做一个海参奶，宣称从海参中提取出海参肽融入牛奶当中，从而生产出更具有营养价值的产品。这个产品虽具有独特性，但并不符合消费者的认知与需求。做独特性的产品创新，要符合消费认知，因为创新的产品只有大众化才能规模化。

3. 做一个技术超前的产品

从创新的角度看，技术领先的产品的确具有创新性，但太过于超前，消费者不能够理解，就会成为"先烈"。通过新技术开发的产品，要经过市场的验证和消费者的需求研究才能做判断。市场处于不断发展的过程中，技术创新的产品要在合适的时间推出才能够成功，而合适的时间就是消费者的教育和认知已经完成之时。比如有企业推出针对女性消费者补充胶原蛋白的产品等就属于技术超前型的产品。

● 案例 8

"0 添加"酸奶 10 年发展简史（2011—2022 年）

2011 年 8 月，新希望乳业推出新产品"0+ 老酸奶"，这款产品通过技术创新，在没有添加剂的情况下，保证酸奶发酵后还能够呈现出良好的凝固状态，但这款产品推出之后，并没有在市场上形成影响力。

2012 年 4 月，光明乳业通过改进技术、提升发酵工艺等方法，推出无添加的酸奶品牌"如实"，从此开启了国内"0添加"酸奶的市场拓展之路。由于产品没有增稠剂、防腐剂、香精、白砂糖，只用新鲜生牛乳发酵而成，口味并不适合大众口味，因此每盒产品都配了一包蜂蜜，由消费者根据自己的口味添加。

2015年5月，简爱第一杯无添加酸奶上市，并把品牌定位于"0添加"酸奶，通过细分市场迅速成为国内酸奶领域的黑马。

2017年2月，新希望乳业推出初心"0添加"酸奶。

2017年，君乐宝乳业推出简醇0蔗糖酸奶。

2020年，蒙牛冠益乳推出主打"0蔗糖、0人工甜味剂、0添加防腐剂"概念的系列产品。

2021年3月，伊利畅轻品牌升级为"0添加"酸奶品牌，提出新的品牌理念"简的刚好 就是畅轻"。

2022年5月，君乐宝推出清零"0添加"酸奶系列，不含任何添加剂。

2023年8月，卡士的畅销产品餐后一小时推出"0蔗糖,0添加香精、色素"的风味酸奶。（见图3-1）

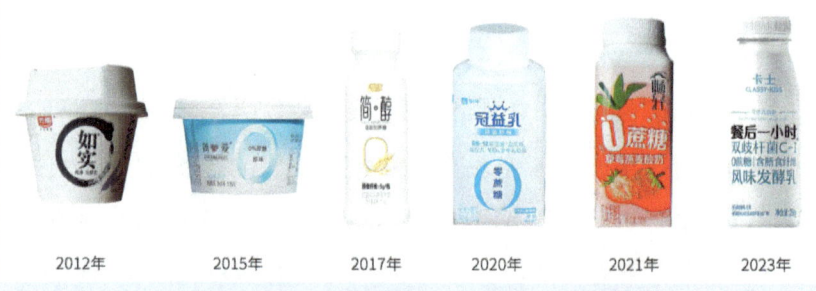

图3-1 各乳企的"0添加"酸奶

图片来源：光明官网、简爱官网、君乐宝官网、蒙牛官网、伊利官网、卡士官网

（睿农乳业研究部制图）

近 10 年来，新希望是最早推出"0 添加"概念酸奶的企业，但在那个时候，消费者对于健康的关注度、对"0 添加"的概念认知还处于初级阶段，属于小众市场。光明推出如实酸奶之后，经过多年的市场耕耘和坚持，才成为其酸奶中的重要子品牌。2015 年之后，随着简爱"生牛乳、乳酸菌、白砂糖，其他没了"的产品诉求，"0 添加"酸奶成为新消费群体的选择，这个市场才真正开始被激活。而"0 添加"的概念也进一步多样化，以"0 蔗糖"为诉求的产品成为市场的主流，君乐宝的简醇"0 蔗糖"酸奶，2021 年销售 14 亿盒（杯、袋），2022 年第一季度销售同比增长 113.8%，成为"0 蔗糖"酸奶的品类领导者。

从"0 添加"酸奶的发展简史，我们可以看出，在技术上的壁垒已经基本消失，产品被跟随是市场常态，产品创新要适合市场所具备的条件。在 10 年前，消费市场还没有对"0 添加"概念类产品形成消费习惯，所以早期创新很难获得增长。

第二节　乳品企业如何做好产品创新

一、创新的概念

美籍奥地利著名经济学家约瑟夫·熊彼特教授在其《经济发展理论》一书中指出，创新是指把一种新的生产要素和生产条件的"新结合"引入生产体系。主要包括五种情况：（1）创造一个新产品或者对老产品赋予新的特性；（2）引入一种新的生产方法或者生产工艺；（3）开辟一个新的市场；（4）获得新材料或半成品的一种新的供应源；（5）实现新的组合，建立或者打破垄断。2004年美国国家竞争力委员会向政府提交的《创新美国》计划中提出，创新是把感悟和技术转化为能够创造新的市值、驱动经济增长和提高生活标准的新的产品、新的过程与方法和新的服务。

无论是经济学家熊彼特教授还是美国国家竞争力委员会，对于创新的定义有一个共同点，那就是通过不同的组合创造出新的东西，熊彼得教授所强调的是把"新结合"引入生产体系，美国国家竞争力委员会所强调的是"转化"，而实际上创新的终极目的就是转化，比如提高人的生活水平，满足消费者日渐挑剔的消费需求，通过这种转化，企业获得了发展，消费者获得了满意。

通过以上分析，我们也可以这么认为：创新，简单讲就是创造出新的东西，而具体到某一个行业来说，就是通过各种不同的方法，定义出各类适合不同消费者的新产品，从而达到引领市场的一个过程。

具体到产品创新，就是企业通过对市场需求的了解，先于竞争对手开发出适合消费者需求的产品，从而达到先入为主，占据消费者心智的一个行为。

中国工程院院士潘云鹤教授认为，创新有两种类型：第一类是原理上的改变，从无到有的创新，比如科技发明；第二类是在第一类的基础上进行改进，这类改进更符合使用者的行为习惯和个性需求。

具体到乳品企业来说，产品的创新主要有两种类型：一是从产品技术上创新，即原理上创新，比如通过独创的益生菌进行酸奶的开发，从而开发出功能独特的产品；再比如通过膜过滤技术的应用，乳品的新鲜度能够保持，产品的保质期更长等。二是改进产品，通过新要素的组合，使之更符合消费者的需求，比如酸奶中添加燕麦而成为燕麦酸奶，但改进的产品中所添加的燕麦是完整的颗粒状的燕麦粒，产品的体验感更强，这就是一种新要素的组合。

二、基本的创新方法

创新并不是天马行空的想象，而是有方法和规律可循的。任何产品从立项到创意概念的产生，从包装设计到生产，从上市到畅销、长销，都是围绕市场需求而展开相关工作的。

在乳品行业中，常见的创新方法有四种：

1. 使用新技术

科技是第一生产力，这是毋庸置疑的。企业的核心竞争力之一就是拥有独特的技术，这也是技术创新型企业能够领先市场的原因。乳品企业已经越来越重视技术创新，并且很多企业都建立了自己的研究中心，通过基础研究提升产品的竞争力。

光明乳业多年来靠着强大的技术创新团队，使自己所生产的产品领先于国内的同行，成为创新的受益者，已经成为国内乳品创新最多的企业之一。2009年推出的莫斯利安酸奶，就是通过技术创新，使产品能够在常温下保存，改变原来酸奶只能在低温下保存的情况，从而带动企业快速突破200亿元的年度营收[①]。伊利于2003年就成立了母婴营养研究院，开展母乳类的相关研究，并把研究成果应用到金领冠系

---

① 2014年，光明乳业营收203.85亿元，同比增长25.13%。

列产品中去，从而建立了在婴幼儿奶粉板块的竞争力。新希望乳业在 2020 年推出活润晶球酸奶，其技术创新是通过 3D 包埋技术，创新性地将益生菌包裹在 Q 弹的晶球之中，让活菌可以通过消化道，抵御胃酸胆汁的侵蚀，从而让益生菌活着到达肠道。

但并不是所有的企业都具备技术研发条件，中型乳企可以通过引进新技术，提高产品的科技含量，形成竞争力。比如膜过滤技术在乳品中的应用越来越多，即通过技术创新，使乳品中的水分和糖被去掉。这种超滤牛奶含有更多的蛋白质和钙质，口感也比普通的牛奶更为细滑，也更适合对蛋白过敏的消费者。

2. 附加新功能

对于消费者来说，如果一个产品除基本功能可以满足需求外，还有其他能够提高附加值的功能，则产品的价值就会更高。

附加新功能的核心是对原有产品的功能进行强化。比如酸奶具有助消化的功能，为了进一步强化该特点，可以通过添加膳食纤维来进行补充，也可以在原有产品的功能基础上增加新功能。比如红枣酸奶，这是一款具有传统养生认知的产品，在红枣酸奶的基础上，同时再添加枸杞原浆，形成具有双重养生概念的红枣枸杞酸奶，这在一定程度上比单一的红枣酸奶价值更高。

3. 创意新形态

产品的形态包括产品的外在包装物和产品的内容物两个方面。

先说外包装。差异化的包装可以让消费者形成一种独特印象。企业要想通过包装的创新占领市场，必须要对自己所覆盖的市场有清晰的认识，要确定自己所推出的包装具有差异化的特点。

兰格格乳业的蓝瓷瓶酸奶，在它上市之前，市场上的瓷瓶装酸奶都是以白瓷瓶为主，当时之所以确定用蓝色的包装，是因为兰格格要做蒙古族传统酸奶，而在消费者的认知中，蒙古族最具有代表性的颜色就是蓝色，产品定位和产品的包装相融于一体，最终成就了兰格格品牌草原酸奶领导者的地位。再比如传统的牛奶包装都是长方体或者长方形的袋装，但若把产品包装改为三角包，就形成了包装独特的产品。（见图3-2）

再说产品的内容物。在乳制品中，固态产品更易于进行形态创新。比如儿童奶片，大部分都是圆形的，企业可以通过改变其形状，比如做成十二生肖等；再比如儿童奶酪棒，可以做成小动物的形状，打开包装之后，里面是小熊、小狗等，这样的产品好看、好吃，还有营养，目标消费者又喜欢，家长在购买时也会更容易做决定。

图3-2　兰格格乳业蓝瓷瓶酸奶

图片来源：兰格格官网

4. 创意新概念

产品的概念就是通过对产品的技术、口味、配方、工艺、原料、奶源等方面进行挖掘，找到能够满足消费者需求的利益点，简单说就是产品带给消费者的价值。

乳品企业在产品概念的创新方面有很多成功的产品案例。

蒙牛创业初期就推出的酸酸乳系列产品，深受年轻消费者的喜爱，2005年已经超过25亿元销售额。为进一步提升产品竞争力，2007年蒙牛对产品进行了概念升级，添加"益菌因子"，它能够改善肠胃功能，促进消化，实现好营养与好吸收的完美平衡。2022年，蒙牛推出酸酸乳的乳酸菌果茶系列，通过复合的产品口味，满足新一代年轻消费者的需求。再如重庆天友乳业，通过在牛奶中添加红豆、黑米等植物蛋白，开发出了具有养生概念的百特红牛奶、百特黑牛奶，经过10多年的发展，已经成为当地市场最成功的乳品类别之一。（见图3-3）

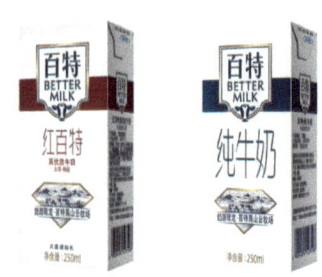

图3-3　天友乳业的百特系列
图片来源：中垦牧乳业官网

概念创新要立足于消费需求，立足于中国博大精深的传统文化，这是用之不竭的资源，也是企业从产品概念上创新的突破口。

三、产品创新的原则

一个成功的产品是由虚、实两部分组成的，这个"虚"的部分包括产品的包装、概念、广告语、对消费者的承诺等内容，产品的"实"的部分就是指产品的质量、口感、功能等。这两个部分最终形成消费者对产品的感知，从情感上感受产品带来的价值（如产品概念等），从体验上感知产品带来的享受（如口感香浓等）。

1. 差异化原则

差异化的目的是获得竞争优势，这是我们做产品创新的首要原则。如何做到差异化？本质上就是对消费者未被满足的需求进行挖掘，形成和竞品不同的产品特点，进而为消费者提供独特的产品利益，最终建立独树一帜的产品优势。

北京三元食品有个长销的产品"茯苓酸奶"（见图3-4），已经有超过20年的历史。"茯苓"是一种药食同源的菌类植物，具有健脾胃、宁心安神等功效，和酸奶的结合非常完美，按理说这样的产品应该有很多企业都会模仿，但在市场上几乎没有发现同类产品，这就是差异化的产品带

图3-4　三元食品的茯苓酸奶
图片来源：三元食品官网

来的市场壁垒。曾经有企业也生产茯苓酸奶，但销售不畅，原因就在于三元的茯苓酸奶具有独特的口感，和消费者建立了长期的信任关系，从而树立了"正宗"的产品形象，消费者很难接受其他企业的同类产品。这个产品为消费者提供了具有传统养生概念的正宗茯苓酸奶，满足消费者对经典而又安全的酸奶产品的需求，产品的特点和市场上的同类产品完全不同，这样就建立了产品的优势。

当然，产品的差异化不仅在于口味、功能，也可能表现在包装形式、产品的消费场景等方面。

新疆瑞源乳业的燕麦仁酸奶，就是典型的功能差异化的产品。添加燕麦类谷物的酸奶历史悠久，但是能够做到将整粒燕麦仁添加到酸奶中，瑞源是开创者。这个产品的差异化就在于添加的是燕麦仁，而不是燕麦片，这是一款可以嚼着吃的酸奶，具有代餐功能的特点。

产品的差异化创新并不是遥不可及，通过洞察消费者的内心需求，加上相关的技术、创意、研发等人员的支持，必定能够源源不断地开

发出具有市场前景的新产品。

2. 组合式原则

把两个或者两个以上的基本元素重新组合，打造一个新的产品的过程，就是组合式创新。简单讲就是旧元素的新组合。

在乳品行业中，通常组合式创新的产品非常普遍，一般分为功能的组合、原料的组合、技术与需求的组合等。

在乳品企业中，高钙牛奶非常普遍，并且这个产品的概念消费者也非常认可，而高钙酸奶就相对少见，当把高钙的产品特点和酸奶相结合时，就成了一个创新的产品高钙酸奶。消费者对产品有认知，更容易接受，比如完达山就推出了高钙风味酸奶等。在高钙酸奶中，如果想继续做出差异化的创新产品，则可以进一步通过组合式创新来完成，比如蒙牛在 2021 年推出了减糖高钙酸奶，这款产品既满足了消费者控制糖摄入的心理，也做到了补钙的同时有助于消化的多重功能特点。这就是典型的功能性组合式产品创新。

原料类组合创新也很多。2019 年，伊利推出新品"一杯优酪"酸奶，通过牛奶和植物蛋白的组合，提出"双蛋白，双营养"的概念。三元食品推出的中老年奶粉品牌"爱益"，就是通过原料组合的方式进行产品创新，里面不仅有多种维生素，还有膳食纤维等。今时代乳业有款产品叫"零食酸奶拌着吃"，就是在产品中放入坚果谷物包，由消费者自由加入酸奶进行食用。这种组合式创新的产品，深受消费者的喜爱。（见图 3-5）

图3-5　组合式创新的酸奶

图片来源：天猫伊利鲜奶旗舰店、京东今时代官方旗舰店

技术与市场结合的产品主要考验企业的技术能力。养乐多作为一款乳酸菌饮品，在中国市场上成为这个品类的领导者，其关键技术就是产品中含有独一无二的菌种，由于活菌含量高，消费者饮用后具有改善肠道功能的作用，既满足了消费者需求，也稳定地扩大了市场份额。

3. 替代式原则

替代式创新就是通过对产品中某些要素进行替换，达到产品创新的目的。随着生产成本的增加，乳品企业开始为降低成本而寻找出路，最常见的降低成本的方法就是用替代的创新策略来完成。

健康的需求是消费者满足日常生活之后关注的内容，乳品企业洞察到这一需求后，混合型的乳品开始进入市场，无论是添加植物蛋白后的黑牛奶[①]，还是通过"代糖"替代"白砂糖"而开发的无糖酸奶，都是采取替代的方法进行产品的创新。先不说成本的下降，消费者对产品的认可就可以说明一切，有市场需求，企业就能发展。

实现这一策略的关键，是确定技术在现有产品或成熟市场中所具有的成本或质量优势，并通过技术创新来实现和保持这些优势。

---

① 即添加黑豆、黑米等黑色植物蛋白的乳品。

如何做好产品的创新，是一个系统的工程，需要乳品企业的市场洞察力、研发系统的执行力以及市场的推动力，企业只有在各个环节相互支持，共同努力，才能够通过产品创新，引领市场潮流，企业获得发展。

第三节　产品的局部创新方法

局部创新是指针对产品的一部分功能、概念、技术等要素进行完善或改造，使之和竞品具有一定的差异化，但同时还能够借助于竞品已经形成的市场基础，获得跨越式的发展。通过局部创新，企业可以快速地借势而起。

局部创新是一个持续进行的动作，通过不断优化产品、升级产品，形成可持续的市场竞争力。乳业市场上局部创新的产品很多，但真正能够获得巨大成功的产品，都是不断进化的结果。

一、概念跟随式创新

通过跟随市场上经过验证已经成功的产品概念，打造出属于企业自己的产品特色。

2005年4月，达能将子品牌"碧悠"交由光明乳业生产运营，这是一款定位于润肠保健功能的酸奶产品。此款产品整体形象以墨绿为主色调，产品的功效描述为：含充足数量的B益畅菌，每天饮用碧悠酸奶，连续饮用14天，临床验证能有效改善胃肠传输，促进消化系统健康。（见图3-6）由于产品口感细腻，并且具有一定的功效，深受消费者的喜爱。2006年销售收入约达到2亿元，同比增长约700%。2007年4月前，其单品在华东市场占有率约15%，华南约12%。碧悠通过2年的市场运作，特别是在华东地区，其高端的品牌形象和良好的销售势头，已经成为功能酸奶中的领导者。2007年4月，达能与光明乳业之间的合作结束，碧悠品牌交由蒙牛乳业生产运营。

图3-6　达能碧悠酸奶
图片来源：https://www.familydoctor.com.cn/baby/myk/9027/introduce

光明发现此产品类型良好的市场前景，根据运作碧悠所积累的经验和企业在低温酸奶上的技术优势，于2007年4月，推出和碧悠功能类似的产品"畅优"。据光明乳业原总裁郭本恒介绍，畅优是其自主研发的高端功能酸奶，畅优菌种为光明独家使用。（见图3-7）畅优的产品功效描述为：添加光明独创的B+100益生菌，此菌具有调理肠道的功能。畅优上市后，展开"7天大挑战，健康新体验"活动，主动承诺参与者体验7天感觉无效即可换货或免费换赠。当年年底，畅优的销售额直逼2亿元。2011年光明年报显示，畅优销售规模近8亿元。

图3-7　光明畅优酸奶
图片来源：https://www.zhihu.com/question/21616926/answer/49013266

光明畅优通过局部创新，采取概念跟随的方式，快速切入调理肠道的

市场，并获得良好的市场回报。随着光明畅优的上市，国内开始出现同类型的跟随创新产品。（见表 3-1）

表 3-1　同类型产品的相关指标对比（2010 年）

品牌	包装主色调	功效描述	功效支持	目标人群
达能碧悠	绿色	调理肠道	添加 B 益畅菌	都市白领
光明畅优	绿色	润肠通便，调理肠道	添加 B+100 益生菌	都市白领
伊利畅轻	绿色	双效调节：实现通畅，促进吸收	添加 ABB 益生菌	都市白领
蒙牛冠益乳	白色	调理肠胃，提高免疫力	添加 BB 冠菌	都市白领

通过对比发现，这些后期跟进的同类型概念的产品，无论是包装，还是产品的功效描述以及目标消费人群，都大同小异，唯一不同的是品牌不同。但这些新进入的产品，都借助于之前产品概念的影响力，不需要再进行消费者教育，只需要做好推广。

概念跟随类产品最易于把整个品类市场规模做大。比如常温酸奶领域，最初是莫斯利安创新的概念，虽然增长很快，但整个品类的规模依然有限，随着伊利安慕希和蒙牛纯甄的上市，2020 年整个常温酸奶市场规模突破 500 亿元。

二、风潮跟随式创新

每一个时代都有其流行的风潮，它的兴起和当时的消费观念、文化现象、市场趋势密切相关。抓住流行趋势，也能够阶段性地获得发展。

老酸奶本来是青海、西藏、内蒙古等地的传统酸奶制品，是牧民家里的常备食品之一，其口感独特，采取自然发酵的方式成为凝固型酸奶，可以用勺子挖着吃，不能够规模化生产。

2008年，青海小西牛生物乳业开始生产老酸奶（见图3-8），其形态为凝固型酸奶，由于其产品来自于天然无污染的青海而深受到西宁旅游的顾客的喜欢，甚至有顾客通过飞机托运到自己所在的城市。小西牛发现此现象之后，开始大力进行产品的推广，自2009年起，销量逐渐上升，并开始走出青海，在上海、北京等一线城市销售。

图3-8　青海小西牛生物乳业生产的老酸奶

图片来源：青海小西牛生物乳业官网

大城市的消费者深受乳品质量安全的影响，其对消费产品开始挑剔起来，而老酸奶从品类的名称上看，一个"老"字把传统的口味已经表达得很清楚；从包装上看，以"青花瓷碗"的设计为主，透着古朴和笨拙，这正是当时消费者所需要的。当来自青藏高原的老酸奶出现在面前时，已经不再考虑价格，虽然每杯5元的价格略高，但依然呈现供不应求的局面。随着老酸奶的市场不断扩大，各类区域性乳企看到了老酸奶未来的发展机会。在短期内，全国从北到南，从东到西，老酸奶开始全面铺开市场。

山东某乳品企业，连年亏损，由于快速跟进了老酸奶，在产品上市3个月后即扭亏为盈。完达山乳业一直在华北销售得不温不火，因为老酸奶，迅速在华北地区崛起。而更多的乳品企业，也都因为老酸奶而销量大增。

老酸奶不但在乳品企业间成为流行风潮，消费者也以吃老酸奶为时尚。从这些品牌的产品来看，基本没有差异，所做的创新也很少，所谓的局部创新就是在地域文化上进行改进，以适应当地消费者的心理认知和需要。（见表3-2）

表3-2 同类型产品的相关指标对比

品牌	包装设计	产品描述	产品特点
小西牛老酸奶	白底、蓝色花纹点缀其间	来自青藏高原的无污染的老酸奶	地域文化
内蒙古老酸奶（蒙牛出品）	白底、蓝色花纹点缀其间	来自内蒙古的老酸奶	地域文化
山东老酸奶（得益出品）	白底、蓝色花纹点缀其间	山东传统老酸奶	地域文化
完达山老酸奶	白底、蓝色花纹点缀其间	东北老酸奶	地域文化

流行风潮类的产品创新，需要企业具有对市场需求的深刻洞察能力，抓住流行趋势才能抓住市场机会。新希望乳业2012年将风靡韩国的香蕉牛奶引入中国，其为黄色的包装，口感爽滑香甜。当时韩国的文娱类节目在国内风行，而这款产品承接了韩国的乳品消费文化，迅速成为牛奶中的时尚产品。2015年之后，国内乳业市场流行健康化风潮，"0添加"类乳品成为消费热潮，同类型产品不断涌现，简爱酸奶依靠"0添加"的品牌诉求，迅速成为乳业市场的新秀。

三、产品升级类创新

通过产品升级提升产品的竞争力,是乳品企业常见的做法。产品升级的过程也是进行产品局部创新的过程,只有不断地根据市场需要进行产品技术、包装、概念等的提升,才能够持续地建立产品的竞争力。

2007年7月,君乐宝乳业的红枣酸奶(见图3-9)上市试销。这一具有中国传统滋养功效的食材和酸奶相结合的创新产品,以其独特的口感赢得了消费者的认可。经过君乐宝的大力推广,在短短6个月的时间内,异军突起的红枣酸奶迅速从华北市场蔓延到整个长江以北市场。2008年,行业内各乳品企业都开始跟进红枣口味的酸奶,从此全国掀起了一股红枣酸奶的旋风。

图3-9 君乐宝红枣酸奶
图片来源:https://huaban.com/pins/1451855584

君乐宝红枣酸奶的成功是对产品的养生定位和消费者健康需求的准确把握。随着国内乳业领导品牌伊利、蒙牛等企业的跟进,各地的区域性乳企也顺势推出同类产品,红枣酸奶成为市场上竞争最激烈的品类之一。

2010年初,为了让红枣酸奶更具有差异化,君乐宝进行产品升级,推出复合红枣酸奶,即在红枣食材的基础上添加阿胶、莲子和枸杞,搭配出阿胶红枣、莲子红枣、枸杞红枣三种复合口味,产品不仅口味多样化,而且突出了食材在养颜、滋补、安神等方面的功效。

君乐宝复合红枣酸奶的面世,将阿胶的滋补、枸杞的润补、莲子的清补功效与红枣的益气补血充分结合，开发出了满足消费者补养需求的功能产品，市场销量一路攀升，进一步引领中国传统养生酸奶的市场。

通过技术、概念等升级类创新的产品在各类乳企都很普遍，这是可以为产品提升竞争力的方法。比如巴氏杀菌乳通常都是85℃杀菌，但随着技术的进步，很多企业已经可以做到75℃杀菌，同时保证产品的品质，而三元食品推出了72℃杀菌的产品，成为低温巴氏鲜奶的领先者。

四、口味蔓延式创新

口味创新是产品创新的重要方式之一。口味蔓延式创新是指对不同品类食品的口味进行借鉴，当一种口味在某个食品品类中流行后，必然也会蔓延到其他食品品类中。乳品作为大众消费产品的属性，消费群体具有普遍性，通过对其他食品中的流行口味的模仿，可以快速地进行产品开发。

口味蔓延的方向主要有两个：

一是同类型消费者间的产品的口味转换，比如儿童都喜欢草莓蛋糕，于是草莓味的儿童奶就流行；二是在不同场景下需要不同的产品，但口味可能相似，比如逛街喝的是柠檬汽水，而晚上在家喝的是柠檬味的酸奶。

榴莲是热带著名水果，被誉为"水果之王"，由于气味浓烈，营养丰富，在消费群体中不乏热爱之人。从水果到一种食品的口味的过渡，是漫长的过程，当原来不喜欢榴莲的消费者开始尝试榴莲口味的食品时，这种口味就逐渐成形，并成为榴莲爱好者的首选。目前榴莲口味的食品很丰富，但在乳品上的应用刚刚开始。

2016年4月，高端酸奶品牌乐纯推出了三三三倍榴莲酸奶，产品采用来自马来西亚冷冻苏丹王榴莲泥，再加上德国GEA滤乳清酸奶制作工艺，用三倍的鲜牛奶和乳酸菌发酵，再用特殊的工艺脱去2/3的水分，成为乐纯长销不衰的产品。2017年蒙牛推出特仑苏榴莲味的酸奶，推动品牌价值最大化。

五、口味叠加式创新

口味叠加是乳企中产品创新最常见的方式，是指两种及以上的口味或添加物的组合，最终成为产品的差异化特征。

通常有三种方式：

一是相近口味的组合，比如草莓+蓝莓的复合口味；二是口感与味觉的组合，比如黄桃+燕麦，都有较韧的口感，同时又能突出黄桃的口味；三是相似功能的组合，比如柠檬+海盐的组合，两者都属于较为清爽的淡口味。

口味叠加式的产品创新，为了更易于打动消费者，从添加物到口味，要遵循两个原则：

一是高价值口味或添加物在前，并起到主卖点的作用，其他的口味或添加物作为次要卖点；二是大众化口味或添加物在前，让消费者更易于识别产品。

2012年，新希望推出活润酸奶品牌，10年的发展（至2022年），已经成为新希望乳业酸奶品类中的代表性品牌。（见图3-10）其所推出的大果粒酸奶系列，就是采取叠加式创新的方法，比如其中的一款产品以猕猴桃+青柠+牛油果为添加物，这三种水果从颜色上看都是绿色的，从营养价值上看都含有丰富的维生素C，而牛油果又是一种比较稀少的水果，价值比较高，这样的组合形成了高价值的产品特点。2021年，活润推出了采用3D包埋技术，将益生菌包裹在Q弹的晶球之中的"晶球酸奶"——嚼得到的酸奶，再次成为市场新宠。

图3-10 新希望推出的活润酸奶

图片来源：新希望乳业官网

六、近亲繁殖式创新

营销不是卖好坏，而是卖不同。因此同类型品类间的转换成为可能，这种可能就是产品间的诉求不同，但产品本质类似或相同。比如，芝士、奶酪和牛奶诉求不同，但本质相同（都属于乳制品），因此芝士口味的酸奶和酪香型的酸奶，就属于近亲繁殖。

还有一种情况是近似口味的说法或名称不同，但本质上相同。比如，近年来流行的熟酸奶，市场上的产品有熟酸奶、褐酸奶、炭烧酸奶、俄式酸奶、日式酸奶等多种名称，但本质上都是同一种产品。

2017年，君乐宝推出涨芝士啦酸奶，通过首创的"芝士酸奶"新品类，上市两年销售10亿包，成为各个乳企争相跟随的产品。（见

图3-11）为什么这个产品深受市场的欢迎？

首先，奶酪类产品的消费持续提升，消费群体不断扩大，已经成为市场上增长最快的乳品类别。其次，消费者对奶酪的认知越高，其消费量就会越大，有了这个基础，与奶酪相关的产品也必然会在市场上受欢迎。最后，酸奶和奶酪都是乳制品，这两者之间的关系很紧密，通过近亲繁殖式的产品创新，形成了新的品类。而在市场上，还没有开发具有酪香味道的酸奶产品，君乐宝通过在酸奶中添加芝士，不仅丰富了产品的营养价值，还提升了酸奶的口感。

图3-11　君乐宝推出的涨芝士啦系列产品

图片来源：君乐宝官网（睿农乳业研究部制图）

随着涨芝士啦酸奶在市场上的快速增长，各类企业纷纷推出同类型产品，有伊利的丹麦芝士、蒙牛的北欧芝士、花花牛的双重芝士，还有草莓芝士等酸奶类产品。

产品的局部创新，看似是跟风和模仿，实质是紧跟市场步伐，通过口味、包装、容量等方面的变化，形成新的产品类型，借助于已经形成的市场基础，顺势而上。

企业如果进行完全创新或者开创新的品类，需要投入大量的费用进行调研、研发、生产、市场推广、广告传播等，成本相对要高，后期还要做消费者教育，在这些过程中会产生大量的费用，大部分产品的未来不可预测。而通过局部创新，借助于开拓者的市场教育，在适当的时机切入市场，这并不是对市场的破坏，反而是对市场的扩容。

第四节　乳品企业如何开发超级单品

什么是超级单品？要具备三个特点：一是代表着企业的形象，二是代表着企业的利润，三是代表着企业的市场地位。

飞鹤是国产婴幼儿奶粉第一品牌①，其 12 个系列 36 个产品中，星飞帆就是超级单品。2022 年 1 月，飞鹤推出高端产品星飞帆卓睿，这是继星飞帆、星飞帆 A2 之后的第三款超高端产品，代表着企业的形象；2021 年销售收入达 110 亿元，占整体收入的 49%，毛利 87 亿元，毛利率近 80%，这代表着企业的利润；2021 年，弗若斯特沙利文数据显示，飞鹤星飞帆已成为婴幼儿奶粉全球第一大单品，这就是市场地位。

每一个成功的企业都有超级单品，但并不是每一家企业都能够打造超级单品，关键是需要企业具备开发超级单品的能力。那么，如何去开发呢？企业可以在以下四个维度中寻找开发方向：

一、抓住机遇，在已有的品类中创新

只有新品类才能出现超级单品吗？显然不是的。在已经存在的品

---

① 欧睿数据显示，2020 年飞鹤在中国奶粉市场的占有率达到 14.8%，成为业内第一。

类当中也可以打造超级单品，但需要企业对产品进行创新。

娃哈哈作为一家饮料企业，在 1987 年成立至今的 30 多年中，最成功的产品是营养快线，2005 年上市之后，2009 年销售额达到 120 亿元，2013 年超过 200 亿元，是乳饮料行业中多年来的龙头品牌。

营养快线就是在已有品类的基础上，通过局部创新，用果汁＋牛奶的产品概念，区别于市场上的普通酸乳产品，后期又进一步升级为果汁＋牛奶＋益生菌的复合概念，由于产品口感酸甜好喝，价格适中，使得它在竞争激烈的酸乳饮料品类中脱颖而出，并获得了长久的销售增长，成为酸乳饮料品类的领导者品牌。

二、创造一个品类，并且成为品类的领导者

创新品类能够让企业阶段性领先，但能否持续领先，要看企业其他方面的支持力度。

光明乳业于 2009 年开发的常温酸奶莫斯利安，就是开创了常温酸奶新品类，在上市的前五年中，莫斯利安从零做起，通过试点市场、培育市场进而扩大市场，2014 年达到 59.6 亿元的销售规模，光明乳业当年总营入 203 亿元，这个单品占比达到 29%。随着市场规模的不断扩大，这款产品也得到了广大消费者和同行的认可。于是我们在市场上相继看到了各种同类型的产品出现，伊利、蒙牛等都推出了同类型的产品，迅速扩大了常温酸奶的市场总规模。而光明乳业也正是因为这样的一款产品，在较短的时间里突破了 200 亿元的销售规模。虽然莫斯利安后期被伊利的安慕希、蒙牛的纯甄超越，但是对光明乳业而言，这依然是企业的超级单品。

通过创新品类最终成为超级单品的品牌很多，但要想保持领导者

地位，则需要企业在产品线的构建、品牌影响力的建立等方面持续投入，使产品能够保持销售的增长。

三、提高产品的价值并成为价值的捍卫者

要想超越竞争，就需要企业跳出低价值产品的"红海"，不断开发出高价值的产品，并能够持续地塑造这个新品的价值。

2003 年，据不完全统计，在全国 1600 多家乳品加工企业中，有 27.5% 的企业亏损[①]。2004 年，中国乳业开始进入"诸侯混战"的阶段，各企业开展奶源争夺战、产品价格战、渠道攻坚战等，与此同时，质量事故频发，碘超标、早产奶、标签失实、大肠杆菌超标等事件把外资乳企、国内大型企业都卷入其中，行业缺乏真正的高价值品牌。

2005 年，如日中天的蒙牛推出高端纯牛奶品牌特仑苏，这在蒙语中是"金牌牛奶"的意思，并以"不是所有牛奶都叫特仑苏"的诉求体现产品的独一无二。当时已经用每 100 ml 中含有 3.3 g 蛋白的诉求体现产品的高价值，最终成为中国乳业高端乳品市场的开拓者。（见图 3-12）在特仑苏的示范效应下，乳品企业纷纷推出高端产品，伊利的金典纯牛奶、光明的优倍鲜牛奶、天友的百特纯牛奶、卫岗

图3-12　特仑苏纯牛奶
图片来源：蒙牛京东自营旗舰店

---

① 李牧：《我国多数乳品企业进入亏损期》，《河南畜牧兽医》2005 年第 1 期。

的至淳鲜牛奶等。

在面对越来越多的高端产品的竞争时,特仑苏通过不断升级产品,开展高端的推广活动,比如开展城市音乐会、携手爱乐乐团、赞助中国网球公开赛等,持续塑造高价值的品牌形象。2022年,特仑苏年度销售规模超过300亿元,成为国内高端乳品的领导者。

特仑苏在发展的过程中,不断塑造高价值的形象,无论市场竞争如何激烈,都不改变这个品牌的定位,并使其最终成为企业的超级单品,也成为高端乳品价值的捍卫者。

四、通过细分人群建立品类,并成为领导者

通过人群细分开发品类,建立品牌影响,成为超级单品。

1996年,旺旺集团推出的旺仔牛奶在国内上市,这款带着标志性笑脸的产品至今已经畅销20多年。2021财年,旺仔牛奶销售收入超过115亿元[①],是这个类别中当之无愧的老大。(见图3-13)

旺仔牛奶为何能畅销这么多年?有三个原因:

一是精确的消费人群定位。旺仔牛奶目标消费群体是少年儿童,包装设计上的这个微笑的"旺仔",深受目标消费群体的喜爱。目前的消费群体不仅仅是少年儿童,也包括部分从儿童时期就饮

图3-13 旺旺集团推出的旺仔牛奶
图片来源:天猫旺旺食品旗舰店

---

① 数据来源:中国旺旺2021财年(2021年4月1日至2022年4月1日)业绩报告。

用的青年人。

二是独特的产品口感。这款产品虽然是用复原乳调制而成，但其口感香浓，所添加的炼乳成分非常接近母乳口感，目标消费群体在喝了这款产品后就不愿意再喝其他产品。

三是建立产品矩阵。旺仔铁罐装的产品已经成为经典，但随着乳品市场的进化，新口味的需求越来越多，旺仔先后推出了特浓味、苹果味、巧克力味等系列产品，在包装形式上也延伸到无菌砖，丰富的产品线满足了消费者多维度的需求。

选择细分人群打造针对性的产品，在乳业中有很多成功的案例。比如2007年，伊利推出的舒化奶，是针对乳糖不耐受群体的产品，经过10多年的市场耕耘，已经成为这个品类的领导者；再比如2021年，三元推出的益糖平酸奶，是针对糖尿病群体的产品。随着乳业消费普及率的提升，细分群体的相关产品将会越来越多。

超级单品的打造并不是一朝一夕就能够完成的，开发是关键，必须要考虑三个因素：第一，是否符合市场消费发展趋势；第二，是否真正地满足消费者的需求；第三，产品是否具有独特个性。我们从乳业历史中看到的超级单品，无论是特仑苏还是营养快线，无论是莫斯利安还是旺仔牛奶，都考虑了以上三个因素。

第五节　如何做好产品线规划

企业的产品线并不是一成不变的，而是根据市场竞争的需要，不断地进行完善和改进。单一的产品很难获得优势，只有做好产品线的规划，形成能够应对不同竞品的产品类型，满足不同消费群体需求，才能获得竞争优势。

产品线规划可通过四个策略来实现：

一、锁定品类，形成结构

企业对于众多的产品，首要的工作是梳理出各个产品间的关系，锁定公司重点打造的品类，并据此形成有梯度的产品结构。

在乳品企业中，以综合型的企业为例，我们能够看到其产品类别丰富，从常温液态乳品到低温液态乳品，从婴幼儿奶粉到中老年奶粉，从奶酪到儿童零食类乳品等。在这些品类中，要建立起产品结构，形成不同规格、不同价格、不同产品包装形式、不同消费群体、不同概念的产品集群，以应对市场不同的需求。

锁定品类，就是确立每一个品类要用什么类型的产品参与市场竞争，并根据这个产品形成结构。品类建设已经是乳品企业间的共识，只有打造品类，才能够建立市场优势。

● 案例9

君乐宝涨芝士啦

作为创新型的产品，涨芝士啦开创了芝士酸奶品类。在产品上市初期的2017年，只有一款原味的产品，随着品类在市场上的影响力扩大，推出了第二款产品——清爽型酸奶；2019年，随着芝士酸奶竞争加剧，公司推出了以君乐宝主品牌命名的"芝士酸奶"，对涨芝士啦进行保护，与此同时，推出添加了草莓、树莓、蓝莓果酱的芝芝多莓酸奶，建立品类的护城河；随着芝士类酸奶竞品的增多，2020年9月，涨芝士啦再次对产品进行扩展，推出了利乐钻包装形式的常温酸奶；2021年3月，推出了涨芝士啦儿童奶酪棒产品；2023年初，推出涨芝士啦厚酪酸奶，产品再次升级。

二、明确产品职责

在确定了产品品类后，要进一步明确产品的职责，使这个品类所涵盖的产品在竞争过程中都有明确的角色。

一般情况下，产品的职责主要有四类：形象产品、跑量产品、利润产品、干扰产品。大部分的产品只有一种职责，但也有部分产品具有两种以上的职责。比如伊利的金典纯牛奶，从整个公司的产品结构中看，这是一个形象产品，但从金典系列产品本身来看，金典有机纯牛奶才是形象产品；而金典的普通纯牛奶则是跑量产品，在某些时段，还承担了干扰竞品的角色。（见表3-3）

表3-3　产品职责分类

	形象产品	跑量产品	利润产品	干扰产品
职责描述	展现和提升品牌形象为主要职责，占据高端市场	承担企业主要销量任务，作为企业实现规模经济效应的支柱，占据市场份额	相对毛利较高的产品，是企业实现利润的主要来源	不作为产品线的推广重点，以遏制竞争品牌相应产品为主要职责

明确产品职责的目的是进一步完善产品结构，在市场营销过程中，不同职责的产品将扮演不同的角色，使之能够与竞争对手形成有针对

性的竞争。

产品线职责的明确并不是简单地把某项产品定位于某项角色，而是需要分析市场的竞争态势，通过自身产品与竞品的对比及市场的重要程度，来确定某个产品的职责。比如形象产品，本身是占领高端市场的，但并不意味着占领高端就不能够走量。如某乳品企业的高端形象产品有三个，这三个产品的定位又是不同的，分别为利润产品、干扰产品和形象产品，这样的产品职责明确，在竞争的过程中才能够做到有的放矢。

案例 10

金典的产品职责与发展

2006年，金典纯牛奶上市，2021年销售规模超过200亿元。作为伊利公司的高端品牌，金典纯牛奶自上市起，即致力于打造中国高品质的天然牛奶。目前（截至2022年6月）金典旗下拥有常温产品12款，包括金典有机纯牛奶梦幻盖、金典有机脱脂纯牛奶梦幻盖、金典有机奶苗条砖等；低温巴氏杀菌奶4款，包括金典鲜牛奶新鲜屋、金典0脂肪鲜牛奶等。在这些产品中，其实每一款产品都有相对应的产品职责，以适应市场竞争的需要。

常温产品共有12款，其中有形象产品金典超滤纯牛奶（2022年1月上市），有基础型的跑量产品金典纯牛奶，也有利润产品金典有机系列纯牛奶，还有干扰型的产品普通金典无菌砖类纯牛奶等。（见图3-14）而新推出的金典系列鲜牛奶，更是通过渠道的全面覆盖，快速引领市场鲜奶类产品的增长。

金典系列产品，从包装形式上，我们即可看出每一个产品的角色不同，梦幻盖系列必然是超越无菌砖的产品，而新推出的

PET超滤牛奶也是再次升级的产品。产品职责定位，并不是一成不变的，而应根据市场的发展不断做出调整。金典纯牛奶在刚上市的2006年，就是伊利集团的形象产品，但是今天，金典已经扩展到常温和低温系列，这个品牌本身已经形成完善的产品结构，每一个产品的角色也将发生变化。

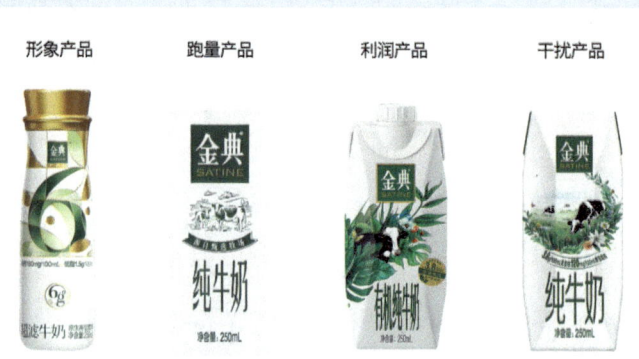

图3-14　金典系列产品

图片来源：伊利官网（睿农乳业研究部制图）

产品的职责在不同的时期会发生变化，比如金典有机纯牛奶在超滤牛奶没有推出之前是形象产品，而现在的主要职责是获得利润；在不同的竞争环境中，产品间的职责也会发生变化，比如干扰型产品也会转换为跑量型产品；在产品不同的生命周期，其职责也会发生变化，比如金典纯牛奶（普通装）在刚推出的时候，是伊利的形象产品，而现在则是跑量产品。

三、运用子品牌

产品线规划的目的是通过系统的产品组合，形成产品群，在竞争的过程中，可以采取灵活的营销策略和竞争对手竞争。如果产品线规划仅仅是如此，其竞争力必然有限。产品会被竞品模仿，价格会被价格战打乱，只有产品的品牌才是独特的，才是竞争者不易于模仿的。因此，从发展的角度考虑，建立子品牌是避免同质化竞争的重要方式。

子品牌的作用是能够区别于当前的产品，并通过提供更高附加值，使子品牌能够独成体系。这样有两个好处：一是通过子品牌扩充了产品线，增加了销售机会；二是不影响母品牌的运作，即使子品牌出现问题，基本上也不会影响到母品牌。虽然说打造一个子品牌需要时间和费用，但与其未来的收益相比，依然是非常合适的选择。

乳品行业中很多的子品牌都形成了巨大的影响力，比如伊利的安慕希、畅轻、金典等，光明的优倍、莫斯利安等，蒙牛的特仑苏、冠益乳等。

四、产品线延伸

产品线规划并不局限于一个产品组合，还是要考虑到未来2—3年甚至更长时间的产品发展方向、具体的产品构成等，最终必然形成产品线的延伸。

做好产品线的延伸，要考虑三个要素：

一是把握行业的发展趋势。产品如果符合行业发展趋势，则成功的概率就高，反之，则失败的可能性就增加；而产品线的延伸，必然要根据行业的趋势而展开相关的工作。比如当前的乳品行业发展趋势是向"新鲜、安全、健康"方向发展，在做产品线延伸的时候，就要在新产品中体现出"新鲜、安全、健康"。

二是企业资源分析。有多大的能力就做多大的事情，通过产品延伸之后，企业要有资源匹配，使之能够扩大销售。比如中小型乳企的产品向高端产品方向进行延伸，这就要求企业要投入较多的资源进行市场推广。

三是市场规模。所谓市场规模，就是市场的容量，如果所进行的产品线延伸的产品整体市场规模较小，这样的产品线延伸就要谨慎对待。

以中档产品为基点，产品线延伸的方法一般有向上延伸、向下延伸、横向延伸三种。向上延伸就是产品通过升级提升价值，进而树立品牌形象，但从低向高走要有强有力的概念、包装等的支撑；向下延伸就是推出更加大众化的低端产品，覆盖更广大的市场，扩充销量；而横向延伸则是通过扩充同档次的产品包装形态、口味等方式，形成新的产品矩阵，提高市场竞争力。

案例 11

新希望 24 小时巴氏鲜牛乳

2011 年，新希望乳业推出 24 小时巴氏鲜牛乳，以产品只售卖当天为诉求，表现出极致新鲜的产品优势，在短时间内成为企业的明星产品。随着市场的发展，24 小时巴氏鲜牛乳要进一步构建产品矩阵，通过向上延伸，推出了黄金 24 小时巴氏鲜牛奶；向下延伸推出玻璃瓶装、爱克林包装的巴氏鲜牛乳；通过横向延伸推出了 250 ml 及 480 ml 的新鲜屋产品。（见图 3-15）

第三章 | 产品创新是基础，产品规划是关键

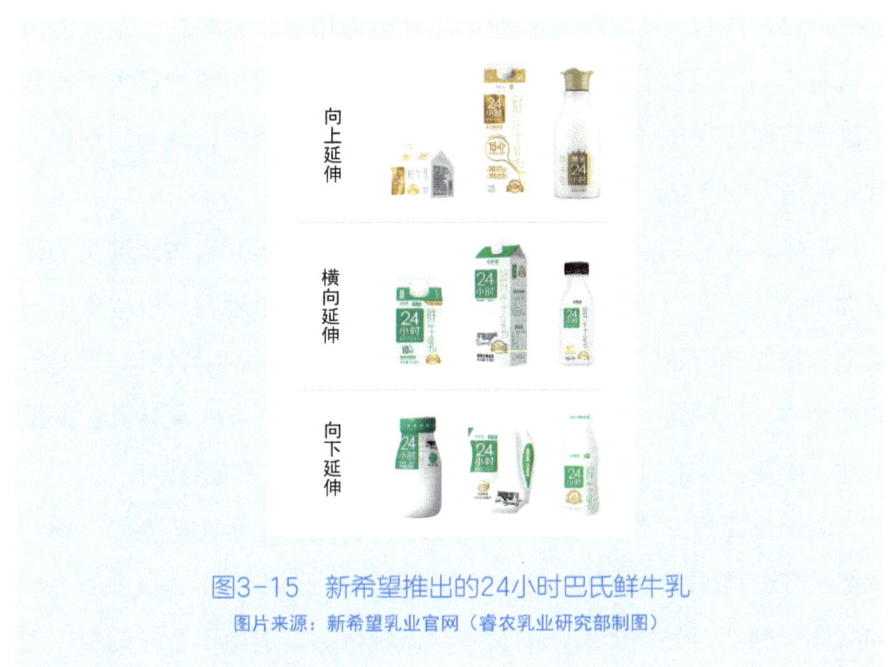

图3-15 新希望推出的24小时巴氏鲜牛乳
图片来源：新希望乳业官网（睿农乳业研究部制图）

产品线规划是乳品企业经营过程中的重要工作，但很多企业的产品线不清晰，没有形成科学的产品结构。要想在复杂的市场中建立优势，产品线的梳理与规划是必须要做的工作，未来的中国乳品企业，如果不能够调整好产品结构，企业的发展必然会受到影响。

第六节　区域性乳企的产品发展战略

一、剑走偏锋，单品突破

区域性企业的产品线往往比较单一，基本上都围绕着当地市场而

设定产品，但这并不意味着企业不能够突破市场，关键在于企业能否从自有产品中找到有特色的产品，或者能否最早从市场的需求中找到突破点。要想在市场开发过程中获得立竿见影的效果，就必须找到一款有冲击力的产品，快速地进入市场。

吉林省 A 乳品企业，年销售只有 5000 多万元，可以说是典型的区域性小企业，其市场范围只在长春市和吉林市两个地方，根本走不出当地，企业的产品以低温巴氏奶为主，其生产的凝固型酸奶口感细腻，酸甜适中，但销量一直上不去。而这两个市场则是吉林省 H 乳业的根据地，H 乳业年销售 3 亿元，可见 A 乳业市场突破难度很大。

但企业要想发展，就必须不断地进行尝试和创新，多年的市场开发都没有达到预想的效果。我们在市场调研过程中发现，A 乳业所生产的凝固型酸奶，品质优良，消费者忠诚度很高，但由于企业的推广力度小，品牌影响力较弱，导致销量徘徊在 100 多万元 / 月。我们综合分析当地的市场情况后认为：A 乳业要想突破当前的市场困境，必须通过一款有影响力的产品来完成新的市场覆盖，与竞品形成有差异的市场推广策略。

在 A 乳业新的市场开发策略形成并实施后的半年，这款酸奶单品销量已经上升到 220 万元 / 月的规模，远远地超出了预期销量，其市场范围也进一步扩展，已经走出了长春，成为当地市场的乳品新秀。

对于区域性乳品企业来说，其自身的实力有限，营销资源有限，开发市场的过程中必须采取出奇制胜的方法。A 乳业的成功，是其完全执行以下四个步骤的结果：

1. 选择一个大众认可的产品作为突破口

区域性企业的产品相对单一，其与一线品牌的竞争中，优势无法凸显，品牌价值无法获取最大化，但这并不意味着区域性企业没有机会，机会在于区域性企业必须找到一款开发市场的"尖刀型"产品，其产品优势短期内一线品牌不会关注到。A 乳业的"尖刀型"产品就是凝固型酸奶。大型企业工业化程度高，生产凝固型酸奶的边际效益较低，而这正是中小型企业的优势所在，中小企业本身的机会就不多，如果能够抓住机会，获得市场优势，则不失为一种发展的方向。于是 A 乳业根据我们的建议，迅速对原有凝固型酸奶进行再包装，我们为其创意了北京京剧脸谱的外在形象，同时在包装上写上了"老北京酸奶"。包装形象的改变，使产品在终端一下子就跳了出来。

我们拿出"老北京酸奶"来做市场的开发，有两个目的：一是快速形成网络，打破原来的市场僵局；二是通过单一产品的成功带动 A 品牌的整体提升。

2. 快速铺货，形成高市场覆盖率

由于 A 乳业原来的产品都是通过送奶到户、商超和社区店的方式进行销售，我们通过确定以"老北京酸奶"为核心产品进行市场开发时，对各类渠道进行了全覆盖式的铺货，只要能够看到的销售终端，都铺上了老北京凝固型酸奶。企业铺货的速度越快，市场覆盖的面越广，但问题也出来了——临期产品开始出现，为了保证所有的终端都能够销售新鲜的产品，公司决定采取换货的方式，加大对终端零售商的服务力度。其具体的做法是第一天上午铺的货，第二天上午铺货时就收回，在第二天的下午，把这些收回的产品交由公司专门成立的社区销售部进行销售。在社区销售部，每天下午会采取特价的方式进行销售，对公司来说，既销售了产品，也让更多的消费者尝到了 A 乳业的"老北京酸奶"。

快速铺货后，销量也随之提升。而对于终端零售商的服务则提高了他们销售的积极性。A乳业在市场上的大力度铺货，让竞争对手也措手不及，不知道A乳业葫芦里究竟卖的什么药，就在竞品犹豫之间，A乳业的"老北京酸奶"已经牢牢地占据了塑杯装酸奶第一的位置。竞品终于坐不住了，其跟进产品"老口味酸奶"正式上市，但无论是消费者还是终端，对其认可程度都不高。

3. 高利润诱导

由于A乳业的产品在周边市场根本没有什么知名度，虽然产品有优势，但对经销商来说，没有利益就没有动力。我们制定的策略是，"老北京酸奶"可以微利甚至不赚钱，但通过这个产品，在周边市场建立销售网络，从而带动其他产品的进入。为了保证产品在市场上能够成功，我们制定了极具诱惑力的销售政策，经销商月销售达到10万元，公司额外奖励5%，还有年终奖；对于终端店，专卖A企业的产品，每月给予150元的陈列费，月销售超过5000元，奖励6%。这样的销售政策一出，经销商和终端果然都干劲十足。

4. 终端导购，采取人海战术

对于改进后的"老北京酸奶"，我们在长春选择15家大型A类商超，进行强力的导购促销，同时在其他的零售终端，选择了50家销量好、位置好的店铺，定时进行促销。对于周边的市场，我们也是这样要求经销商，要多派遣导购人员，通过终端的人海战术，达到先声夺人的目的。后来的事实也证明此策略的成功。

由于多位促销员在不同的零售终端进行促销，A乳业单一产品"老北京酸奶"形成了一种销售的旺势。消费者通过品尝认知到产品的优质，市场又通过消费者的口碑形成了重复消费，在价格上的优势又促使新的消费者加入消费"老北京酸奶"的行列。终端的强力导购形成了良性的循环。

区域性乳品企业通过单品在市场上胜利是有机会的，这样的机会是在强大的竞品没有意识到或者看不上的产品中寻找，当单一产品占领市场先机的时候，区域性乳品企业的优势也就逐渐凸显出来。

单一产品的市场推广有其局限性，其企业的发展也是不稳定的，但若区域性企业能够充分发挥单一产品的优势，则可能会进入一片蓝海，成为某类产品中的老大。

二、丰富产品线，形成产品群

单一产品的成功在区域性乳品企业开始阶段可能是有效的，但随着其他竞品的进入，市场环境会发生根本性的改变，而企业间的实力悬殊，则会导致区域性企业开创了一个新产品，还没有获得收益，就被大企业摘了胜利果实。这种现象在乳品行业并不鲜见。

第一个做儿童奶酪棒的并不是妙可蓝多，但并不能阻止妙可蓝多成为这个品类中的老大；第一个做常温酸奶的也不是安慕希，但并不能阻止安慕希成为常温酸奶的第一品牌，还有很多产品都是如此。对于区域性乳品企业来说，单一产品容易受到竞品，特别是当地同类型企业产品的攻击，受攻击后缺乏退路，如果没有有效的反击措施，则市场会受到影响；如果积极反击，唯一的方法就是价格战，而单一产品成功的基石也就是在价格、品质上有优势，如果这些优势丧失，则市场也将逐渐丧失。区域性乳品企业要想避免刚刚打下的市场拱手送人的命运，则必须在单一产品成功后，迅速丰富原有产品的产品线，形成产品集群,这样就能够有效阻击跟进者的进攻,也会逐渐形成自己的优势。

案例12

新产品采取"高开低走"的方式进入市场

2007年,由君乐宝推出的红枣酸奶迅速红遍大江南北,伊利、蒙牛、光明等企业迅速跟进此产品,也做得风生水起。但在偏远的西南地区,无论是贵州还是云南,还都没有形成规模。蒙牛2008年初进入云南市场后,其采取的策略就是高价进入,比如180利乐包装红枣酸奶,在北京已经卖到1.5元/袋了,可在云南,此产品的价格是2.2元/袋。随着其他企业的红枣酸奶的跟进,蒙牛开始降价,同时补充产品线,其纸杯系列、爱克林系列、新鲜屋系列、PE瓶系列等都逐渐上市。蒙牛在强大的产品线的支撑下,不断地发动价格战,从而获得了市场的主动权,其他企业只能是跟随,并无大的作为。

对于区域性乳品企业来说,在市场开发的初期,完全可以借鉴蒙牛乳业的方法,高价入市,发现有跟进的竞争者的时候,通过降价的方式来打击竞争对手,如果竞争对手继续跟随,甚至不惜血本地进行竞争,则可以通过扩充产品线,运用产品组合的方式进行市场竞争。

案例13

打造产品群而不是单一产品

区域性乳品企业虽然能够在某些单一产品上获得成功,但未必能够在整个市场上获得成功。君乐宝乳业在推出红枣酸奶后,获得了巨大的成功，随后，企业开始推出绿豆沙酸奶和沙棘酸奶，但后期所推出的产品都不见当年红枣酸奶的销售盛况。为什么？其红枣酸奶的成功是单一产品的成功，这个单一产品在进入市场的初期并没有一个产品群的概念，之后虽然绿豆沙酸奶和沙棘酸奶都逐渐上市，但消费者并不认为绿豆沙酸奶和沙棘酸奶是红枣酸奶的同类，而是认为这两个新品是新的品类。正是因为这种现象的出现，君乐宝在2009年初推出了"东方知味"的子品牌，用这个子品牌来涵盖这三个产品，但为时已晚。

蒙牛的酸酸乳从进入市场开始，就是一个产品群而不是一个单品，蒙牛通过对酸酸乳这个副品牌的不断打造，形成了强势的品牌能量，其创造了年销售数十个亿元的销售规模，是区域性乳品企业值得借鉴的例子。蒙牛在2009年推出了"果蔬酸酸乳"，是对原来酸酸乳系列产品的丰富，也是蒙牛能够在市场推广中不断制胜的关键。2022年，酸酸乳更是推出了乳酸菌果茶系列，这一系列产品也成为潮牌酸乳饮品。

三、完美产品结构打造产品帝国

如果说产品群只是一种横向的延伸的话，那么企业的产品结构就是在横向延伸的基础上，进行纵向的延伸。区域性企业在市场推广的过程中，通过不断丰富产品线，最终形成由不同产品线组成的产品结构。（见图3-16）

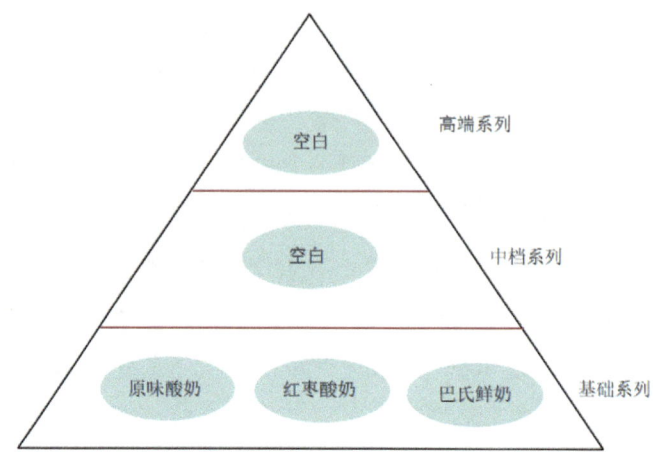

图3-16 某区域乳品企业产品群示意图

在上图中我们可以看出，这个乳品企业的产品集中在基础产品系列，即使这个系列的产品做得很强大，在市场竞争中也依然不具备优势，企业缺乏中档产品和高端产品，其产品结构非常不合理，低端的基础产品必然利润较差，而企业的发展必然是以其所获取的利润来支撑的，如果企业无法够获取足够的利润，未来的发展将无从谈起。

即使企业在某一个产品系列中能够占据绝对优势，也不能保证企业能够健康发展。市场是动态的竞争过程，企业需要通过不断完善、丰富产品结构，形成多方位的竞争力。

光明是一个从区域性企业发展为全国性企业的典范，其产品线也是从单一的产品到产品群，一直到现在形成清晰的产品结构，在每一类产品中，都能够形成自己的优势。（见图 3-17）

第三章 | 产品创新是基础，产品规划是关键

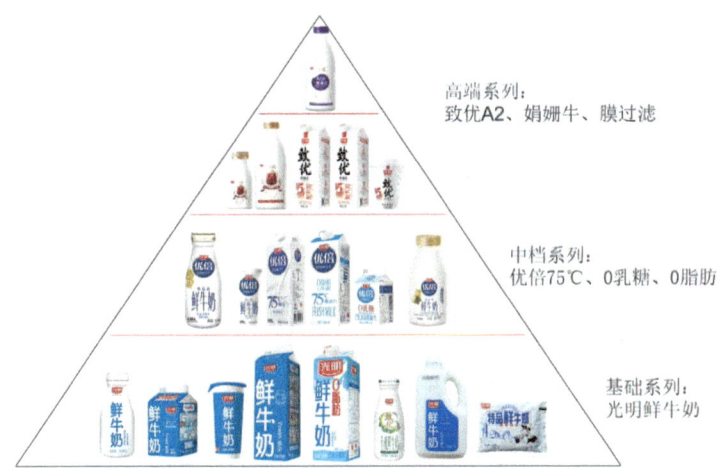

图3-17 光明低温鲜奶系列产品结构示意图
图片来源：光明官网（睿农乳业研究部制图）

对于区域性企业来说，形成完善的产品结构任重道远，但企业应该意识到，不同的消费者会有不同的产品需求，要通过打造不同类别的产品，填补市场的空隙，建立自己的竞争优势。

区域性企业在市场推广的过程中，必须结合自身的实际情况，回归营销的基本层面，打好产品基础，有计划、有步骤地推广，逐渐形成自身的优势，只有这样才能够完成从小区域市场走向大区域市场，从大区域市场走向全国市场的扩张。

在市场营销的过程中，很多企业迷信于促销、价格战、渠道激励等，这些都没有错，都能够促进市场的发展，但最为根本的是产品，只有产品才是营销的基础。从单一的产品到形成产品线，这是一种市场发展的进化；从产品线到形成产品群，这是竞争的需要；从产品群到形成清晰的产品结构组合，这是企业发展战略的需要。乳品企业在未来的发展过程中，其产品线、产品结构是否合理，将成为其胜败的

关键要素。

 产品创新"4N"方法论

产品创新的底层逻辑是通过相关方法，使产品具有差异化的特质，产品创新"4N"方法，就是通过使用新技术、附加新功能、创造新形态、创意新概念4个方面进行创新。（见图3-18）

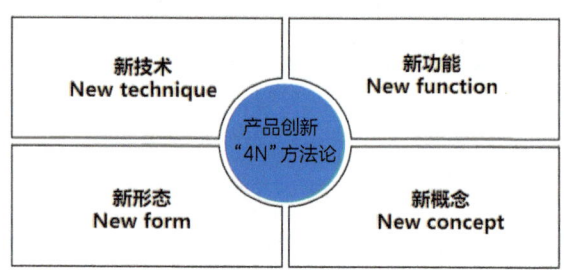

图3-18 产品创新"4N"方法论

模型 5 超级单品"4维"模型

每一个成功的企业都有超级单品，超级单品的开发可以从4个维度展开：一是在大众化的品类中进行微创新，由于有大众认知基础，更易于获得成功；二是创造新品类，通过技术、概念等方面的创新，开发出与众不同的产品；三是提高品类价值，以区别于同类型的产品；四是通过人群细分进行品类的开发。（见图3-19）

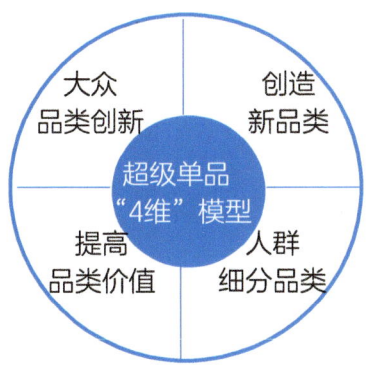

图3-19 超级单品"4维"模型

模型 6 产品线规划模型

产品线规划既要考虑当下,也要考虑未来。一般情况下,我们通过4个环节进行产品线规划:一是通过分析产品之间的关系,锁定重点品类,并据此形成产品结构;二是明确各类产品的职责,确定在市场竞争中的角色定位;三是从所有产品中筛选出有潜力的产品,运用子品牌策略;四是通过对产品线的延伸,建立产品群。(见图3-20)

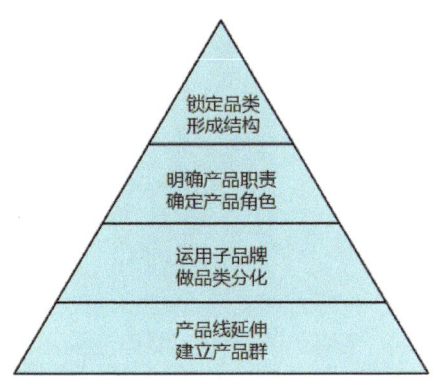

图3-20 产品线规划模型

第四章

定价定天下，
涨价有方法

第一节　价格战和价值战

一、价格战也是战略

价格战是市场竞争中最直接和最有效的策略之一，如果通过价格战不能够成为局部市场、某个品类或者行业的领先者，并实现阶段性压制竞争对手的市场扩展，那么损害的就是企业自身的利益；如果通过价格战，能够获得更多的市场份额，并且打击了竞争对手，这也算是阶段性成果。

从产品结构上来看，头部企业目前实施价格战的产品，正是区域性乳企的核心产品，而头部企业的核心产品已经向上转移，在高附加值的产品类别中，已经形成了强势的品类基础。而大部分区域性乳企并没有真正发掘自身的优势，用自己全部的力量来应对头部企业局部的竞争。

● 案例 14

蒙牛酸酸乳价格战实施策略

2005年，随着蒙牛和《超级女声》的合作，其酸酸乳系列产品销量达到25亿元，同时也带动了其他产品的销售量，企业年度总销量达到108亿元。当酸酸乳风靡全国市场的时候，各类厂家开始跟进酸酸乳类产品，蒙牛酸酸乳价格也由2.2元/盒降低到1.5元/盒，其百利包装的酸酸乳也由1.5元/袋降低到1元/袋。

近年来,蒙牛开始对酸酸乳进行大规模的促销活动,蒙牛作为一线品牌,其促销活动直接打击了中小型乳品企业同类产品的销售,直至厂家没有利润,此类产品滞销。

对于蒙牛来说,酸酸乳只是众多产品中的一个,并且蒙牛还有众多创新型产品,而对于区域性乳品企业来说,酸酸乳可能是其重要的主力产品,这个产品销售量下降,利润下降,将会把企业拖向失败的境地。

案例 15

全国型品牌 vs 区域型品牌纯牛奶价格战

中小型的乳品企业,百利包装的纯牛奶是其支柱产品之一,但此类产品也是伊利、蒙牛等企业的支柱产品之一,当伊利、蒙牛的百利包纯牛奶开始降价时,区域性乳企纯牛奶的销售就会迅速受到影响。据苏州价格在线 2012 年 1 月 4 日统计,本地产品牌 220 ml 双喜鲜牛奶 2 元 / 袋,250 ml 双喜纯牛奶 2.6 元 / 盒。家乐福体育中心店,200 ml 伊利百利包纯牛奶 1.3 元 / 袋,250 ml 伊利纯牛奶 2.2 元 / 盒;200 ml 蒙牛纯牛奶 1.2 元 / 袋,250 ml 蒙牛纯牛奶 2.5 元 / 盒;200 ml 光明百利包纯牛奶 1.4 元 / 袋,250 ml 光明(UHT)2.3 元 / 盒。

从价格上看,全国性品牌的价格明显低于区域性品牌,在价格竞争中,处于主动地位,这直接影响了区域性品牌的产品销售。

从以上两个案例中,我们可以看出,头部品牌率先采用价格战,直接影响区域性品牌的销售。这实际上是头部品牌的战略：当市场上某类产品处于快速增长阶段时，必定有很多企业跟进；当市场进入成熟阶段时，头部企业必然会采取价格战，打击中小型企业。对于头部的品牌来说，此类型的产品只是企业众多产品中的一个类别，即使这些产品在企业采取价格战后没有赢利，也不会对企业产生影响，而对于中小型的区域性乳品企业来说，这些产品是其主力产品，如果这些产品不能够赢利，则企业就处于亏损的边缘。

目前在乳品企业的价格战，基本都是由头部企业发动的，目的是打击区域性乳企。这样下去整个市场就陷入恶性循环，处于弱势地位的企业，在没有巨大的产品、营销创新时，则必然受头部企业的打击。

乳品企业要从价格战中走出，必须认清自身的优势和市场新的发展需求。随着消费者对乳品价值认知的提升，其消费的观念正在发生变化，乳品企业只要能够抓住机会，依然能够获得发展。从乳业市场看，常温乳品中的高价值产品、低温乳品中的新鲜概念类产品、奶酪类产品、中老年营养配方奶粉等，都具有巨大的消费潜力。对于区域性乳企来说，要发挥自身的优势，用常温产品抓住下沉市场，用低温新鲜乳品抓住本土市场，把"新鲜"战略进行到底，打造属于自己的优势。

乳品企业只有打造价值型产品，才能够避免价格战的侵扰，但是价格战又是不可避免的市场现象，因此，只有通过不断创新产品，进入到产品的价值战的竞争中，才能够走出价格战的泥潭。

二、同质化导致价格战

1. 产品同质化

（1）从产品的包装形式来看，国产塑料袋装的乳品是最初级阶段的产品，从包装的美观程度上看，塑料袋已经落后；百利包类的产品出现，替代了塑料袋，成为乳品企业用量最多的包装材料；之后是利乐枕，成为乳业巨头崛起的产品包装类型；与利乐枕同期出现的是利乐砖，盒装的产品曾经是最高档的产品形式；当然，目前的包装形式更新，有利乐钻、利乐威、三角杯、PET瓶等。这些包装形式，所有的企业都基本一致，处于同质化状态。

（2）从产品类别上看，主要有常温纯牛奶、低温巴氏奶、风味调制乳、奶粉、奶酪及其他奶制品。无论是大型乳品企业，还是中小型乳品企业，产品相似度都很高，唯一的不同是，企业规模越大，各品类的产品越多，而中小型企业的产品类别主要集中在基础品类，以常温纯奶和低温酸奶为主。我们发现，大型企业的产品类别覆盖中小型乳品企业，中小型乳品企业的产品类别经常跟随大型乳企，同质化不可避免。

（3）从产品概念上看，常温乳品主流的概念方向是营养（比如蛋白质含量等）、源头（比如自有牧场等）、添加物（比如高钙等）；低温乳品方向是新鲜（比如时间维度，24小时售卖，6小时从牧场到市场等）、功效（比如低温酸奶添加益生菌等）、营养（比如活性蛋白含量高等）；奶粉的产品概念也大同小异，从新鲜奶源到技术革新等；奶酪类产品的概念基本都围绕营养方面展开，比如钙含量等。从产品概念也可以看出，同质化现象普遍。

随着技术的进步，产品之间的壁垒正在消失，同质化成为常态。从产品本身来看，大部分都缺乏明显的特征和优势，特别是基础类产品（如纯牛奶、酸牛奶等），几乎没有任何差异。

2. 价格同质化

全国性乳企和区域性乳企的产品，从价格上来看，没有明显差异。构成价格的因素是生产成本、营销成本、管理成本等。全国性乳企采用大规模生产方式，所产生的边际效益高于区域性乳企；区域性乳企生产规模小，整体运营成本低于全国性乳企，比如营销费用的投入更少等。从综合成本的角度看，全国性乳企和区域性乳企之间差异不大。

如果价格一致，消费者选择产品时，会选择品牌信任度更高的产品，全国性品牌的影响力大，但在某些区域市场，当地区域品牌产品的影响力更大。此消彼长，企业会发动价格战，通过直接降价、间接降价（如买赠促销等）来进行市场竞争。

3. 渠道同质化

（1）从渠道类型看，现代渠道（商超）由于其方便消费者一站式购物，从而成为竞争最为激烈的渠道类型。正是因为企业间的竞争，现代渠道（商超）内的位置"寸土寸金"，A品牌占领货架，B品牌必定在地堆处进行争夺。传统渠道（比如社区零售店、小食品店等）分布面广，是乳企在产品销售中不可忽视的力量，其消费群体以零售店周边社区的消费者为主，企业之间也会通过此类渠道进行终端争夺战。随着电商渠道的发展，现在各类型乳企都纷纷布局线上，从而形成新的渠道竞争。无论是大型乳企还是区域性乳企，从渠道类型上看，大家都基本一致。

（2）从渠道的竞争形式上看，企业通过抢先占据某类渠道而拒竞争对手于门外，这显然是做不到的，因为这些渠道都是公共资源，A品牌可以进去，B品牌也可以进去，其决定因素取决于终端店的拥有者。于是，品牌之间的攻防战就形成了，包括建立客情关系、进行终端维护、更新终端形象、规律性终端拜访、投入陈列费用等形式，进行市场的进攻和防守，同质化渠道导致竞争加剧。

4. 推广同质化

大型乳企有自己的推广策略，区域性乳企也有自己的应对措施。在常态化的市场推广过程中，企业常常采取买赠、降价、搭赠、捆绑销售、免费品尝、路演宣传等方法。从推广的手段上看，企业间也没有明显的差异。

乳品企业之间，产品、价格、渠道、推广等方面的同质化，是导致价格战的根本原因。企业间通过价格战，达到打击竞争对手的目的。在市场竞争中，品牌宣传可以打击竞争对手，公关活动可以打击竞争对手，但这些都是间接打击；最简单的方法就是采取价格战，直接打击对手。通过价格战，在消费群体相对稳定的情况下，如果今天多销售10箱牛奶，可能竞争对手就少销售10箱。这也是很多企业热衷于价格战的原因。

价格战就是商业战争，有时候企业出于战略发展需要而主动采取价格战；有时候，企业是被动地接受价格战。价格战是把双刃剑，如果运用得当，则可以开疆拓土，获取更大的市场份额；如果运用不当，就会把企业拖入泥潭，可能一蹶不振。

案例 16

价格战：积极骚扰竞品成为市场老大

优品乳业在滇西市场是绝对的老大，就连伊利、蒙牛也要让其三分，但欧兰乳业通过价格战的有效应用，成功击败优品乳业，成为当地市场的老大。

优品乳业一直引以为傲的产品是 150 g 优品的杯装酸奶，其零售价格为每杯 2 元，多年来以其品质卓越而深受消费者喜爱，是市场的畅销产品。欧兰乳业作为后进入者，多年来只能在常温利乐砖产品上占据优势，但此类产品又深受伊利、蒙牛的打击，欧兰的发展一直不顺畅。伊利、蒙牛的实力雄厚，不易硬碰硬去竞争，而欧兰乳业和优品乳业相比，实力相当，只要策略得当，突破市场并不是难事。

从最容易攻击的品类着手成为欧兰乳业的策略。优品乳业的 150 g 杯装酸奶既然是畅销产品，欧兰乳业就从这个产品找突破口，跟随优品乳业，同时开发出 5 个口味的杯装酸奶，形成产品群。由于优品乳业 150 g 杯装酸奶只有 1 个单品，欧兰乳业拿出 5 个单品中的原味酸奶做特价，直接把价格降到每杯 1.2 元，通过一周的试销，欧兰乳业的销量达到了优品乳业的三分之一。由于欧兰酸奶是刚刚上市，消费者不接受也是正常的。在第二周的时候，欧兰乳业把原味杯装酸奶恢复原价，把其中的无糖杯装酸奶拿出来做特价，又是一周过去，欧兰乳业的销量已经可以达到优品乳业的二分之一。而此时的优品乳业备受煎熬，由于其一直采取高价策略，此时降价不行，但不降价就眼睁睁地看着欧兰进行市场骚扰和攻击。经过半年的运作，欧兰乳业的销量已经超过优品乳业。虽然此后优品乳业也采取了补救措施，增加新品，但大势已去，其塑杯装酸奶再也无法抗衡欧兰乳业。一年后，欧兰乳业已经成为当地市场名副其实的老大。

对于优品乳业来说，其150g杯装酸奶成功后，没有及时形成产品群，留下了市场空隙，导致欧兰乳业攻击成功。

评析：

（1）当价格战成为战略时，已经超越价格战本身。欧兰乳业没有通过价格战和竞争对手硬碰硬地"打仗"，而是有策略地对竞争对手进行袭扰，通过消耗竞争对手的实力，提升自己产品的影响力，达到打击竞品的目的。

（2）当企业受到竞争对手价格战的影响时，要积极应对。对于优品乳业来说，其本身具备产品和品牌的优势，但对于杯装酸奶产品来说，没有把握机会，以1个单品和欧兰的5个单品进行竞争，必然失利。在品牌具备优势的情况下，要迅速地丰富产品线，要有和竞品硬碰硬竞争的产品，也要有获取利润的产品，唯有如此，才不至于在价格战中失败。

三、价格战的四种结果

通过价格战直接打垮竞争对手，这对双方都是巨大的损失，如果企业能够通过制定合理的价格战略，对不同产品采用不同的价格策略，则能够达到有效市场竞争的目的，也能够对竞争对手产生影响。

市场竞争过程中，都要慎用价格战，这种方式虽然能够打击对手，但也是在消耗自身的实力。但价格战又不可避免，实施价格战，企业将面临四种结果：

1. 打击竞争对手，达到预期目的

企业进行价格战的核心目的是打击竞争对手，获取更大的市场份额，甚至打垮竞争对手。如果能够达到这样的目的，则可以认为是一次成功的价格战。但没有一家企业是任由竞争对手攻击的，除非是即将垮台的企业。

企业采用价格战打击竞争对手，也应该是阶段性的成果。所谓的预期目的，其实是阶段性的成果。

2022年，A企业新上市一款单杯装的酸奶，180 g，每杯售价4元，由于口感独特，价位适中，上市后受到消费者的普遍欢迎，单店（KA）日均销售300杯以上，连续数周在商超内的销售排名第一。由于此产品成为黑马，引起当地最大的乳品企业B的关注。于是B企业迅速组织研发、生产，在短期内，同类型的产品也进入超市。

B企业在策划该产品时，已经确定价格战的策略分两步走：

第一步：上市价格低于竞争对手，抢夺消费者。

B企业的单杯装酸奶160 g（容量低于竞争对手，形成价格优势），售价3.5元，从产品的绝对单价来看，B企业低于A企业；从消费者购买习惯来看，B企业品牌影响力大于A企业，而产品的价格又低于A企业，消费者习惯性地选择B企业的产品。随着B企业产品的上市和导购员的推荐，销售节节攀升，半月后，日销售也达到200杯左右；同期，A品牌的销售下降到200杯左右。

第二步：迅速降至心理价位区，打击竞争对手。

A品牌看到销售下降，采取买五赠一活动，单杯平均价格3.6元，

采取买赠后，销量开始上升，日均销售恢复到 300 杯左右。B 品牌的销售开始下降，日均销售 180 杯左右。在 A 品牌活动开展的第三天，B 品牌迅速采取特价销售措施，每杯的零售单价 3 元，随着特价措施的实施，销量开始迅速恢复，当日达到 330 杯左右，3 天后达到 350 杯左右，至此，A 品牌的杯装酸奶销量下降到 200 杯以下。

B 品牌在产品策划时，就已经设想到会有价格战，并且把产品价格的最终心理定价降到 3 元，所以在 A 品牌采取活动降价后，B 品牌迅速把价格降到最低点，以保证企业产品的销售，打击竞争对手，并获取市场份额。

2. 价格战导致两败俱伤

由于价格战而两败俱伤的案例数不胜数。此类型情况基本是两家企业的规模类似、营销手段类似，为了争夺市场份额或者为了争夺渠道，从而上演惨烈的市场竞争。这无论是对于价格战的主动者还是被动者，都不是最好的结果。

2022 年，华北某地区的田园乳业和华采乳业，为争夺终端采取价格战（或变相的价格战），最终导致两败俱伤。

事件一：双方本来在 A 超市的堆头、货架都不相上下，但田园乳业决定在中秋前给予华采乳业打击，于是，买断了乳品区域将近二分之一的堆头位置。由于中秋节期间是超市内销售月饼等礼品的旺季，A 超市已经缩小了所有乳企的地堆位置，田园的先入为主，导致华采的位置只占乳品区的四分之一，造成华采的终端销售受阻。田园占据有利位置，整个中秋在 A 超市卖断货 3 次。当然，田园占据这么大的位置，所投入的费用是平时的 1.8 倍，但企业认为值得。

由于华采和田园的品牌影响力不相上下，在田园占据有利位置的情况下，华采所采取的方法就是投入两倍于田园的导购人员，所有产品的价格比田园低，采取主动拦截销售的方式。中秋期间，华采并没有因为终端所占位置少而降低销售额，但投入的人力大，费用并不低。

事件二：由于中秋节期间的疏忽，华采虽然销量并没有降低多少，但是在终端的表现弱于田园，这让华采的渠道总监很不满意。在中秋过后，元旦将是下一个重要的节日，华采提前对 A 超市进行公关，由于提前行动，华采如愿以偿，得到了最好的位置。就在华采认为可以大干一场的时候，田园却在元旦期间展开报复行动，所有产品进行大力度买赠活动，华采虽然占据有利位置，但禁不住田园的买赠变相降价行为，不得不应战。最后的结果是双方都投入了巨大的市场费用，虽然销售额都上去了，但从费销比和市场长远来看，双方都得不偿失。

3. 价格战成为持久战

企业本想通过价格战获取最大利益，但所遇到的竞争对手也是如此想法，最终价格战成为持久战，本想打一场价格战就离场的，结果陷入价格战泥潭，很难离场。

在乳品的所有类别中，普通纯牛奶的价格战持续的时间最长。当伊利、蒙牛通过纯牛奶获得消费者的认同之后，更多的区域性企业开始跟进，并且采取低于伊利、蒙牛的价格策略。由于纯牛奶是基础性产品，对于伊利、蒙牛等全国性品牌来说，纯牛奶只是众多产品中的一个类别，而对于很多区域性乳品企业来说，则是其核心的产品。当一线品牌进行降价销售时，直接冲击着区域性乳企的销售市场，企业为了生存，不得不应战。到目前为止，百利包、利乐砖等基础类纯牛奶的价格战依然激烈，这本质上是头部品牌在不断清洗市场的行为。

4. 价格战后销量下滑

采用价格战的竞争双方，有主动进攻的，有被动应战的，当价格战告一段落，某些企业由于多方面的原因，如品牌影响力、消费者信任度等，在价格战中销售量提升，但价格战后销量下滑，甚至跌入低谷。

华中地区某小型乳品企业，年销售额 8000 万元左右，所生产的产品以盒装纯牛奶和果酸乳为主，其产品价格略低于一线品牌，在三、四线市场销售尚可，但根本无法突破一线品牌所占领的市场，特别是在一、二线市场，消费者不认可其品牌，无论是终端铺货还是终端销售，都不理想。企业希望通过价格优势和一线品牌进行竞争，但其销售团队、渠道建设、品牌定位、产品差异化等方面没有任何优势，如果要进行针对性的竞争，价格战是最直接的方式，于是企业制定了以下策略。

策略一：制定渠道政策。对终端采取进货奖励，进货采取五搭一的方式进行，由于力度较大，终端都很积极地进货，初步达到产品到终端的目的。

策略二：消费者促销措施。用比竞争对手低 5—10 元的单箱价格进行销售，由于包装充满节日气氛，在三、四线市场，其产品在过节期间的销售非常好，终端有利润，也愿意向消费者推荐，而对于消费者来说，产品价格便宜，愿意购买。

通过两个策略的实施，企业在节庆期间的销售非常好，但节日过后，其销量大幅下滑，甚至不及节庆期间一半的销售量。

通过价格战，节日期间的销售成为波峰，而节日后则成为低谷。企业通过价格战和一线品牌竞争的初衷根本没有达到，因为其年度销售过程是不平衡的，最终的结果是企业透支其资源，主动采取价格战后进入销售的低谷期。

四、价格的本质

价格是产品价值的直接体现。任何一款产品要想获得消费者持续的认可，坚守价格底线是关键，如果产品的价格经常变动，促销活动不断，就会造成有促销就有动销，没促销就不会动销的局面。但市场竞争中不可避免会有价格竞争，如何解决这个问题？这需要企业通过建立完善的产品结构来应对市场的价格竞争。每一个产品都有自身的角色定位，在竞争过程中，有些产品就是属于"炮灰"型产品，即打价格战的产品，有些产品不能够随便动用价格战，这些是企业可持续发展、建立品牌影响力的核心产品。

案例 17

君乐宝涨芝士啦价格战策略

2017年7月，君乐宝推出新品类芝士酸奶品牌涨芝士啦，上市一年达到2亿包的销售规模，从而引起众多乳品企业的跟随，各类乳品企业纷纷推出芝士口味酸奶，市场的价格战很快就烧到涨芝士啦的终端，面对包括伊利、蒙牛在内的巨头的价格战，怎么应对？

首先是涨芝士啦扩大在终端的陈列面积，扩大在终端的影响力；其次是快速推出应对价格战的产品君乐宝芝士酸奶，直接命名"芝士酸奶"，用以保护涨芝士啦品牌；最后用"芝士酸奶"跟随所有在终端采取价格战的品牌，而涨芝士啦基本保持价格不变。

> 截至2023年5月，涨芝士啦已经在常温酸奶品类、儿童奶酪品类、风味酸奶品类（芝芝多莓）等推出多个产品，形成了涨芝士啦品牌的护城河，其价格的稳定性，决定了这个产品销售的可持续性。

价格是信任机制。消费者之所以愿意用某个价格购买企业的产品，是因为他相信自己所选择的产品是值得购买的，这就是对价格的信任。

在市场中，只有价格稳定的品牌，消费者才会信任。但市场中经常出现的打折产品，为什么消费者还去购买？这是因为消费者认可打折后的产品价格，对于某个产品或品类来说，长期的价格促销，就会让消费者形成习惯性认知，如果某一天价格恢复正常，消费者则很难再去购买这个产品，因为消费者不相信这个产品恢复后的价格能代表其产品价值。

2014年，圣牧在香港上市。作为国内有机奶领域的领导品牌，圣牧是当时市场上产品价格最高的品牌之一，当时的市场上，有机乳品还比较少，而圣牧定位于专注沙漠有机乳品，由于稀少，因此产品价值高。2016年，受整个乳业大环境影响，圣牧原奶销售受阻，利润下滑，进而导致整个市场的产品价格出现波动，为尽快回笼资金，产品打折销售普遍。虽然当年实现销售收入34.66亿元，同比增长11.8%；但从此之后，圣牧的发展进入到下行通道，2017年营收27.07亿元，同比下滑约20%。

圣牧沙漠有机乳品作为定位清晰、市场前景非常好的产品，却因为降价销售，导致品牌信任度降低，最终走向衰落。2020年，蒙牛全面收购圣牧。

价格是品质的象征。一分价钱一分货，这是消费者对价格的普遍认识，充分说明价格代表着产品的品质，只有品质好，价格才会高。

很多乳企经常会说自己的产品非常好，但价格却很低，最关键是销售还不太好。之所以出现这样的情况，就是因为产品的品质和产品的价格不匹配。如果产品的品质好、口感好，但价格低，消费者就不会相信，但企业又不敢用高价格销售，就导致比较尴尬的局面。

案例18

乐纯酸奶高价格"网红"之路

2014年，乐纯品牌从一家酸奶店起步，先后获得IDG（Internation Data Grap 美国国际数据集团）、真格基金及可口可乐亚太投资公司的投资，作为一家以希腊酸奶为主打产品的企业，短短几年时间，已经成为国内高端酸奶的代表性品牌。

乐纯酸奶上市初期，以远高于市场的定价（4盒99元）迅速成为市场议论的热点，之后又推出不同口感的酸奶产品，普通产品的售价为1盒16元。由于产品足够独特而成为"网红"，消费者以购买到一盒乐纯酸奶而在朋友圈晒照片为荣。乐纯没有自己的工厂，通过代工生产产品，但并不影响消费者对产品的认可。这里面的关键就是消费者认为这么高价格的产品，其品质必然不会很差。

归根结底，价格本身只是表示这个产品的交换价值而已，只要产品能够让消费者觉得价格和价值匹配，消费者就会持续购买这个产品。

五、价值战的策略与方法

价值战是指企业通过为消费者提供更高附加值的产品或服务来满足消费者日益增长的消费需求。价格战短期内可以获得市场和暂时的优势,而价值战才能获得长久的市场和优势。

从价格战转型到价值战,企业首先需要把基础工作做好:

一是奶源。通过建立优质牧场,获取优质的原奶,从源头上保证产品质量。近年来,很多企业开始自建牧场,加大对源头的投入,同时通过强化对关联牧场的管理,进一步提升原奶质量,降低未来产品的质量风险。

二是提升企业的内部管理机制。高效的、规范的企业管理是提升企业竞争力的根本,很多企业从生产到营销的各个环节没有合理的激励机制,没有长远的员工职业规划,企业的人才少,竞争力必然会弱。内部的流程、制度等的规范化都必不可少。

三是通过产品创新,为消费者提供真正有价值的产品。产品创新除了内在的技术革新,还要塑造产品的外在价值感,通过产品概念的提炼、包装形式的创意,最终体现出产品的内外一致性。

四是不断提升品牌内涵。品牌可以通过时间积累而形成影响力,但在积累的过程中,要不断地更新品牌在消费者心目中的形象,通过创新的品牌活动,建立和消费者的关系。

从价格战向价值战方向调整,乳品企业要从产品的品类创新着手,最终达到提升产品价值感的目的。

1. 品类创新，拓展消费者的新需求

每一次行业的变革，都是由于新技术的应用而进行的。巴氏杀菌法的出现，改变了整个乳品行业的发展轨迹，使更多的消费者能够饮用到更安全的乳品；无菌包装材料的出现，使乳品保质期变得更长，从而改变了乳品企业的销售范围。技术创新可以使产品形成差异化，在市场竞争中独一无二，从而获取蓝海市场。

案例 19

光明莫斯利安酸奶——国内首款常温酸奶

光明莫斯利安常温酸奶，是国内首款无须冷藏的高端常温酸奶。

由于在正常情况下，活性益生菌适宜在 0—4℃的环境中保存，如果环境温度超过 30℃，益生菌将大量死亡，其营养价值也会有所降低，所以，目前市场上常见的酸奶都是经过冷链运输、冷风柜/冰箱保存，且保存时间控制在 24 天。而光明莫斯利安酸奶打破传统做法，运用高科技脱冷链运输，并且运用了国内第一台引进自欧洲的设备，在酸奶正常发酵时投入数倍菌种进行发酵，此道工序完成后，再进行无菌灌装，并全套使用进口包材，不但保证了莫斯利安酸奶中活性菌种的存活，而且使其在常温状态（4—25℃）下，保存时间长达 120 天，便于消费者存放和旅游时携带，为深入城镇甚至农村创造了必备条件。这款产品在营养成分上和冷藏酸奶一样，但是保质期长达 4 个月。

产品创新为企业带来了良好的收益。莫斯利安酸奶 2009 年 1 月上市，1 个月后，销售额突破 1000 万元，2009 年销售 1.5 亿

元，2010年销售约2亿元，2011年销售额7亿元，2014年销售额达到60亿元，成为常温酸奶品类的领导者品牌。

莫斯利安通过技术创新，开创常温酸奶品类，使产品能够在常温下销售，满足消费者随时随地享受美味的新需求。

2. 品类细分，满足细分市场消费者需求

细分市场是乳品企业进行产品创新，提升产品价值的重要方向。不同类型的消费者对于乳品的认知和消费是不一样的，如果能够满足细分人群的需求，则可以避开竞争激烈的红海市场，从而获取快速的发展。

● **案例20**

儿童奶市场快速增长

儿童奶自2009年井喷式发展之后，目前已经形成了由伊利QQ星、蒙牛未来星主导的局面，其产品为常温保存，添加多种营养元素，满足儿童营养的需要，获得了市场的认可。

南京卫岗乳业在2010年推出"我的牛奶"儿童系列产品，为了能够和市场上的常温儿童牛奶形成区隔，其系列产品定位于低温儿童奶，所开发的儿童纯牛奶和儿童酸奶，都获得了良好的市场表现。

蒙牛2008年推出的未来星是市场上首款非复原乳儿童奶，自诞生之日至今销量在该品类中保持第一位，2009年同类产品市场占有率为58.31%。

2010年，蒙牛未来星完成了产品技术和配方的双升级：在原智慧型、活力型两款产品的基础上增加优护型，提供益智、健骨和保护肠道三种选择，全线添加DHA藻油，"升级""不加价"，意在进一步扩大产品市场份额。

目前，儿童奶已经成为乳品企业的重要品类，其增长潜力巨大。

3. 创造新品类，跨类组合新产品

在单一的乳品中添加其他营养物质或食品元素，从而形成新的产品类别，称为跨类组合。比如酸牛奶饮品＋果粒＝果粒多，牛奶＋果汁＝营养快线，牛奶＋咖啡＝呦呦奶咖，牛奶＋黑谷物原浆＝黑牛奶，这些都属于跨类组合产品。

案例 21

蒙牛真果粒产品创新

2006年，蒙牛推出含有可嚼果粒的新一代牛奶饮品真果粒，并成功推向市场。作为中国乳业的头部品牌，蒙牛始终坚持自主创新的原则，积极探索着更适合中国人膳食结构的营养饮品，面对全球30%以上人口缺乏维生素等营养及亚健康状态的困扰，蒙牛组织各方专家综合探讨，得出最有效的方案即是通过合理的膳食来改善营养状况，尤其是多吃富含维生素的水果、多喝牛奶，更进一步提出了"真实果粒＋纯鲜牛奶"的大胆构想。自

2006年上市以来,蒙牛真果粒以精美的包装、独特的口感以及丰富的营养深受消费者喜爱,上市3年累计销量突破9亿包。(见图4-1)

图4-1 蒙牛真果粒

图片来源:蒙牛官网

蒙牛真果粒获得了全球三项独立自主知识产权专利(包括一项配方发明专利和两项生产工艺专利),蒙牛投入巨资进行产品研发,确保水果加入牛奶后两者都不变质,对于水果的加入时机、灭菌包装的方式、工艺设备要求、精确定量、营养搭配、风味融合等问题,多次到国外考察,数次专程到国外拥有专门设备的领先实验室进行试验研究,历时十几个月,耗资几千万元,最终将这些世界难题一一攻克并成功研发出了全球首款含有可嚼果粒的新一代牛奶饮品——蒙牛真果粒![1]

---

[1] 《真果粒入选自主知识产权成果》,2010年2月3日,http://finance.sina.com.cn/roll/20100203/14137361208.shtml。

4. 创建子品牌，提升附加值

当价格战成为乳品企业间竞争的主要手段时，已经预示着参与价格战的品类正在进行市场洗牌。企业要想远离价格竞争，就必须真正地去洞察市场需求，通过开创新的品类，创建子品牌，远离价格竞争，成为能够为消费者提供高价值产品的品牌。

案例 22

高端牛奶特仑苏如何持续提升品牌价值

2005年蒙牛乳业推出了旗下高端品牌特仑苏，蒙牛以特仑苏纯奶率先试水高端牛奶市场，就此拉开了国内液态奶产品升级的帷幕。在此之后，伊利推出金典，光明推出优倍，这些子品牌都成为各自企业增长的新动力。

那么，蒙牛的特仑苏是如何做的呢？

第一步：去蒙牛化。作为蒙牛旗下的产品，特仑苏必须走一条不同于以往的产品路线，在包装设计上，力求简单，淡化与蒙牛的关系，仅仅在包装盒的侧面留下蒙牛的标识。

第二步：品牌诉求差异化。"不是所有牛奶都叫特仑苏"，广告语凸显神秘和自信，与产品的目标消费群体相对应，和其他的牛奶划清界限，这为特仑苏走"贵族"路线的品牌定位做了铺垫。包括后期请著名钢琴家为品牌代言人也是贵族路线的体现。

第三步：产品独特卖点。乳品的营养主要体现在蛋白质的含量上，普通牛奶的蛋白质含量大部分为2.9%，而特仑苏的蛋白质含量超过3.3%，并且超国家标准13.8%，突出自己在营养成分上优于普通产品。为突出其独特卖点，在包装盒上将蛋白"3.3"

做了放大处理,这和普通纯牛奶形成明显区隔,从而吸引大批关注营养和健康的消费者。

第四步:扩充产品线。特仑苏通过细分品类,已经发展成为包括有机奶、全球精选牛奶、谷物调制乳、高端酸奶在内的多品类品牌。而产品价格也形成了丰富的价格梯度,在每箱50—120元之间,开发了不同的产品,从而完成了在乳品中高价位段的全面布局。

特仑苏已经成为蒙牛乳业的超级单品,2016年销售额首次突破百亿元,达到110亿元,占整体销售额的20%;2022年,突破300亿元,约占企业总营收的32%。

5. 通过高附加值的服务提升价值

超出客户心理预期之外的服务,其提供的产品价值才能超越产品的价格。对于乳品来说,其特点是消费者家中的日常消费品,消费量大,很多消费者有固定的消费习惯,让消费者消费更高价值的产品,才能使企业走出价格战的固有竞争模式。随着互联网的发展,年轻消费者更乐意通过线上的方式来完成购物,而乳品行业应用互联网服务及网下配售模式的企业,为消费者提供更方便、更多样的购买模式,明确了产品价值提升的方向。

案例 23

送奶到家——现代牧业

现代牧业是中国最大的（指 2012 年）奶牛养殖企业，年产鲜奶 180 万吨以上，2009 年 1 月投资 1 亿元，建立巴氏鲜奶和酸奶加工生产线，可日处理鲜奶 30 吨，每小时灌装 1 万瓶鲜牛奶和酸奶。现代牧业紧紧抓住当前高端牛奶就是安全奶、健康奶的消费心理需求，推出纯、真、新、鲜的好牛奶。现代牧业品牌的鲜奶和凝固型酸奶已在北京、天津、呼和浩特、包头、赤峰、太原等城市上市，受到消费者的高度认同，其提升产品价值的策略值得借鉴。

1. 选择大型商超进行终端销售，树立高端品牌形象

在大型商超内，现代牧业系列产品有专属销售货架，并配备 2—3 名专职导购人员，其导购人员统一服装，统一销售说辞，统一售价。从终端的陈列到导购人员的专业销售，处处表现品牌的高端性和稀缺性。

2. 产品诉求体现产品价值的新鲜和稀有

以鲜牛奶为例，其宣传产品的说辞如下：

（1）不含任何添加剂（增香剂、增稠剂）、防腐剂，绝对天然。

（2）原料奶全部精选于自己的现代牧场，从源头保障了牛奶的顶级品质。

（3）挤奶与加工一体全封闭、全自动运行，杜绝了中间环节的污染。

（4）挤奶到成品只需两小时，保证了奶品的最高新鲜度和最强的免疫细胞活力。

（5）采用巴氏低温杀菌工艺，最大程度保留了牛奶中的活性营养成分。

（6）鲜牛奶的保质期只有7天。

这些诉求和普通牛奶的诉求最大的不同是，量化某些指标的同时，直截了当地告知消费者产品的优势是什么。

3.创新销售模式

以会员制的方式进行产品销售为主，以现代商超的终端销售为辅。会员制销售的方式是以购买会员卡的方式进行，分为VIP月卡、VIP季卡、VIP半年卡和VIP年卡，购卡后即自动成为现代牧业的会员，可享受免费牧场直送等专属服务及会员价等专享优惠。其奶卡可以自己消费，也可以送给别人消费或者多人消费。

现代牧业通过预收款的方式，完成线上的订购和线下的配送，最终形成销售。而终端所售卖的产品价格略高于订购的价格，其目的在于促使消费者形成月度、季度等长期的消费行为，从而形成消费习惯。

4.产品价格

巴氏鲜牛奶每瓶250 ml，售价10元；酸奶每瓶250 g，售价12元。可以说现代牧业的产品是乳品中的高价位产品。如果是会员，其产品价格将会获得优惠，不同会员级别的优惠幅度也不同。

现代牧业和传统的送奶到户的不同之处在于，其产品的价格高于普通牛奶，同时通过对消费者的专业服务，提升产品价值。

价格战和价值战是相互转化的过程，当一个品类进入者众多的时候，竞争将会更加激烈，开创者所创造的蓝海将消失，从而逐渐进入红海，于是，价值战也会逐渐演变为价格战，这就是商业的规律。

从乳品行业发展来看，价格战依然会长期存在，这将是企业间争夺市场、提升销售规模的常规化竞争方式。为了企业的生存与发展，在某些时段，不可避免地通过价格战来达到阶段性的目的。

比如蒙牛为摆脱普通牛奶的价格竞争，推出特仑苏这样的高端产品，避开普通产品的价格战，企业获得了发展。随着特仑苏被市场认可，伊利推出金典纯牛奶、有机奶，光明推出优倍，三元推出极致等同类型的中高端乳品。随着市场中同类型产品的增加，价格竞争也越来越激烈，以2022年春节期间为例，特仑苏、金典等高端牛奶都纷纷打出特价销售的价签。

所以，产品需要通过不断创新，远离同质化，即使企业是品类的开创者，也需要通过不断地为消费者提供更高价值的产品，才能够持续建立竞争优势。

第二节 产品定价与价格体系

乳品企业进行产品定价的时候，首先要确定的是产品在整个公司的产品序列中的位置，明确产品的大致价格区间。其次是对目标消费人群的确定。不同的消费人群有不同的购买能力，目标消费群体决定购买力，产品价格要和消费者紧密结合起来。再次是确定产品价格及整个企业的产品价格体系，建立全方位的价格梯度。最后是产品定价的过程中，要充分考虑到企业、经销商、分销商、零售终端、业务人员等各个层面的利益分配。

一、影响产品定价的因素

产品定价，并不是最后呈现出来的价格这么简单，而是需要企业综合考虑多方面的因素：

一是竞品的价格。在定价的过程中，要充分分析竞品的价格构成及行业价格发展趋势，特别是原料供应、消费需求、企业成本、相关法律法规要求等因素之间的相互影响。

二是产品的目标消费群体。要针对目标消费者进行深入的洞察，调查清楚究竟哪些产品特点能够促使消费者决定购买，消费者针对此类产品的支付意愿如何等问题。

三是市场需求。市场是由消费要求、购买能力和购买意愿组成的，在进行产品定价时，要考虑消费者是否具备购买力，是否有购买意愿，这需要通过深度研究才能确定。

四是销售价格。销售的过程即交易的过程，制定价格的时候就要考虑可能出现的折扣、激励措施、返利等情况。对于渠道成员的预留利润必须准确计算，以防止在价格确定后而产生反复定价的事情。

这四个因素的内容具有很强的相互关联性，任何一个因素都能够影响到最终的产品定价，企业只有通过对产品定价的合理设定才能够在未来具备价格竞争力。

二、产品定价的方法

乳品企业的产品定价有三个方向:

方向一:从企业本身出发,根据成本来设定产品的价格,主要方法是成本导向定价法、参照物定价法和目标利润定价法。

方向二:从市场的角度出发,综合消费者、竞争者和市场规模进行价格设定,主要方法是撇脂定价法、价值定价法、渗透定价法和通行定价法。

方向三:需求导向的定价方法,围绕细分消费群体需求,通过体现产品价值而进行价格设定。

通常乳品企业的产品定价有六个方法:

1. 成本导向定价法

这是乳品企业传统的产品定价方法,通过核算产品的各类成本进而确定的价格。企业的成本可以简单分为固定成本和变动成本。固定成本是指不随生产或销售收入的变化而变化的成本,主要包括设备折旧、管理人员工资、增值税等;变动成本是指随着生产水平的变化而直接发生变化的成本,主要包括生产变动成本和营销变动成本,其项目有原料奶的周期性价格波动、推广费用、广告费用、物流成本、销售管理等。

例如:

江西某乳品企业的百利包纯奶即将上市,产品净含量为 250 g,通过成本定价法,来确定其产品的出厂价。当地原奶价格为 4 元/公斤;百利包包材 0.12 元/个;设备折旧、生产费用、管理费用等加工费用为 0.15 元/袋,公司预留毛利率为 30%,则百利包纯奶出厂价应为多少？

根据成本定价法进行测算（不含税），每袋产品的原奶成本为 1 元，包装材料成本为 0.12 元 / 个，设备折旧、生产费用、管理费用等加工费用为 0.15 元 / 袋，公司计划预留毛利为 30%，通过成本定价法计算得出，产品的出厂价格为 1.651 元 / 袋。

计算方法：

① 基础成本：1+0.12+0.15=1.27（元）
② 目标利润：1.27×30%=0.381（元）
③ 出厂价格：1.27+0.381=1.651（元）

2. 参照物定价法

所谓的参照物定价法，就是参照竞争者的产品价格进行定价。参照物定价法的优势在于，后进入的企业可以根据市场、消费者、渠道重新设定产品的价格。

基本有三个选择：一是高于竞争对手，二是和竞争对手价格保持一致，三是低于竞争对手。这三个定价方向的选择，决定着未来企业在市场运作过程中的策略。

无论哪种定价方向，最终的出厂价格就是参照竞品价格，企业需要通过倒推的方式确定各个环节的成本。

3. 目标利润定价法

目标利润定价法的特点是，首先确定一个总的目标利润，然后把总利润分摊到每个产品中去，与产品的成本相加，就可以确定价格。其计算公式为：

$$出厂价 = \frac{固定成本 + 目标利润}{预计销量} + 单位变动成本$$

假设原奶 4 元 / 公斤，每袋产品 250 g，原奶成本为 1 元；百利包包材 0.1 元 / 个；在销量达到 80000 份 / 天的时候，机器折旧、生产费用、管理费用等加工费用为 0.15 元 / 袋，公司每天目标利润为 24000 元，请问百利包纯奶出厂价应为多少？

$$出厂价 = \frac{(1+0.1) \times 80000 + 24000}{80000} + 0.15 = 1.55（元）$$

4. 撇脂定价法

又称高价法，即将产品的价格定得较高，尽可能在产品上市初期，在竞争者研制出相似的产品以前，尽快收回投资，并且取得较高的利润。随着时间的推移，再逐步降低价格，使产品在竞争中处于优势地位。（见表 4-1）

表 4-1 撇脂定价法的优缺点对比

优点	缺点
⊙利润高 ⊙回收成本快 ⊙认知质量高 ⊙利于品牌的建立 ⊙有降价空间 ⊙更新换代快 ⊙鼓舞士气	⊙抑制需求 ⊙易诱发竞争 ⊙大的竞争者挤入

撇脂定价法要想取得良好的效果，必须满足三个条件：一是产品的目标市场上存在对价格不敏感的消费群体，二是目标消费群体购买力强，三是暂时没有竞争者推出同类型的产品。具备这三个条件，则

可以采取撇脂定价法。

● 案例 24

光明畅优酸奶的定价策略

光明畅优酸奶在产品上市初期,采取高价位入市,通过撇脂定价策略,获得良好的利润收益。首先,畅优所定位的消费者是都市的白领女性,这群俗称"白骨精"的消费者,对减肥、美容、健康非常感兴趣,畅优的定位紧紧抓住这类消费群体的需求,以"通畅"的产品概念和"天天畅优,自然美丽"的宣传诉求,被都市女性接受。其次,目标消费群体的购买力强。最后,在达能碧悠和光明的生产合作终止后(即2007年4月以后),碧悠短期销售缺位,畅优暂时没有强有力的竞争对手。基于此,光明畅优采取高价策略。2009年,畅优单品销售已超过5亿元。随后,光明畅优系列产品推出,形成强大的产品群,其价格体系开始恢复到正常状态,2011年,推出畅优植物乳酸菌饮料,也获得了良好的市场效果。目前畅优旗下已有多达30多个细分产品,畅优家族平均每年都推出3个以上的新品。2012年光明畅优的年度目标增幅高达45%以上,销售额超过10亿元。2014年,畅优系列产品销售额达到14.1亿元。[①]

5. 价值定价法

价值定价法是根据消费者所理解的某种商品的价值,或者说是消

---

① 数据信息由睿农乳业研究部整理。

费者对产品价值的认识程度来确定产品价格的一种定价方法。其定价的关键是要正确地估计消费者的认知价值，而不是产品的成本。企业在运用此方法进行产品定价时，考虑更多的是品牌对消费者的影响力，而不仅仅是产品的成本。

对于一线品牌来说，在为产品定价格时完全可以高于普通的产品。但对于二线品牌来说，为消费者所提供的价值，则需要在同等质量条件下，价格比竞争者更有优势；或者是在相同价格的情况下，质量比竞争者更胜一筹。

案例 25

高原之宝牦牛奶的定价

高原之宝牦牛奶是来自海拔 3500 米以上的西藏高原无污染环境，产自原生态牧场，没有任何污染和基因改良的优质奶牛所产的牛奶。正是因为牦牛奶的稀缺性，所以企业在进行产品定价时充分体现了产品的价值。

高原之宝牦牛奶每盒售价 15 元（每箱 12 盒，售价 180 元），远远高于市场上乳品的价格，其支持的理由为：

（1）来自西藏无污染原生态牧场的牦牛奶。

（2）牦牛只能在高寒地带生存，其产奶量稀少。

（3）牦牛奶所含营养物质更为丰富。

借助于消费者对西藏天然纯净的自然认知和产品稀缺的特性，采取价值定价法，满足消费者的心理需要。

6. 渗透定价法

与撇脂定价法相反，是以一个较低的产品价格切入市场，牺牲高毛利以期获得较高的销售量及市场占有率，进而使成本因销量升高而降低。渗透定价并不意味着绝对便宜，而是相对于价值定价而言，相对便宜。（见表 4-2）

表 4-2　渗透定价法的优缺点对比

优点	缺点
⊙促进需求 ⊙市场占有率高 ⊙不易诱发竞争	⊙利润低 ⊙回收成本慢 ⊙认知质量低 ⊙没有降价空间 ⊙后续产品难以定高价

渗透定价法能够有效地打击竞争对手，阻止新进入者，由于其低价格特点，企业的毛利在初期较低。但企业可以在合适的时机通过产品的更新换代，进一步提升产品价格。

三、价格体系的制定

价格体系是指在特定市场区域内，某种商品针对不同市场条件、不同业态，结合整体营销计划而制定的一整套价格策略。价格体系包括出厂价、批发价、零售价、折扣、返利、物流费、促销费、广告费和业务费用等。

在乳品企业中，为产品制定的价格都不是单一的价格，而是一组结构性的价格，即价格体系。一般情况下，价格体系的制定有两种方法：

一是先制定出厂价格，再按渠道层次级别设计价格体系，为不同环节分配利润，顺着渠道供应链方向设计价格体系。

二是先制定出终端零售价格，再逆着渠道供应链方向设计价格体系。

乳品企业的销售渠道一般分为传统渠道、现代商超（KA）渠道、团购渠道、电子商务渠道等。不同类型的渠道应该有不同的价格体系，但终端零售价格最好保持一致，防止出现价格混乱和渠道间的窜货。

传统渠道的价格体系设计必须考虑到其销售渠道的长度，应按照每个环节的重要程度而设定相应的价格，要给予每个环节足够打动其销售的毛利空间。

西南A乳品企业的传统渠道成员包括一级批发商（相当于总经销）、二级批发商（总经销商下面的区域分销商，直接面对终端）、零售商（销售终端），以其中的三款产品的价格体系为例，来看看其产品的价格体系设定。（见表4-3）

表4-3 A乳品企业产品的价格体系设定

品项	规格	出厂价/元	一级批发商/元	利润率/%	二级批发商/元	利润率/%	零售商/元	利润率/%
巴氏袋奶	220 ml	1.5	1.7	13	2.0	18	2.5	25
瓶装酸奶	200 g	1.9	2.2	16	2.7	23	3.5	30
盒装纯奶	250 ml	2.1	2.3	10	2.6	13	3	15

1. 价格体系设计的方法

A乳品企业以普通产品为主，和竞争对手的产品相似度很高，几乎没有差异，采取参照物定价法设定出厂价格，据此向后进行推算，各级渠道成员的价格体系也参照竞争对手的价格而设定，从而形成企业的产品价格体系。

2. 价格体系设定与渠道成员间的关系

从其价格体系中，我们可以看出来，一级批发商的巴氏袋奶利润率为 13%，二级批发商的利润率为 18%，零售商的利润率为 25%。在这家企业的渠道成员中，一级批发商的利润率最低，终端零售商的利润率最高。这样设置的原因是：一级批发商所覆盖的销售区域更大，主要是看销售总量，总量大，利润就高；二级批发商处于中间环节，利润略高；从多个单品的价格体系来看，终端零售商的利润是最高的，因为这是销售的最后环节，能够直接影响消费者的购买决策，而其他渠道成员则承担着不同的角色，其所获取的利润也不尽相同。

3. 资源下移是 A 乳品企业价格设定的特点

资源下移是指把更多的毛利让给渠道供应链中的下游成员，以提高他们对产品销售的积极性。渠道成员离消费者越近，其对产品销量的影响就越大。A 乳品企业在设计价格体系时，把更多的毛利分配给渠道下游成员，以此提高他们的积极性，提高产品的销量。

4. 价格体系设计必须考虑利益均衡

利益均衡是价格体系设计必须要考虑的要素。

（1）对于同级别的市场，不同地区的渠道成员之间的价格要保持均衡，防止其窜货；也会存在不均衡状态，这种现象存在的原因是两个同级别市场相距较远，比如某个市场处于刚开发状态，其利润率可能就要相对高一些。

（2）保障同一地区不同渠道成员的自身利益，维持他们的心理平衡。经销商和分销商如何进行利益均衡？一般情况下，经销商的销售总量比下游分销商的要大，其付出的劳动和资金就更多，因此其总收益就应该更大；同时，由于经销商的销量规模比其下游任何一个分销商的规模都大，其销售单位产品所要求的劳动强度和精力就小和少，因此其单个产品收益就应该比分销商的小，也就是说其单个产品的毛利空间应该比分销商的小，这就是销量规模与毛利空间反向相匹配。

对于其他的渠道，如商超渠道、团购渠道、网络渠道等，其价格体系的设定也要遵循"两头沉"的原则，即一级批发商和终端零售商要给予较大的利润刺激，这样才能够真正地达到产品畅销的目的。

价格是"点"，价格体系是"面"，只有点、面结合，才能够在竞争中处于优势。价格要根据不同的市场、不同的区域而设定，维持渠道和市场之间的平衡，但要结合价格体系的"面"来进行，仅仅制定产品的价格不足以完成营销的使命，必须形成体系，才能够掌控市场的价格和利益分配。只有利益分配合理，才不会出现乱价，市场才能够向良性方向发展。

第三节　乳品企业涨价的策略与方法

乳品企业受各类成本增加的影响，产品涨价成为经常要面临的问题。涨价后，对渠道和消费者都会产生不同的影响，可能会形成市场波动，影响企业的销售。为降低因涨价而引起的市场不良反应，企业的每次涨价，都需要经过精心的策划，才能平稳地过渡到新的价格体系内。

一、企业涨价前要关注的三个问题

一般情况下,产品涨价都是因为成本增加,当然也有其他因素,比如产品供应紧缺,市场需求过大,造成供需不平衡等。不论哪种情况,在涨价之前,企业都需要通盘考虑市场发展趋势、竞争对手的动态和自身对成本增加的承受能力,并根据这些情况做出合理的涨价动作。

一是看市场发展趋势。企业通过对市场发展趋势的分析,对当下及未来的变化做出判断。市场发展趋势受国家政策、区域消费环境、消费者支出成本等因素的影响,比如"三聚氰胺事件"之后,国内各类奶粉企业的产品库存积压严重,如果国家不通过政策调控,则可能影响到整个行业的发展,于是国家相关部门出台政策,给予企业补贴,企业由于有国家的政策补贴,获得了短期的喘息机会。这就是国家政策带给行业的变化,价格维持着这个行业的稳定。

二是看竞争对手。市场经济的特点就是自由竞争,在企业涨价与否这个问题上,还需要关注竞争对手的动态,因为竞争对手就是自己的参照物,规模相同的企业之间的成本差异很小,观察、分析竞争对手的产品价格动态,其实就是"知己知彼",为自己制定价格策略提供依据。

三是看成本的增加是否在自己的能力承受范围之内。企业的规模决定着企业边际效益的利用率,如果一个乳品企业的年生产规模是 500 万吨,则会比一个年生产能力 50 万吨的企业在采购成本上具有更强的优势,因为采购量大,其相对采购成本就会更低。如果企业的成本增加情况已经超过企业的承受能力,则可以通过降低供应商的供应价格来达到降低成本的目的,如果不能够降低供应商的供应价格,则必须通过涨价的方法来达到企业经营系统的平衡。企业无论通过什么样的方法，都要保持一定的利润空间，只有如此才能够达到长久发展的目的。

二、产品涨价的策略

涨价成功与否，取决于两点：一是消费者对涨价后的认知，通过政策让消费者感觉并没有吃亏，当涨价的过渡期结束后，消费者基本会接受企业的最终价格；二是经销商和终端是否有利可图，只有在利益没有遭到损害的时候，他们才会积极地推动企业的涨价行为。

1. 涨价前的准备

一是要有涨价的充分理由。可以是原料成本增加，或是生产工艺改进，总之要有充分的理由说明涨价的原因，才能让经销商、零售终端和消费者相信涨价不可避免。

二是涨价策略确定。了解竞品的涨价信息，确定企业的涨价时机和涨价幅度。采取跟随涨价的方法，可以减少公共舆论的"炒作"，并可获得更多合作伙伴的理解。涨价的幅度可以自由掌握，既可以和竞品的涨价幅度相同，也可以低于竞品。而采取直接涨价的方法，则需要做好涨价信息的沟通，最好和渠道中各个环节达成共识，减少涨价所带来的负面影响。当然，企业作为商业机构，为追求更多的利益，在消费者不会流失或少量流失的情况下，涨价都是可以接受的。

三是涨价前要做好市场的铺垫工作。对于企业的核心客户，涨价前必须要做深度沟通，传递明确的涨价策略和涨价期间的相关支持工作，以打消核心客户的担忧。企业可以通过阶段性的累计销售奖励、终端的陈列奖励、买赠支持等方式，促进产品的销售，把涨价的消极因素降到最低。

2. 明确涨价的策略

一是试探性涨价。部分产品先行涨价。在成本无法降低的情况下，企业为了减少由于涨价而出现的不可预知的问题，稳妥起见，可以采取部分产品进行试探性涨价的策略。

乳品企业的产品一般分为两类：一类是敏感型产品，一类是不敏感型产品。所谓的敏感型产品，是消费者日常消费的产品，同时也是企业的跑量型产品，价格低，销量大，消费者对价格的敏感度很高，并且这类产品的消费者忠诚度不高。所谓的不敏感型产品，是指部分价格不是消费者首要关注因素的产品，消费者关注的是产品的价值感，对品牌忠诚度相对较高，由于产品的高品质、高价位的特点符合这类消费群体的心理需求，他们就不会因为价格发生变化而改变消费习惯。当企业把这两类产品确定后，即可对不敏感的产品进行试探性提价。因为这些产品所面对的消费群体较小，即使涨价后消费者发生消费转移，也不会影响到企业的整体现金流和整体的运营。

如果试探性涨价后，市场相对稳定，便可着手对其他的产品进行涨价。

二是跟随性涨价。企业在面临成本增加的情况下，特别是重要生产要素（比如原材料）涨价的时候，完全可以根据竞争对手的涨价情况采取跟随策略。此策略虽然被动，但风险相对较小，当所有的企业都面临成本增加，进而开始涨价的时候，中小企业完全可以采取跟随的方法，融入到市场的变化中去。但跟随涨价也面临另一个问题，如果竞争对手的涨价策略是有备而来，则可能配以相关的促销活动、广告宣传、渠道费用支持等，跟随企业如果没有进行全面的规划，只是在价格上进行跟随，很可能受到竞争对手的影响，在涨价之后，产品销售出现下滑。

三是转型升级涨价。转型升级主要包括企业的发展战略转型、产品升级、产品结构调整等，在企业采取这些决策之后，随之而来的就是企业的产品策略发生变化，比如从低价值产品向高价值产品转型，产品的概念升级、包装升级、营养指标提升等，这些企业行为必然要求企业进行成本的优化，此时也是产品涨价的机会。

3. 确定涨价的方法

（1）一步到位型，全线涨价。

受综合成本全面增加的影响，可以通过一步到位的方法，全线产品涨价。

全线产品涨价的优点是强势、干脆利落，但全线涨价也容易造成短期内销售量下滑，消费者发生消费转移的现象，要想杜绝此类现象发生，则企业必须做好涨价前的准备工作。

舆论工作：让涨价的理由更充分一些，可以转移消费者的注意力。

配套措施：让涨价的行为有更多的支持，比如促销，可以让消费者短期内接受涨价的事实。

（2）循序渐进型，不同产品，不同涨价幅度，不同涨价时间。

此为稳妥的涨价方法，通过不同产品的试探性涨价，如果获得消费者的认同，市场销售没有受到影响，则可以继续对其他产品进行适当的涨价。在整个涨价的过程中，要分步骤地完成涨价工作。

步骤一：产品分类。对各类产品的敏感度进行分析，并确定各类产品价格对消费者购买的影响。

步骤二：涨价的顺序。根据产品的敏感度分类，确定涨价产品的先后顺序。

步骤三：涨价的幅度。每一类产品在消费者心目中都有不同的价格定位，若产品的价格超越消费者心理预期，消费者就会寻找替代品，因此每类产品的涨价幅度要根据消费者对价格的敏感程度确定。

步骤四：涨价的时间。每类产品涨价时间的间隔是其涨价成功与否的关键。如何把握这个时间度？判断方法：第一轮产品涨价后，如果市场没有出现较大的波动，说明消费者认可涨价，则可以进行第二轮产品涨价；如果出现较大的市场波动，则要观察市场表现，寻找原因，直到市场相对稳定，再进行第二轮的涨价。总之，涨价时间的选择会直接影响到消费者的决策。

（3）涨价时机的选择。

各类乳品企业所面临的市场、竞争、消费环境都不尽相同，因此，选择产品涨价的时机也不尽相同，有选择淡季涨价的，也有选择旺季涨价的，还有选择其他时机涨价的。总之，不同时机下的涨价都要根据企业自身的情况进行选择。

销售淡季涨价。这是企业通常采用的方法。在销售淡季时，产品流动速度较慢，涨价行为可以让渠道各个环节及消费者有一个接受的过程。但要注意两点：一是零售终端因为涨价导致销售的积极性下降，从而影响产品的正常销售；二是消费者因为涨价而转移消费，购买其他产品。这两者会相互影响，进而无法准确判断涨价后对市场销售的真实影响。因此，需要企业在涨价后，加强对零售终端的管理，做好终端的基本销售工作，特别是要强化终端媒体化建设，向市场传递品牌的信息。

销售旺季涨价。旺季是产品销售量最大的时候，如果采取涨价措施，在一定程度上会影响终端的销售积极性，如果市场出现销售的波动，则企业就会比较被动。但旺季涨价也并不是不可行。当企业的产品是畅销产品，并且处于供不应求的状态时；当企业是市场上具有强大影响力的品牌，具有市场话语权的时候；当全行业的原材料成本都在上升，企业不涨价就要亏损的时候：是可以采取涨价措施的。

除了以上两种常见的涨价时机，节庆期间涨价也是常用的方法。中国人比较注重节庆期间的礼尚往来，所以这一时期也是乳品销售的旺季。为了加强对终端的控制力，很多企业往往会在节庆到来之前进行节后涨价的信息传播，从而促使终端在节庆之前进行产品的囤货。当渠道和终端在企业产品涨价之前有大批存货，并在节庆期间进行了销售，节后的产品涨价就顺理成章了。

4. 涨价后的工作

一是做好消费者的教育工作。产品涨价后消费者必然会在情绪上产生抵触，甚至会出现忠诚度降低，进而发生品牌转移[①]现象。因此要加强对消费者必要的教育：一是通过品牌宣传，进一步提高产品的曝光率；二是要传递产品理念，不仅关注产品的价格，也应该关注产品价值；三是针对终端开展多种形式的促销活动，给消费者适度的优惠，减轻消费者对价格的敏感度，巩固他们对品牌的忠诚度，稳住消费者就稳定了市场，同时也抵制竞品对市场的渗透。

二是预防竞品的价格干扰。如果企业领先涨价，则会给竞争对手留下短期的价格干扰时段，假如竞品不采取涨价措施，而采取促销、公关等市场行为，则会对企业的产品销售产生影响。企业的产品基本

---

① 品牌转移是指消费者从忠诚度高的 A 品牌转向 B 品牌的现象。

可以分为四个定位类型，即形象产品、跑量产品、利润产品、阻击产品，这四个类型的产品群都有各自的功能，在价格受到竞品的干扰时，有必要进行策略性打击。一般情况下，企业要保证跑量产品和利润产品的市场安全，在这两类产品受到竞品影响时，可以用阻击产品应对，甚至可以从跑量产品和利润产品中选取 1—2 个单品进行定向的打击，和竞品采取正面的价格竞争，稳定消费群体。

三是加强整合营销，稳定市场。对于普通消费者来说，价格是最直接影响其购买的因素，但产品质量、品牌美誉度、服务等也是不可忽视的。产品涨价后，企业应该强化品牌的塑造和服务的提升，发挥企业整体的销售能力，通过终端宣传、促销、导购、陈列、路演、公关等活动来提升品牌影响力，达到涨价不掉量的目的。

为保证涨价成功，乳品企业必须对消费者有所认识。一般情况下，消费者可以分为三类：一是价格敏感类。这类消费者没有品牌忠诚度，只选择价格最低的产品。二是价格不敏感类。这类消费者只选择适合自己的产品，价格只要适中即可，品牌忠诚度较高。三是冲动型消费者。此类人群有一定的消费能力，也有忠诚的消费品牌，但经常会发生消费转移现象。这类消费者比较容易受到终端拦截的影响，本来想好是购买 A 类产品的，结果在终端被 B 类产品的导购给拦到，随着导购的介绍，而发生冲动型消费，进而发生消费转移。

三、产品涨价的五大实操方法

涨价分为明涨和暗涨两种形式，明涨所引起的市场反应更为直接，暗涨直接的市场反应不明显。但消费者都会算账，无论明涨还是暗涨，都要做好预防措施,防止涨价后出现市场波动,影响企业长久的发展。

乳品企业的涨价主要通过五大方法实施:

1. 减量不减价

通过对产品的容量进行适当的降低,进而减少成本,产品的销售价格不变动,消费者购买的过程中,单位产品的价格没有变化,间接达到涨价的目的。

雪明乳业的纯牛奶是公司的主力产品,占总销售额的45%,其单品净含量为250 ml,零售价格为2元,受原奶收购成本增加的影响,此产品已经达到微利状态。处于同一市场的益达纯牛奶单品净含量为221 ml,售价为2元,其利润高于雪明,并且在竞争中经常通过促销活动冲击雪明。

鉴于此,雪明乳业对纯牛奶采取涨价措施:把纯牛奶的净含量降低到221 ml,但包装不做改变。雪明乳业减量不减价,通过悄无声息的方式进行了调价,虽然在初期有消费者反映说量少了,但看到同价位的产品净含量都一样,也就逐渐接受了,市场没有受到影响。

2. 涨价不减量

当各项成本都在增加,整个行业都处于涨价的情况下,企业通过对产品涨价,进而提升企业的盈利能力。直接涨价,即产品净含量、产品概念、包装等基本信息不做改变,简单直接调整价格体系。但涨价后,需要重新进行价格体系的设定,把涨价后的利益重新进行分配,以获得渠道各环节的支持。

2023年,随着白糖、原料奶的价格提升,雪明乳业售价2.5元的杯装酸奶已经把企业的利润逼向极限。经测算后,原料价格提升后单杯成本增加0.15元,基于此,企业开始着手涨价。

对比同类产品的价格，基本都是 2.5－3 元，企业决定直接把单杯的价格提升到 3 元，价格提升后所产生的利润，企业进行重新分配。为保证涨价后产品的销售不受影响，企业决定对渠道的各个环节进行销售激励，制订了 3 个月的奖励计划，超额完成者，奖励额度比原来增加 30%。经销商和终端零售商的利益并没有受损，反而有所提升，纷纷支持涨价行为。

3. 分拆价格构成巧涨价

企业通过分拆原来的价格构成，提升对消费者的服务，进而达到涨价的目的。

大澳乳业是一个以送奶到家业务为主的企业，原来消费者订的牛奶，是免费送到家，其产品的价格构成单一，只有产品的价格，没有服务的价格。因此，企业把产品的价格体系调整为产品价格＋送奶到家服务费相结合的模式，调整后送到家每份牛奶每天要增加 0.2 元的服务费，由于消费者有消费习惯，因此还可以接受。

4. 更换产品包装进行价格调整

通过对产品的概念、包装设计、包装材料等进行升级，从而对产品的价格做出调整。此种涨价方法在乳品企业中比较普遍，通过涨价，基本都能够平稳过渡，其原因就在于：产品的内在实物可能没有变化，但产品的形象发生变化，仿佛是新产品，进行价格调整，消费者相对容易接受。

通常有四种形式可供企业选择。

形式一：纯粹对产品包装进行升级。产品包装设计发生根本性的变化，方便进行产品涨价。

形式二：不但包装升级，产品的净含量也发生变化。净含量降低后，对产品包装进行重新设计，价格不变，实为变相地进行产品涨价。

形式三：包装升级后，提出新的产品概念。产品的内容物不发生变化，但重新赋予产品一个概念，提升产品的价值，进而可以名正言顺地涨价。

形式四：包装略作改进，净含量不变。产品包装的核心元素不变，整体的包装风格改变。

5. 降低成本巧涨价

通过降低产品成本，提高单品的毛利，属于间接的涨价。降低成本的风险在于，产品口感可能发生变化，从而影响消费者的消费体验。

降低成本有三个方向：一是生产效率提高，进而达到单位成本的降低；二是通过供应商转换产品的配方，在保证质量的前提下，间接降低成本；三是通过简化产品的包装材料或者适当降低包装材料的品质，降低成本。

西南某乳品企业，低温产品中有一款八连杯红枣酸奶，由于产品的历史悠久，有稳定的消费群体，其价格很难提高，但随着生产及产品原料价格的增长，这款产品处于亏损边缘。企业经过充分的准备，对渠道商和消费者都进行了涨价的信息传递，涨价幅度仅为 5%，即八连杯产品零售价格涨了 0.5 元，结果产品销售量迅速下滑。不得已，产品最后又恢复原价。最后在产品研发公司的协助下，通过替代产品中的相关辅料，在产品口感几乎没有变化的情况下，降低了产品的综合成本，一个处于亏损边缘的产品成了盈利型产品。

第四节　乳品企业涨价之后的营销策略

产品涨价之后，如何保持自身在市场的竞争优势？要从企业市场营销的基础层面开展工作。

一、全面梳理，重新规划产品线组合

对于大部分乳品企业来说，第一步要做的就是全面梳理公司的产品线，重新规划产品的组合。

市场研究发现，消费者对低档乳制品价格的敏感度较高，而对于高档产品价格的敏感度反而较低。根据这种情况，要想稳定消费者对产品的忠诚度，必须开发出适合不同消费者的产品，对于低价值的产品，只要能保证不亏损即可，而对于高附加值的产品，必须寻找到让消费者购买的理由，促使消费者持续购买。

一般情况下，大众化产品是稳定市场的，同时也是培育新的消费者的重要手段，而一些高端的产品是满足少数消费者的消费需求的，这些才是利润的来源。不要在消费者敏感的产品上下功夫，以免引起更残酷的价格战，必须通过产品创新，开发高价值产品来增强自身的竞争力。

山东的一家乳品企业，面对成本增加的现状，不得不进行产品涨价，通过对50多个单品进行梳理，重新定位每个品类的角色，制定了涨价的策略。

公司的三大品类分别是纯奶、酸奶、果味奶。纯奶是基础，也是

销量最大的产品，但利润比较薄，维持现状，目的是稳定消费者；酸奶在整个行业都是处于上升趋势的产品，要保持优势，但酸奶的成本较高，通过对利润贡献的分析，对其中几个利润贡献较少的单品进行淘汰处理，对利润贡献较高的几个单品进行了重新规划，集中精力做好利润产品；而对于果味奶也进行了重点产品的规划，淘汰了部分销量小又没有利润的产品。

通过对不同产品的重新规划，组合成了一系列有冲击力的产品结构，在市场上也发挥出了各个产品的优势，市场占有率和利润率得到了提升。

二、促进销售，非主流渠道的利用

非主流渠道都是相对的，对于大型乳制品企业来说，可能 KA 是主流渠道，而街边的小店是非主流渠道；对于中小企业来说，也许街边小店是主流渠道，而 KA 却是非主流渠道。

取长补短，是企业在营销上快速发展的法宝。大型企业可以深挖社区内的小店，设立专卖点；对于中小企业来说，可以有计划地与 KA 合作，在里面设立"牛奶专柜"，把宣传做好，形象就出来了，销量就上去了。

对大部分乳企来说，以上两类渠道实际都是比较传统的类型。还有一些特殊渠道，比如水果店、烘焙店、单位食堂、早餐店等，这些终端类型也可以进行乳品的销售。比如科尔沁酸奶，产品进入了好利来、龙凤呈祥等蛋糕烘焙店，并和这些终端建立起具有排他性的约定，独占这个销售渠道，所以产品的销售就比较好。

产品涨价之后非常重要的工作是促进产品的销售，要通过渠道之间的配合，明确渠道角色，提高铺货率，扩大销售量。

三、促销+传播：方法多样化

面对涨价，为了让市场不出现动荡，就需要有合适的营销方法。对大部分乳企来说，以下两个方面是很重要的：

1. 促销活动

一般情况下，企业容易采取减价、搭赠礼品等传统促销活动，但只有新颖的活动才能让消费者动起来。比如采取联合营销的方式，通过与乳制品相关的企业联合进行，比如和面包生产企业联合，进行科学早餐促销，满足消费者早餐缺失的需求，特别是广大白领人群，工作繁忙，早餐无法科学打理，这种方式可以满足他们的一种需求，毕竟现在消费者的健康意识在不断增强。这种"1+1"的联合方式，是双赢，也可以提高彼此的影响力。

2. 传播手段

（1）地面社区传播：社区是消费人群比较集中的地方，可以通过宣传牛奶知识、DM（快讯商品广告）投放、现场传播等手段提高产品的知名度，影响消费者的消费选择。

（2）网络传播：在互联网时代，要充分利用新媒体。比如小红书、抖音、快手、视频号等，是年轻人业余生活中不可缺失的一部分，这些都是可以进行品牌、产品传播的互联网平台。

（3）私域传播：这是对目标消费者的精准信息传递，要通过对产品价值的塑造，让消费者感受到价格是产品价值的体现。即使是产品涨价，也有道理，前提是把涨价的理由讲清楚。

产品涨价之后,企业要找出适合自己的对策,但关键还是产品的有效创新,满足消费者的需求,无论怎么涨价,只要对策得当,一样能够创造好的业绩。

案例 26

价值战:蒙牛酸酸乳从价格战向价值战方向的进化

乳品企业从价格战向价值战方向的进化,是通过多个层面的工作进行的。通过对产业链的建设,打通上下游各个环节,从而建立起企业的竞争优势,这成为当前乳品企业形成竞争力的重要手段。价值战是为消费者提供更高的附加值,从产品方面来说,就是通过不断的产品升级,不断提升产品的竞争力,从而获得消费者的认同。

蒙牛酸酸乳是蒙牛乳业集团的一款核心产品,作为其年销售额 60 亿元规模的品类(2012 年),其发展的过程,就是从价格战向价值战不断转变的过程。酸酸乳家族的系列产品从价格战到价值战的转变中有三条路线,形成了完整的价值链:

路线一:包装不断升级。从最初简单的百利包酸酸乳,发展到利乐砖酸酸乳,2009 年推出康美苗条装的果蔬酸酸乳,2011 年推出 PET 瓶装的酸酸乳营养牛奶饮品。(见图 4-2)

图 4-2　蒙牛酸酸乳

图片来源:火爆食品饮料招商网(睿农乳业研究部制图)

路线二：价格与价值的统一。蒙牛酸酸乳每换一次包装，其产品价格的竞争力就会提升。从普通的百利包、利乐砖到康美苗条装，其产品升级一次，就会打击一次竞争对手，我们只看到蒙牛被竞品不断地模仿，而没看到被超越，这就是价值所在。

路线三：产品概念升级。"酸酸甜甜就是我"是蒙牛酸酸乳自2004年起就开始传播的口号，其产品概念为酸酸甜甜；2007年，酸酸乳产品进行升级，添加"益菌因子"，其广告口号改为"营养升级好吸收"；2009年，蒙牛在酸酸乳的基础上，进一步升级产品，添加果蔬汁、牛奶的果蔬酸酸乳成功上市，其广告口号为"新组合，更营养"；2011年，新推出的PET瓶酸酸乳营养牛奶饮品，虽然其广告口号没有发生变化，但产品的类别名称"营养牛奶饮品"，让人感觉其营养价值更高。

2012年，蒙牛的传播口号依然没有变化，酸酸甜甜我做主！但其产品的概念诉求略微发生变化，益菌因子大于1000 mg/包，数字化的概念凸显，开始进一步强化功能性的诉求。（见图4-3）

图4-3　2007－2012年产品概念升级

蒙牛酸酸乳系列不断升级，并结合市场最新流行趋势，持续推出新的产品。2022年10月，乳酸菌果茶系列上市，口味包括桂花鸭屎香、柠檬红茶、柚子绿茶。

从蒙牛酸酸乳饮料的发展轨迹不难看出，其产品通过不断升级，提升价值，从而逃离了价格战的泥潭。

蒙牛酸酸乳的发展就是不断为消费者提供产品的高附加值的一个过程，在市场上没有强大竞争对手的时候，是普通的酸酸乳类产品；当市场上出现了很多的竞争对手时，蒙牛果断地推出新概念产品，即添加了益菌因子的酸酸乳，以保证产品的附加值和产品的竞争力；当所有的竞争对手都开始添加各种菌种的时候，蒙牛又先行一步，开发出来添加果蔬汁的酸酸乳，产品依然具有较高的附加值，于是，在酸乳饮料这个品类中，蒙牛一直在引领着行业的发展。

评析：

（1）当蒙牛酸酸乳借助于《超级女声》迅速风靡全国的时候，各类型的乳品企业都开始生产同类型的产品。竞争加剧后的结果就是采取价格战，蒙牛借助于规模优势，不断和竞争对手展开基于价格的竞争，这促使所有参与百利包酸酸乳市场争夺的企业的毛利普遍降低。蒙牛开始逐渐摒弃最初级的包装形式百利包，推出利乐砖。

（2）蒙牛通过不断地更新品牌的形象和诉求，提升酸酸乳品类的价值。很多乳品企业没有洞察到这一点，不断跟进，最后参与价格战，成为鸡肋产品。而蒙牛则通过不断的产品升级，为消费者提供更新颖的价值，成为品类的引领者。

第四章 | 定价定天下，涨价有方法

定价方法

定价就是定战略，而定价的方法也决定着这个产品未来的竞争方式。这六种定价方式出发点各不相同，成本定价法是从企业自身的角度考虑，参照物定价法是以竞争对手为参考，目标利润定价法围绕限定的利润进行定价，撇脂定价法采用初期高价策略，价值定价法则按照自己的主观认知进行定价，渗透定价法则是通过低价策略进行定价。（见图4-4）

无论采用何种定价方式，最终都要考虑市场的竞争环境、对各环节的利润分配以及未来的发展策略。

图4-4 定价方法

产品涨价五策略

产品涨价是营销过程中不可避免的工作，要通过合理的涨价方法，使涨价对市场的影响最小。（见图4-5）

157

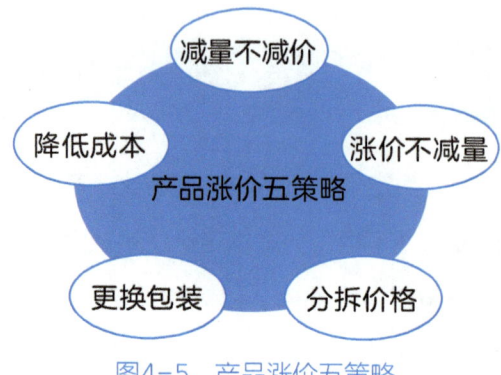

图4-5　产品涨价五策略

第五章

渠道变革，
终端为王

第一节　乳业渠道的类型与发展

一、乳业渠道的类型

1. 传统分销渠道模式

传统分销渠道模式是指厂家通过经销商、分销商、零售商[①]等商业环节把产品传递给消费者的通路网络。主要有以下四种类型（见图5-1）：

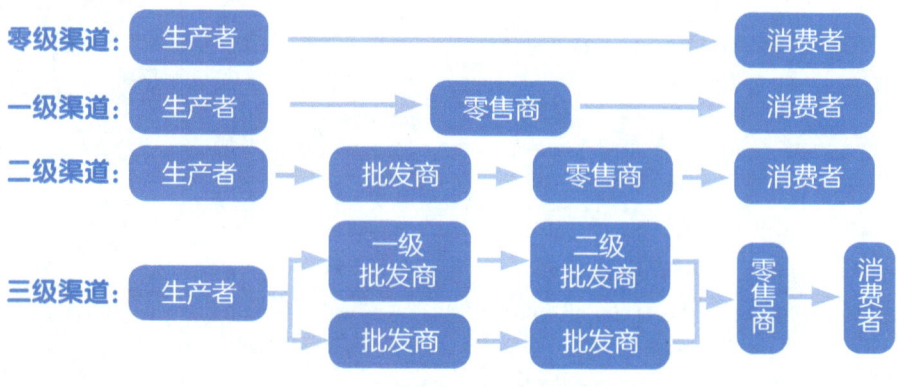

图5-1　分销渠道类型图

（1）零级渠道。从生产商直接到消费者手中，也可以说是直销渠道。此类型渠道省去中间环节，生产商可以让利于消费者。

[①] 零售商是分销渠道的最终环节，是将商品直接销售给最终消费者的中间商。通常所指的销售终端简称为终端，是零售商所拥有的销售场所，也称为终端店。

（2）一级渠道。从生产商到零售商，由零售商销售产品给消费者。很多厂家采取直营终端的方式进行产品销售，虽减少了中间环节，但企业的管理成本会比较高，需要庞大的销售队伍支撑。

（3）二级渠道。此渠道类型分为两种情况：一是由厂家通过中间商把产品销售到终端，由终端把产品销售给消费者；二是由厂家通过批发商把产品销售到终端，由终端再销售给消费者。此类渠道形式是普遍的形式，厂家尽可能地减少对渠道的直接管理，进而减少销售管理费用。

（4）三级渠道。产品由生产商通过批发商、中间商（二批商）、零售终端三个环节才到消费者手中。

从以上这四种渠道类型中可以看出，零售商是绕不开的一个环节，它是连接消费者的关键。乳制品的零售终端又可以分为以下三个类别：

（1）现代渠道。主要包括超市、卖场、便利连锁店等零售终端形式。这些终端是随着市场的发展而发展起来的。超市和卖场由于产品齐全，可以满足消费者一次性购物的需要，成为厂家都必须面对的终端；便利连锁店，这种形象统一、购买便利的终端由于其分布在城市的各个角落，满足了消费者方便购物的需要而得到快速的发展。

（2）传统渠道。与现代渠道终端相对应的是传统渠道终端，主要包括食杂店、社区食品零售店、面包店等终端形式。

（3）特殊销售渠道。主要包括餐饮店、酒店、学校、团购等终端形式。这类销售渠道具有自身的特殊性，不是常态下的销售，但也是乳品企业不可忽视的终端类型，比如餐饮店，由于其具有封闭性，消费者在店内选择购买乳品时，更具有便利性。

2. 直销渠道模式

乳品企业通过直销模式进行销售由来已久，主要分为三种形式：

（1）送奶到户。消费者通过设立在各个社区的奶站或者公司指定的网站、APP等进行产品的订购，公司获取订单后，把消费者的订购信息传递给送奶员，由送奶员按时把产品送到消费者家中的一种封闭型的渠道形式。（见图5-2）

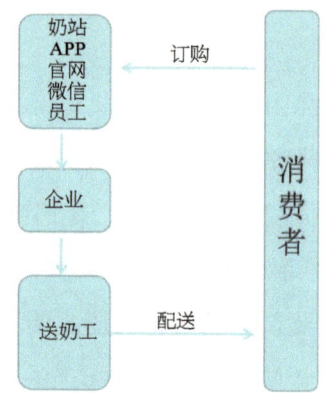

图5-2 直销渠道模式之送奶到户

送奶到户由于其渠道具有封闭的特征，一旦建立庞大的订户数量，销售就会非常稳定。这个渠道模式历史悠久，区域性乳企中比较普遍，比如南京卫岗、天津海河、山东得益、威海嘉盛、福建长富等都是到户渠道的佼佼者。当然，头部品牌也有到户业务，比如光明乳业、三元乳业等，连伊利、蒙牛也都在进行到户业务的尝试。

（2）直接零售。由企业的员工或者直销零售商[①]每天通过零售的形

[①] 直销零售商是指企业所招募的按照销售提成而建立的销售队伍。他们和公司没有劳动关系，但受公司相关制度的约束与管理，也可称为零售商。

式进行产品的直接销售，销售的直接对象是消费者。相当于企业直销。（见图5-3）

图5-3 直销渠道模式之直接零售

最典型的企业是养乐多，通过养乐多妈妈进行产品的直接销售，目前在中国有49个分支机构及6家生产基地，有大约3000名负责家庭配送直销的养乐多妈妈。[①]

（3）自动售货机。由公司在社区、机场以及商业中心等适合配备乳品自动售货机的地点进行产品销售，这种形式一般都是企业的补充型渠道。（见图5-4）

图5-4 直销渠道模式之自动售货机

这种类型的渠道不仅伊利、蒙牛、光明等乳业巨头已经投入市场，区域性乳企中，也有很多企业在社区、机场等地进行布局，比如庄园牧场、花花牛、得益等。

[①] 何丹琳：《如何靠两款饮品"打天下"？我们和中国养乐多老大聊了聊》，2021年5月29日，https://baijiahao.baidu.com/s?id=1701083246969580492&wfr=spider &for=pc。

3. 泛电商渠道模式

泛电商渠道包括平台电商（如天猫、京东等）、社区团购（如兴盛优选、十荟团等）、微信商城、社群团购、新零售（如盒马鲜生等）、短视频/直播电商等。这些基于互联网技术支持而产生的新兴商业渠道，正成为乳品消费者购物的重要途径。（见图5-5）

图5-5 泛电商渠道模式

泛电商渠道正在成为乳品企业必不可少的渠道类型，全国性的乳企伊利、蒙牛、光明、君乐宝、飞鹤等，区域龙头天友、卫岗、天润等，都纷纷加大此类渠道的市场投入。

目前乳品企业的销售渠道呈现多元化的特征，不同类型的企业所选择的渠道也不尽相同。比如以常温为主的企业其主渠道可能会选择现代商超和传统零售终端相结合的形式；而以低温为主的企业可能会选择直销订户渠道，通过送奶到户建立自己的渠道优势；而婴幼儿奶粉企业可能会选择现代商超和自建终端的形式进行销售，通过建立自己的消费者数据库（比如通过终端 APP 进行目标消费者的数据采集），进行精准的售前、售后服务，从而完成产品的销售；当然，泛电商渠道在每一类乳企中的重要性也越来越高，这是未来的渠道发展趋势。

二、乳业渠道的发展

乳业渠道的发展从单一渠道形式逐渐演变成为当前的复合渠道。1980年代以低温巴氏奶为主，渠道是以零售和送奶到户为主；到1990年代后期的常温奶（UHT）[①]快速发展阶段，渠道也在进化，不仅有送奶到户，还有传统零售终端、KA、便利连锁、特通等；进入2000年以后，互联网的发展，促使消费者的购物方式发生变化，电商成为新兴的销售渠道模式，并从最初的平台电商发展成为当前的泛电商渠道。

1. 散奶直供零售

散奶直供零售：是指养殖户或者厂家把无加工或者简单加工（巴氏杀菌）的牛奶直接销售给消费者或者按照消费者要求送到指定地点的一种销售形式。

在1980年代，部分养殖户通过自己养牛，自己挤奶，自己到社区进行销售的形式，来满足部分居民对乳品的需求。一般是用玻璃瓶（一般是用输液用的葡萄糖空瓶）把牛奶装起来，送到社区的门卫或其他固定地点，订户再自己过来取；或者是每天下午和早上的固定时间送奶到小区后，通过吹哨子告知订奶的消费者牛奶已经送到了，让订户下楼过来取奶。在这个阶段，物质匮乏，私营经济刚刚开始兴起，成规模的乳品厂又少，只有家中有老人、小孩或病号才可能在国营的企业订奶，而个体养殖户生产的基本都是没有经过加工的散奶，但依

---

① UHT：Ultra-high temperature instantaneous sterilization的简称，是鲜奶处理的一种灭菌工艺，通过135℃－150℃、2－8秒的超高温瞬时灭菌，保质期可达1－6个月，且无须在10℃以下冷藏保存。

然会有很多有需要的居民会订购。

目前散奶直供的形式有所发展，在山东、河北、山西、河南等地出现了鲜奶吧，他们每天通过养殖场把新鲜的牛奶送到奶吧店中，经过巴氏杀菌，销售给消费者，消费者也可以采取订奶的形式，先付奶款，每天定时到鲜奶吧取奶。（见图5-6）

图5-6　鲜奶吧

2. 送奶到户

送奶到户：是指消费者通过乳品企业的员工、APP或其他相关平台进行订购牛奶，由送奶人员在约定的时间内把产品送到指定地点的一种销售形式。

1980—1990年，受生产技术限制，大部分的液态奶，都是低温产品，冷链设施不完善，乳品的销售并没有大规模地进入到各类零售终端，送奶到户是这个阶段最重要的渠道，由于封闭性强，是区域性乳企的核心竞争力所在。

1990年代中期，随着UHT技术的引进，常温乳品开始大规模出现，乳业进入快速发展时期，各类企业开始转战常温乳品市场，送奶到户进入低谷。2008年"三聚氰胺事件"之后，低温乳品市场转暖，送奶到户业务进入较好的发展期，此前坚持走低温巴氏奶路线的企业，通过丰富产品线，调整产品结构，提高服务水平，在整个乳品转型发展的大环境下，获得了良好的发展。比如南京卫岗，2020年2月达到150万份的总订单量，覆盖百万家庭；光明作为低温乳品的代表型企业，其送奶到户渠道的数量保持在日均180万份的量，高峰时超过200万份；威海嘉盛乳业日均超10万份乳品送到消费者家中，在区域市场成为领先的品牌；也正是因为送奶到户业务的存在，在历次乳品行业危机发生的时候，这些企业依然保持强大的市场影响力。（见图5-7）

图5-7　嘉盛乳业送奶到户业务的奶箱

3. 传统零售终端

零售终端：是产品到达消费者完成交易的最终端口，是面对面地向消费者展示产品，并进行交易的场所。

随着常温产品的出现和大规模上市，为方便消费者购买，零售终端铺货成为乳品企业的基本动作。乳业的主要零售终端分为两类：一是传统零售渠道，包括食品百货店、日杂店、食品零售店等。二是现代零售渠道，包括现代商超（通常称之为 KA）、卖场、便利连锁店等。

1990 年代后期，随着伊利、蒙牛常温产品的推出，整个行业刮起产品结构调整的风潮，各类型的乳品企业都开始推出常温乳品。由于各类零售终端的产品陈列面积是有限的，这就形成了终端的争夺，陈列费、堆头费、进场费等都水涨船高，各个厂家在竞争中，采取促销战、价格战、广告战，而中小型的乳品企业，由于其资金实力和市场营销能力的不足，部分被淘汰出局，行业集中度不断地提高。

4. 乳品专卖店

乳品专卖店：分为合作型专卖店和自建型专卖店。合作型是指某个传统渠道的零售终端，经过和某个乳品厂家协商，由其进行店面装修，需要专卖其厂家乳品的零售终端，类似于终端买断经营[①]。自建型专卖店是由乳品厂家自行选址、开业、管理，自己经营，自负盈亏；或者采用加盟的形式，厂家用品牌、产品和经营模式向社会招募加盟商，由加盟商经营，自负盈亏的店面。

乳品专卖店的出现是市场竞争的结果，在全方位的零售终端对抗中，居于劣势的区域性企业，果断地采取对部分终端支持的策略，即建立终端的专卖店。于是，食杂店的门头换成了某乳品专卖店的门头，这种具有排他性质的终端零售店，在初期，对竞争对手是一种打击。

---

① 企业通过对终端的投入，包括门面装修、陈列费用支持等，并同其协商，不能售卖其他竞品的乳品。

随着竞争的加剧,乳品企业的零售毛利开始下降,乳品专卖店或专卖点①的利润也开始下降,这些专卖店或专卖点就不再和单一的厂家进行签协议,而是开始经营更多厂家的产品,谁家的毛利高,就经营谁家的。于是,第一波的乳品专卖店、专卖点开始衰退,成为乳品企业的公共终端。

在这个过程中,厂家也看到乳品专卖店的巨大商机。在一些销售好的专卖店内,日销售乳品可以超过5000元,甚至更多,于是厂家开始进行自建专卖店,比如重庆天友乳业,其在重庆市中心的专卖店,高峰时月销售达20多万元,这样的终端不仅企业可以自控,还可以赢利。于是,中国的区域性乳企进入到第二波的乳品专卖店的建设中。

这些自建的专卖店,使厂家对市场的掌控能力进一步地提高,并且也形成了新的竞争壁垒,在自建的专卖店内,只销售企业的乳品,竞争对手无法进入,这不但提升了企业的品牌形象,也成为企业的竞争力。比如河南三色鸽乳业的专卖店、重庆光大乳业的专卖店(见图5-8)、温州一鸣乳业的专卖店等。

图5-8 重庆光大乳业奶牛梦工场专卖店

---

① 专卖点是指乳品企业在某个终端零售店设立的独家销售网点,不能售卖竞争对手的产品。

5. 复合渠道模式

复合渠道模式：是指乳品企业在产品销售过程中，采取多种渠道类型相结合的方式来构建的渠道结构。不同类型的乳企，其复合渠道的构成也不相同，虽然大部分企业都是全渠道运作，但差别很大，除了自身的主渠道，其他渠道都属于辅助型的。

第一种：全渠道模式。

渠道的选择与企业的产品结构有关，不同的产品需要不同的销售渠道。对于全国性的乳品企业，基本都是采取全渠道运作的方式。在全渠道模式中，现代商超和副食商店（食杂店）是各个品牌的主战场，渠道中的陈列、铺市、促销等营销手段在竞争中发挥着重要的作用。对于特殊渠道（如餐饮店），厂家一般会采取开发专销的产品进行销售，如伊利的餐饮专销产品、三元的餐饮专销产品等。送奶到户渠道依然是部分全国性品牌的销售渠道之一，如光明、三元乳业，在核心市场上海和北京都拥有数百万以上的固定订户，消费稳定，品牌忠诚，是企业的优质渠道之一。电子商务已经从乳企的补充渠道变为重要的渠道，并从平台电商扩展到现在的泛电商渠道。

运用全渠道模式的企业主要集中在超大型乳企，比如伊利、蒙牛、光明等，但也有部分区域性乳企采用，比如天润、三元、卫岗等。

第二种：现代商超+传统零售渠道+到户渠道。

现代商超和传统零售终端是乳品企业销售常温产品的重要渠道，而到户渠道则是低温巴氏奶销售的重要渠道。

佳宝的渠道构成主要是现代商超+到户渠道+传统零售渠道。佳宝的商超渠道分为大卖场、连锁超市和连锁便利店，大卖场建立品牌形象，连锁超市是销售的主要来源，连锁便利店是补充；送奶到户渠道是核心市场济南的主渠道，曾突破 18 万份 / 天，通过片区管理中心对各自区域的奶站进行管理，分片划区，保证能够覆盖济南的所有区域；传统零售渠道主要是 C/D 类的终端网点、早餐店等终端；特通渠道主要负责一些批量购买的客户，如单位、学校、酒店，作为整个渠道的补充。（见图 5-9）

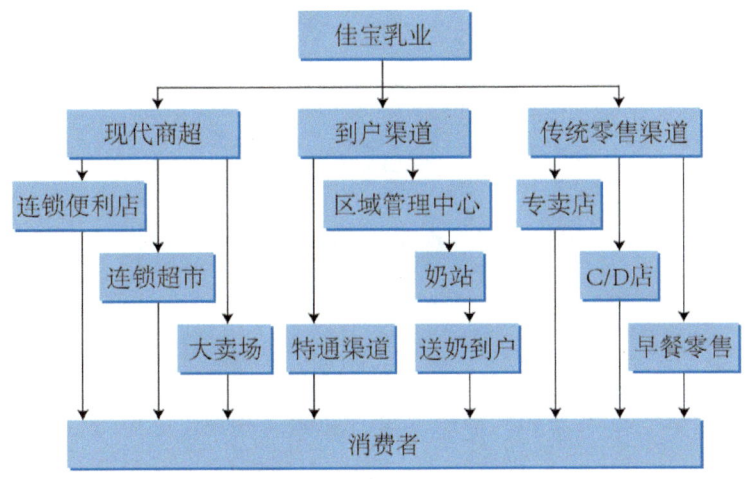

图5-9 佳宝乳业的渠道结构图

第三种：现代商超 + 送奶到户。

现代商超是企业的补充渠道，主要用于品牌形象的树立，同时，在自己的"主场"（核心市场），要不断强化自己的竞争优势，而现代商超则是最佳的选择。送奶到户的企业基本都是城市性乳企，一个城市成就一家企业，在某个区域具有较强的品牌影响力，以低温产品为主，送奶到户是企业的主渠道。

送奶到户渠道通过分布在城市的奶站完成产品的中转，由各个奶

站的送奶员把产品送到消费者的家中，完成销售全过程。（见图 5-10）

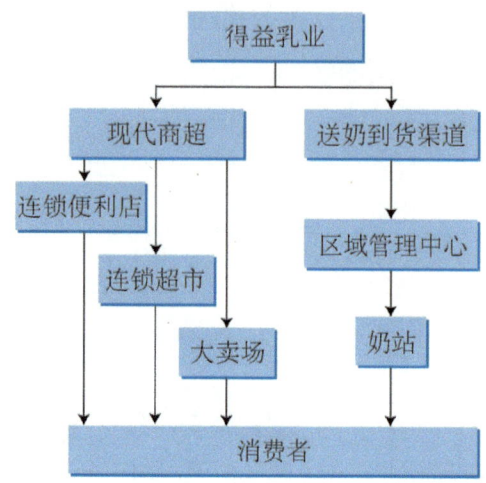

图5-10　得益乳业的渠道结构图

商超渠道是得益的补充型渠道，要想做到"主场"（核心市场）第一，在品牌形象、终端销售等方面需要强势的投入，以低温为主的得益乳业，在传统终端上销售产品不现实，因为低温产品销售需要满足两个条件：一是需要冷链环境，产品要在低温度的情况下才能保证质量；二是要保证产品的新鲜度，这是低温产品的特点。而传统渠道的零售终端很难满足这两个条件，只有通过商超进行销售是最佳选择，一是有冷藏设施，可以保证产品质量；二是人流量大，可以用最快的速度产生销售，保证产品的新鲜度。

第四种：专卖店+现代商超。

专卖店是企业渠道的主体，现代商超是补充。由于专卖店渠道的壁垒较高，成为此类企业在市场建立渠道优势的关键，但随着市场发展的需要，其他渠道类型也逐渐开发，形成了以专卖店为主的渠道结构形式。

河南三色鸽乳业以乳品专卖店为主渠道，在河南省南阳地区，其分布在市区、县城、乡镇的近千家专卖店（包括加盟店）完成整个市场的布局。从整个市场来看，其乳品专卖店的封闭性完全拒竞争对手于门外，同时，每个专卖店就是一个品牌形象店，经过统一装修，店内统一布置，公司进行统一管理，成为当地消费者购买乳品的第一选择地点。随着三色鸽乳业的产品线扩展，其常温乳品的中、高端产品的推出，需要进一步地扩充其销售渠道，进入现代商超渠道不但可以树立起新产品的品牌形象，同时也可以在主战场之外开辟新的销售阵地，逐步向全渠道覆盖方向发展。（见图5-11）

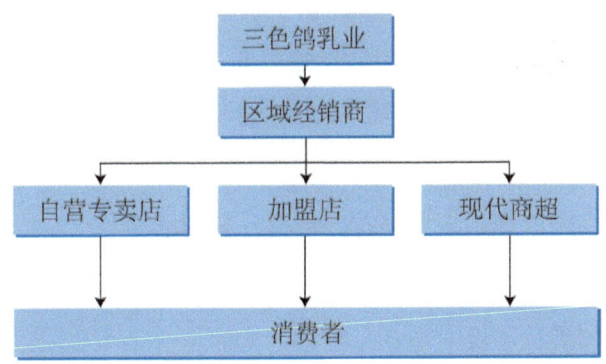

图5-11 河南三色鸽乳业的渠道结构图

以上四种渠道模式并不是固定的，不同的企业在不同阶段会进行调整，根据市场发展需要进行渠道扩展。比如现在的很多乳企，都已经开展了泛电商渠道的布局，只是参与程度不同。渠道的发展要与时俱进，才能够更快地满足消费者随时随地购物的需求。

三、渠道管理数字化

基于互联网技术的进步与发展，销售渠道的管理进入数字化时代。

传统销售终端（包括 KA 系统）已经采用销售过程的数字化管理。业务人员可以通过终端业务数据的采集，进而完成销售的订单、终端管理、工作进程的即时上传等，使业务管理人员能够随时掌握市场动态。

业务人员通过手机 APP 的数字化终端采集器进行信息采集：终端的可视内容采集，包括堆头、陈列、店面等可通过拍照进行数据输入；可记录数据采集，包括终端库存、销售量、进货量；竞品信息采集，包括竞品的促销、政策、新品等。

对于定期的终端促销活动实施，也可以通过数字化管理工具实现即时管理。定位系统可以即时地反映出业务人员的工作动态，短视频、照片等都可以反映出终端促销活动的实时状况，进而能够更加有效地对终端销售工作做指导。

数字化终端管理系统能够有效地提升管理水平。

一是管住人。业务人员的拜访轨迹清晰可见，拜访终端的名称、时间有明确记录。

二是管住店。将店面、经销商、负责业务员有机地整合在一条信息中，当各级管理人员查看某个店面运行情况时，能够清晰、明了地看到每一个店面各个负责方都是哪些人、哪些经销商。

三是管住物。终端的订货数量、品类、周期、是否有赠品等都可以很明确地查到，并把这些信息传递给相关的责任人。

送奶到户渠道的数字化管理，本质是对消费者的服务效率的提升。

通过数字化管理，消费者可以在相关平台进行订单的更改，可以掌握物流的动态，使之获得更好的消费体验；而企业也可以通过数字化管理平台，及时解决消费者遇到的各类问题，更重要的是企业通过数字化工具积累了丰富的客户信息，对于停止订奶的客户可以进行有效的激活。

乳品企业送奶到户渠道的数字化升级，需要通过三个步骤实现：

第一步，企业需要搭建一个数字化平台或者应用已有的平台（比如有赞等）。通过市场推广活动，引导老用户使用平台，比如通过平台订奶可获得额外的优惠或赠品等。

第二步，做好相应的服务配置。首先要有专职的后台运营人员，既要随时解答订户的在线提问与反馈，也要定期发布线上活动信息，并组织引导订户积极参与；其次是线下服务人员，要分区域指定线下客服，及时根据平台指示，快速处理客诉问题；最后是平台功能配置，比如通过增加订户修改订单、物流信息显示、活动信息、互动游戏功能、积分管理等一系列线上平台功能，增强消费体验，增加订户黏性。

第三步，充分发挥数字化运营的优势，进一步巩固和拓展会员。一方面，巩固会员，就是要及时准确地掌握订户不续订的原因，通过数字化的后台管理，出台相应维护措施，提高订户续订率。另一方面，数字化运营能够帮助企业积极拓展服务场景，能够逐步满足消费者随时随地喝奶的需求，实现从"送奶到户"到"送奶到场"的升级，进一步扩大企业的到户业务。

四、泛电商渠道崛起

泛电商渠道，就是指所有基于互联网而形成的新兴商业渠道，能够方便消费者随时进行购物。常见的电商模式主要包括 B2C、C2C、C2B 和 O2O 四种。在这些模式下，又形成了多种电商类型，比如平台电商、社区团购、直播电商、社交电商等。

1999 年中国电商起步，在过去的 20 多年中，乳品企业也从最初的观望到现在的拥抱，大部分乳品企业都已经在渠道经营中加入了电商板块。平台型电商主要集中了大型乳企和特色乳企，其产品具备大范围销售的优势；社区团购、短视频/直播电商等形式已经有更多的区域性乳企加入其中；新零售模式正成为特色乳企的新渠道。总之，乳品企业都在根据自身的情况进行电商渠道的选择，这正在成为新的趋势。

以下四种电商形式是乳企可以选择的类型：

1. 直播电商

互联网技术的提升为近几年直播电商的快速发展提供了良好的基础条件。与其他形式的电商相比，直播电商最大的优点在于能够通过动态的画面带给消费者实时的消费体验。

直播电商平台主要分为两类：

一类是在平台电商中，直接嵌入直播功能。例如我们常见的淘宝和京东直播等，这些采用的都是直接在平台中内嵌的直播功能，也就是把直播作为电商平台的附属品存在，通过直播来吸引更多消费者了解产品以及促销活动。

另一类是以内容为主的直播平台，比如我们常见的抖音直播、快手直播、视频号直播等，通常都是通过其短视频的内容去做直播的引流，用户观看短视频的时候可以直接观看直播，点击购物袋中展示的商品进行购买。

2. 私域电商

所谓私域电商，即企业针对自己的私域粉丝开展的线上营销活动。私域是相对封闭的网络空间（比如企业控制的微信群等），针对私域流量开展的营销活动也更加高效。当面对同质化竞争的市场环境，私域流量会成为品牌的护城河。因此，每一家企业都需要长期持久地建立自己的私域流量池，并开展针对性的营销活动。

乳企建立私域流量的方法主要有三种：

一是通过官网、官微、公众号等向自己所控制的微信号或者群内导入目标消费者。几乎每一个乳品品牌都会有品牌新闻、促销活动、官方商城、牛奶知识等内容，企业通过对这些内容的日常更新及经营，就可以不断吸引目标消费者的关注，逐渐积累粉丝群体。

二是通过品牌活动吸引目标群体。比如，通过活动前期的宣传，吸引消费者扫码关注，既可以导入企业公众号，又可以单独建群。

三是营销者自己的朋友圈群体。每个员工通常都有数百至数千的朋友圈好友，而企业往往至少有数百名员工，这些员工的朋友圈好友，就构成了一个庞大的潜在粉丝群体，而这一群体由于跟员工熟识，对品牌自然更加信赖，是企业的种子用户，以此再不断裂变，又会进一步扩大粉丝群体。

私域流量的建立，信任关系是根本。品牌只有在扩大私域流量的同时，建立消费者信任，才能提高粉丝忠诚度，有效地实现销售。对于多数中小型的区域乳业，就需要充分利用好公司平台和员工朋友圈，依靠有吸引力的内容，持续建立消费者信任。

3. 平台电商

至今，国内电商行业得到了快速的发展，随着淘宝、京东、天猫等电商平台规模的不断扩大，对实体经济的影响也越来越大。这些传统电商都是流量为王，我们所看到的大量的电商广告，都是为了获取流量，因为有流量才能为平台带来销量。虽然以拼多多、抖音等为代表的社交电商以其互动性和更好的分享体验而快速崛起，但淘宝、京东、天猫等传统电商平台通过不断进化，也具有了社交功能，比如，这些平台电商也在做直播，并且也是做到了头部。时至今日，这些平台依然是全网流量最大的电商平台之一。

由于这些传统电商平台拥有巨大的流量，品牌商在平台的竞争就异常激烈，每一个品牌都希望自己的产品出现在首页，获得更多消费者的关注。这就使得企业需要花钱买流量，谁费用投入大，谁销售的机会就多，但如此一来，企业利润就很难保证。从这一点来看，这些传统电商本质上就相当于线下的 KA，企业需要投入巨资来买陈列，买堆头，做促销。

4. 团购电商

团购是通过消费者自行组团、专业团购网站、商家组织团购等形式，提升用户与商家的议价能力，获得商品让利，最终购得商品的一种形式。其中社群团购和社区团购是乳品企业参与最多的两种形式，社区团购是以小区或某个商业区为基础，基于覆盖本区域的人群进行产品的销售；社群团购是以团长[①]为节点，通过朋友圈进行辐射，并产生销售的形式。

哪里有市场机会，哪里就会有竞争；哪里有需求，哪里就会有供应。团购虽然是电商中目前发展很快的一种渠道形式，但由于其低价

---

① 团长：指社区团购中供货商与用户之间的中间人，也可以称为团购活动的组织者。

的特点，对于很多乳品企业而言，并不是最佳的选择。如果产品有差异化并与其他渠道的产品没有冲突，依然可以运作此渠道。

第二节　渠道变革方向

渠道是抵达消费者的末端环节，消费者在哪里，企业的渠道就应该拓展在哪里。我们发现，很多乳企在传统渠道上的运作还比较粗糙，缺乏管理，在当前大变革时代，渠道的转型必须围绕消费者的购物习惯而改变。互联网成为渠道的基础设施，一切传统的渠道都要接入到数字化系统中，只有如此，才能够不断地提高渠道的效率，满足目标消费群体的需求，提升企业的竞争力。

一、线上线下渠道融合，提高经营效率

线上渠道和线下渠道都有各自的优势，如果能够做好两者的融合，则企业在渠道的竞争力将会成倍增加。线上作为新兴的渠道形式，有多种类型，我们统称之为泛电商渠道，具有两个特点，第一是具备传播的特点，第二是具备销售的特点。线下渠道虽然是以销售为主，但也是一个重要的流量入口，完全可以利用线下有利条件，引导消费者到线上平台进行购买、交易。

两个渠道在运营的过程中，需要做好产品的区隔，从而减少渠道间的冲突。线上渠道是24小时"不打烊"的渠道，消费者随时都可以下单进行购买，而线下渠道则是有固定营业时间，需要提高单位时间内的销售效率。因此，线上和线下渠道在未来将成为统一的全域化渠

道。乳品企业在渠道运作的过程中，必然要协调统一两者之间的关系，尽可能多地覆盖目标消费群体，提高产品销售的机会。

2020年开始的新冠疫情，导致线下渠道的运营受到影响，但整个乳品行业的销售并没有停滞，反而依然获得了较好的增长。2020年行业销售规模4195.58亿元，同比增长6.22%[①]；2021年销售规模达到4687.38亿元，增长10.26%；2022年销售规模预计达到4900亿元，同比增长约5%。很多乳企在疫情期间逆势而上，获得增长，其关键就是线上渠道的提前布局。

案例27

逆势增长的兰格格

兰格格乳业地处内蒙古乌兰察布地区，在企业快速成长的这些年中，线上的营销从来没有停止过，从最初的微商到线上平台，从社群团购到直播电商，通过不断的尝试和运作，积累了丰富的经验。在新冠疫情期间（2020—2022年），逆势增长，复合增长率超过30%，成为新兴品牌中增长最快的企业。兰格格在疫情期间，展开全员营销，上至总经理，下至导购员，通过朋友圈进行产品的宣传与销售，在防疫措施全面保护下，冲破层层障碍，把产品送到消费者的手中。在2020年疫情期间，兰格格对武汉市场的产品供应并没有停止，虽然送货司机去一趟回来要隔离，物流成本是平常的两倍以上，但兰格格还是对武汉的

---

① 数据来源："奶业经济观察"公众号。

商超进行供货，成为疫情期间不断货的品牌。在疫情平稳之后，产品销量在当地市场快速增长，成为消费者优先选择的品牌。

兰格格的增长，来自于整个渠道系统的快速反应，在疫情严控期间，经销商自发地进行区域市场的线上传播，通过短视频、直播等形式进行品牌的宣传。其新品天边的额吉获得100%的同比增长，成为在局部市场的超级单品。

目前，更多的乳品企业开始关注线上渠道，并开始有意识地和线下渠道进行结合，使之能够达到线上和线下的融合，提高效率。线上线下渠道的融合，能够进一步覆盖目标消费群体，在信息碎片化的时代，品牌的露出机会更多，产生的品牌影响力更大。

二、泛电商渠道多维度触达消费者

越来越多的消费者选择通过泛电商渠道购物，其便捷性也促使更多的乳品企业开始泛电商渠道的运作。这些基于互联网而产生的新兴商业渠道，正成为消费者购物的重要途径。

平台电商是以天猫、淘宝、京东、拼多多及其他垂直平台电商等为主的互联网渠道。这些渠道成就了最初参与其中的企业，并利用平台庞大的流量，塑造了一批新兴品牌。认养一头牛就是其中之一。

2020年9月7日，认养一头牛在天猫旗舰店的粉丝超过500万人，成功超越伊利、蒙牛，成为天猫旗舰店乳制品行业粉丝量的TOP1，也是天猫乳制品类别首家突破500万粉丝的品牌。2014年成立的认养一头牛，就是通过线上运营获得消费认知，并获得快速发展的企业。

社区团购成为近年新兴的泛电商平台，以社区便利店为依托，通过"预售+自提"的模式为用户服务，兴盛优选、美团优选等是领先的社团平台。作为家庭消费的日常食品，乳品正在成为各个社团平台不可缺少的产品类别。更多的区域性乳企已经参与到社区团购中，并在其中尝到甜头。

新零售（O2O）成为线上线下结合最紧密的渠道类型。自从盒马鲜生开出第一家店后，传统的零售市场的模式就发生了改变，它以新鲜类产品为主，不仅可以在店内消费，也可以在店周围1公里内快速送到家。新零售模式的核心在于更加方便消费者，产品品质更加新鲜，品质更好，这反映出消费升级所产生的新需求。盒马鲜生之后，更多的新零售业态出现，永辉、大润发、家乐福等等都纷纷成为新零售的拥抱者。通过线上下单，线下配送的模式，满足了消费者随时随地购物的需要。

总之，泛电商渠道正在成为乳品企业不断尝试与拥抱的渠道类型，这些渠道的变革关键是能够站在消费者的立场考虑问题，满足消费者个性化的需求，满足消费者"懒惰"的需求。只要能够满足消费者的某些需求，企业就有机会获得发展。

三、前向一体化，自建终端渠道壁垒

区域性乳企面临两种竞争，一是渠道的竞争，其关键是自身掌控渠道的能力弱，特别是在KA类的终端，话语权缺乏，费用较高；二是竞品的竞争，在产品同质化的情况下，区域性乳企无法突破乳业巨头所构建的价格、推广、渠道、产品等壁垒。

基于这样的市场情况，渠道前向一体化成为乳企强化对终端控制而采取的做法。

前向一体化是指生产型企业为获得分销商或零售商的所有权或加强对它们的控制，从而采取乳品销售专卖的方式所建立的渠道类型。

主要分为四种形式：

一是和终端合作式建店，即通过和零售终端的协商，达成合作协议，在店内专销企业的乳品，企业对其进行店面形象包装、费用支持等形式；二是企业直接开店，通过直控终端的形式进行产品销售；三是加盟开店，即向社会输出全系统的店面运营和品牌，形成对乳品店的管控；四是在社区投放自动售货机，进行乳品的销售。

前向一体化，使企业对终端的掌控力度加强，利益最大化，同时终端店的建设也是企业形象的展示，可以促进销售的提升。渠道前向一体化，成为众多区域性乳企规避竞争、建立差异化的一种模式，让区域性乳企的产、供、销进一步紧密结合，成为在各个环节都能够自控的渠道模式。区域性乳企通过掌控自有渠道，成为建立竞争壁垒的一种方法。

四、送奶到户业务的渠道扩展

送奶到户是传统的区域乳业的经营模式，近年来，随着互联网的发展，更多的区域性乳企的到户业务开始下滑，为什么出现下滑的现象？原因在于：

一是碎片化的渠道分化了消费者。不同的消费者购买乳品的渠道并不相同。比如近年来整体销量下滑的传统大型商超，只有部分有空余时间的消费者会去购买商品，而年轻的消费者则直接在各类泛电商平台上购买，消费者购买渠道的多样化，体现了当前渠道碎片化的特征。

二是泛电商渠道方便消费者随时随地购买。智能手机的普及，让消费者购买物品的便捷性更高，在追求性价比的消费心理下，各类泛电商平台成为消费者选择产品的重要渠道形式。电商平台购买、退换方便，已经成为年轻消费群体重要的购物渠道。

三是送奶到户业务的便捷性并没有突破。送奶到户是规律性的消费行为，对于没有形成稳定消费习惯的消费者来说，在订奶、停奶过程中需要和送奶人员进行沟通，这并不是他们愿意做的事情。而更多年轻的消费者以周期购①的形式进行乳品的购买，这种形式更便于消费者控制。

今天送奶到户业务的发展，已经不仅仅局限于企业自建到户业务团队去做，而是要充分地利用社会资源，提高效率。

有三种形式可以提高送奶到户数量：

一是到家业务的跨界联合。生鲜类产品随着社区团购的发展，进而成为快速增长的新型渠道类型，乳品企业完全可以通过和生鲜类电商合作，提高产品配送到家的机会。

二是和新零售渠道合作，开展到户业务。新零售渠道已经通过自建配送队伍和应用第三方的配送队伍，进行产品的配送到家。乳品企业可以通过与新零售渠道的合作，成为其到家业务的一部分，进而拓宽企业自有的到家业务，覆盖更多类型的消费群体。

三是企业展开周期购。根据消费者不同消费场所、不同消费场景，进行产品的配送。周期购的优势在于可控制，每个月定期对订购用户进行产品的配送。可以充分利用第三方物流，来完成"最后一公里"的配送，企业省去了对配送队伍的管理，提高了效率。

---

① 周期购：消费者一次性付款，企业周期性地配送产品，比如每周一次等。

送奶到户业务渠道的革新，不仅仅是渠道本身的变革，更重要的是要在渠道变革的同时，乳品的新鲜教育能够同步进行，只有这样，才能够让跨界合作更有意义。

五、传统渠道的终端媒体化建设

传统渠道是乳品行业最重要的销售渠道之一，是产品从企业到消费者的重要环节。要想提高传统渠道的终端影响力，扩大销售规模，则需要进行终端媒体化的场景建设，吸引更多的消费者去关注。

终端媒体化是指把终端按照媒体传播的特征进行建设，把终端当作媒体进行打造，通过多个维度进行产品信息的传播。其建设的核心目的就是提高品牌的曝光度，让消费者进入终端后，能够最快地发现。只有消费者发现你，才可能去了解你，只有了解你，才可能购买你的产品。

如何进行终端媒体化建设？要根据消费者购物的动线，来设置相关的场景。要建设能够"看到、听到、尝到"的全方位场景，立体地对目标消费者产生影响。

看到：在地面上，要有地贴，使消费者能够感受到走进了你的品牌世界；要有堆头，让消费者能够感受到货卖堆山的感觉；要有插卡，向消费者传递重要的购买理由。

听到：在终端需要企业有LED（发光二极管）播放屏，能够随时向消费者介绍产品、介绍品牌，让消费者能够听到你的品牌的声音；要有终端导购人员的叫卖声，吸引消费者的关注。

尝到：无论是什么样的产品，最易于做的推广方法就是让消费者品尝，导购人员要积极地邀请消费者进行品尝。在这个过程中，你才有机会向其介绍产品，只有消费者对你的产品了解得更多，其购买的可能性才会更高。

终端场景化，就是通过让消费者看到、听到和尝到产品，向消费者发出购买的信号，促使其行动。

渠道变革必然是以消费市场的变化为基础，满足消费者随时随地、方便地购买产品才是渠道的价值。在乳业的增长过程中，渠道所承担的分销功能更加重要，无论是线上渠道还是线下渠道，其界限也将越来越模糊，渠道间的融合将会越来越多。归根结底，企业在渠道变革中做的核心工作就是找到离消费者最近、让消费者最易于购买的渠道。

第三节　区域性乳企渠道建设五大策略

区域性乳企可以通过市场差异化选择、区域市场拆分、规范终端建设、布点结网的方式进行渠道建设。

一、市场下沉——差异化的区域选择

区域性乳企大都是围绕城市市场展开经营活动，而随着中国城市化进程的加快，原来的乡镇、乡村市场正成为拥有巨大消费潜力的区域。乳企要避开在一、二线城市的激烈竞争，完全可以进行市场下沉，通过差异化的区域选择，通过重点投入，获得竞争优势。

山东 B 乳品企业，多年来只是局限于企业所在地 Z 市，销售规模

一直徘徊在八千万元到一亿元之间，无论是品牌知名度还是销售额都不如全国性品牌 H 乳业。如何才能够在企业有限的投入的情况下，获得超越期望的发展？

B 企业通过以下步骤完成了市场销售的升级，成为区域市场中的佼佼者：

（1）市场选择。企业内部一直在讨论是继续走城市化市场还是农村市场，两种市场的选择所进行的投入是有很大差异的，如何用尽量少的市场投入来保证销量？经过综合考虑，企业选择乡镇作为重点市场投入。

（2）活动形式选择。乡镇市场的特点是分散，如何根据这样的特点进行有效的品牌营销？要考虑什么样的活动才能够更为广泛地对消费者的购买产生影响。经过分析，最后选择了大篷车巡回品牌宣传为核心的营销推广形式。

（3）活动时机的选择。每个乡镇都有固定的集市，每月的初一、初八、十五（农历）四乡八村的农民都会来"赶会"①，如果能够利用好这样的时机，既可以通过"集市"宣传品牌，同时也可以产生销售。

（4）促销形式选择。乡镇及农村消费观念还不够成熟，要通过让消费者"占便宜"的方式来做活动。最后确定的是"免费品尝，买就送"的促销形式，让消费者能够看得见实惠。

通过在乡镇市场的长期运作，B 企业在当地市场的影响力进一步扩大，同时也成为当地消费者最信赖的品牌。

---

① 赶会："会"指乡镇或农村在特定日子（如每月的初八等）所举办的自由交易市场，"赶"就是去参加的意思。

二、市场拆分——区域市场提量的方法

经销商在运作区域市场的时候，容易出现疲态，如何解决这样的问题，提升区域市场的增长率？对于企业来说，通过对市场的拆分，可以达到一个良好的效果。

昆明某乳品企业在运作区域市场的时候，由于原有的经销商已经在 K 区域经营 3 年，每年的销售量虽有所增长，但和公司的增长情况相比，还有很大的差距，如何保证此区域的增长？

经过和经销商的沟通，制定了每月增长率达到 20% 的销售目标，如果经销商在 K 区域达不成目标，则企业采取拆分市场的方法对销售区域进行重新划分。经过 3 个月的市场运作，经销商没有达成目标。公司依据约定把 K 区域划分为三个分销区，由三个分销商进行市场开发与管理，经过半年的时间，总销量同比提升了 50%，企业超额完成预定销售目标。

市场拆分综合来看，有以下几种，企业可以根据自身情况做选择：

1. 按照其区域进行拆分

把原来的大区域划成小区域。通过小区域的运作，促使各个分销商在有压力的情况下完成销售目标。区域拆分的本质是企业运用深度分销的方式来挖掘市场潜力，提高销售网点的覆盖率和渗透率，强化终端管理，最终达到销量提升的目的。如果区域没有拆分，经销商可能就不会去关注空白网点和其他渠道，比如团购、特通渠道等。由于经销商服务的区域小，则必须在服务上进一步地提升，而不会出现销售终端库存量已经不达标了，但经销商还没有去送货，被竞争对手抢先而丧失销售机会。

2. 按渠道进行拆分

区域经销商对各类渠道的掌控能力是不同的，发挥经销商的长处，让其做最擅长的事情，则可以更好地服务终端，提升销量。具体来讲，可以分为商超系统、便利店系统、传统零售终端、特通渠道、送奶到户等渠道，经销商可以按照自己擅长的渠道来进行选择。

3. 按品类来拆分市场

为每一个品类寻找到一个分销商，对公司来讲，可以实现利益最大化。比如上海绿加乳品饮料公司生产五大系列产品，包括乳品系列、果汁系列、儿童乳饮料系列、酸酸乳系列等，在区域市场运作的过程中，绿加即按照系列产品来进行经销商的开发与管理，这样既能够让经销商专注于某些品类的市场开发，也利于公司对市场的管理，让经销商能够有紧迫感。

通过市场拆分，经销商进一步深耕市场，完善渠道管理，企业达成销售目标，经销商虽然有压力，但也有更多的收益。

三、终端建设——看得见，买得到

如何让消费者购买企业的产品，终端建设是必不可少的工作。终端建设的关键，是陈列生动化，要货卖堆山。

1. 陈列生动化

对于不同类型的终端可以采取不同的生动化的方法，比如社区便利店，位置是关键，由于店面的面积小，选择一个陈列的位置后，可以在宣传物料的运用上进行创新，在地贴、收银台、门口的POP（售点广告）等地方都能够传递出产品信息，这些产品信息就是陈列生动化的一种形式，只有吸引消费者的关注，生动化才能产生价值。

2. 货卖堆山

对于重点的终端，要促使其多进货，可以把产品堆放在门口或者显眼的位置，辅以促销信息，让消费者感觉到这是个畅销产品。另外就是给予终端店政策，提高进货量，形成销售压力，扩大销售量。

对于终端店不仅仅是能够把货铺进去，更重要的是产品陈列的生动化、产品陈列的丰满度，这些都决定着销售的最终结果。要让消费者能够看到产品，能够随时买到产品，这就是终端建设的关键。

四、布点结网——重点终端必须占领

企业前期的铺货工作，是为了让消费者在终端能够看到产品，完成一个初步的销售沟通工作。这远远不够，对于终端的最佳销售位置，不仅仅是一个厂家在争夺，是更多的厂家都会去关注。

因此，对于位置好、销售量大的销售网点，是必须占领的，可以采取以下方法：

1. 利诱法

这些位置好的终端之所以不好攻下，是因为在那里，销售根本不是问题，只要产品在终端展示，就可以产生销售。如果终端店主不认可你的产品，无非就是利益不够吸引人，或者是和终端的客情关系没有建立好。如何进行利诱，可以采取循序渐进的方法进行，只要终端没有下最后的"逐客令"，你就可以拿不同的政策和终端进行沟通谈判，其实这些店只要给予足够的利益支持，都可以拿下来。

2. 夹击法

在无法攻下某些终端的时候，可以采取夹击的方法，在周边的网点进行铺货，并进行适当的促销，特别是同类产品的促销，力度要大，最终要能够影响到重点终端的某些产品的销售，从而达到在目标终端铺货的目的。

终端铺货要做到点面结合，先铺点，再形成面，布点结网，让产品无处不在，消费者才购买得方便。对于重点终端，必须采取有效措施攻下，这不仅是品牌形象，也是销售的重要阵地。

五、全域渠道——做好线上和线下渠道的融合

随着电商的发展，乳品的销售已经形成了线上和线下两种渠道类型。线上渠道的便捷性成为年轻消费者越来越依赖的购物场所，而线下渠道则是以家庭为单位购物的主要场所，这两者之间能够全面地覆盖各类消费群体。乳品企业只有进行全域化（即线上渠道和线下渠道一体化）的渠道运作，才能够抓住更多的销售机会。

要做好全域渠道，就需要进行全局的考虑：

1. 要减少线上和线下渠道的冲突

在产品销售的过程中，线上渠道的产品和线下渠道的产品要形成相对差异化，在产品的定价方面要照顾到两个不同渠道消费群体的不同需求。

2. 要加强线上渠道和线下渠道之间的品牌协同性

流量是线上销售的基础，企业要充分地利用线上的流量，加强品牌的传播力度；而线下是静态的终端形式，要强化终端媒体化的建设，

提高品牌的影响力。

3. 要提高线上渠道和线下渠道之间的融合度

从促销活动到新品上市，从流量互引到场景营销，两者的融合度越高，销售的机会就越大。比如可以在线下的乳品专卖店进行直播，线下既是销售场所，也是直播场景，两者可以相互影响。

威海嘉盛乳业以送奶到户渠道为主，在春季订奶旺季，除线下社区的推广活动外，还开启了线上直播订奶活动，通过公司全体员工的线上宣传，从初期的上百人在线，经过半年的努力，在一场新品上市的线上发布会中，直播间达到 1.8 万人次的观看量，达到了超预期的宣传效果。把销售工作转移到线上，实现了线上和线下渠道的相互融合，达到宣传和销售的一体化，这是未来乳业渠道建设的发展方向。

第四节　区域性乳企如何运作商超渠道

商超（KA 系统）由于其多品类经营，满足了消费者日益增加的一站式购物需求，成为众多企业市场开发过程中不可缺少的渠道。而作为区域性乳企，其所拥有的资源又相对有限，如何有效地运作商超，从而在竞争激烈的市场中能够脱颖而出？

一、进入商超前对自己的产品进行评估

商超虽然是很诱人的销售终端，但并不是对每一家企业都适用，如果你的产品不能适应商超的销售或者你对商超的运营不熟悉，在运

作的过程中就会事倍功半,甚至你的销售利润连费用都不够。那么区域性乳品企业该如何进入商超,并进行有效的运作呢?

我们首先要明白自己的产品能否为商超带去利益,同时也要清楚自己的产品进入商超的目的是什么。如果这两个问题能够搞明白,其进入商超就有较高的双赢基础。如果仅仅是满足商超的需求,而企业的需求不能满足,就没有必要做商超渠道了。

因此,进入商超前,要对自己的产品进行评估,可以通过以下几个方面进行(见表5-1):

表5-1 产品评估表

内容	产品概念及包装形式			价格体系			市场支持			盈利能力		
各利益方	企业	竞品	商超需求	企业	竞品	商超需求	企业	竞品	商超需求	企业	竞品	商超需求
基本情况												
结果对比												

评估的过程就是在寻找企业自身的优劣势,寻找和商超的利益共同点。当找到利益共同点后,如果企业能通过自身的资源满足双方的需求,接下来就要考虑如何进入商超了。

二、如何获得商超的认可

当商超的需求和自身的资源能够相匹配的时候，一般情况下，很多厂家采取的方法就是通过业务人员与商超的采购进行谈判。但由于自身的品牌影响力有限，区域性乳企在进入商超的时候大部分都处于弱势地位，如何去改变在进场谈判的时候的弱势地位呢？

知己知彼是赢得战争胜利的关键，在营销的过程中也是如此，要想在和商超的谈判中扭转对自己的不利局势，至少要做到以下四点：

1. 对商超所销售的同类产品及盈利能力进行研究

厂家销售人员可以通过第三方信息和现场观察进行分析研究，比如在进入目标商超前对商超的乳品布局、导购情况、消费者购买习惯等因素进行分析，进而测算同类产品在商超的盈利能力。

2. 要学会替商超算账

当通过现场观察了解到当前乳品的布局，同时进行销售预估后，就可以对自己的产品与已经进场的产品进行对比，通过销售量和销售额的测算，进一步说明自己的产品的优势。最重要的是要告诉商超你的产品能够为他们带去的销售量及利润。

3. 要带着想法去见采购

在和商超谈判的过程中，不仅仅是去谈场地、谈费用等，重要的是带着自己的想法去，能够为商超提供产品之外的价值，具体讲就是要根据每一个商超、每一个商超的采购人员的特点，而带去对他们有用的信息，替他们着想，给他们建议等。

4. 陈述自己的优势

在商超的谈判阶段，只有你比他们更专业，才能够在谈判过程中

占有有利地位。很多厂家都是在价格、进场费等细节上纠缠,这是必要的,但要想让商超对自己认可,就要从多个层面进行沟通:

(1)市场的推广计划。制定适合当地的市场推广计划是产品成功的基础,但这并不能保证产品进入商超后会有良好的表现,因此,在谈市场推广计划时,必须对商超的推广计划进行单独谈判,由于商超能够了解你具有针对性的推广计划,从而对销售预期有明确的目标。

(2)产品概念。如果是第一次进入某个商超,就有必要让采购人员对自己的产品有详细的了解,现在的同类产品都很多,如何让自己的产品能够与众不同,就要对产品概念进行详细的说明,具体可以通过对比的方法进行。

(3)盈利能力。通过分析企业自己和竞争对手的利润率,表明能够为商超带去更多的利润。当然也可以通过对自己产品的投入产出分析,进而说明自己能为商超带去利润。

(4)拉动流量。如果企业的产品盈利能力弱,但产品是当前最畅销的口味或品类,能够为商超带去更多的人流,能够拉动更多的消费者进入商超,这也可以增加和商超谈判的筹码。

当这些因素已经对商超谈了之后,他们一定会对厂家的产品有个详细的了解,如果有形成文字的内容更好,比如产品单页、进场销售计划书等,这样商超就会觉得你更专业。

三、制定营销策略

仅仅获得商超的认可并不能保证你的产品能够销售成功,还必须制定有效的营销策略:

1. 产品策略：最好能够进入商超的产品空白带

要考虑的不仅仅是厂家自身的产品线规划与定位，更重要的是考虑自己的产品进入商超后在商超的产品序列中是什么位置，这才决定着商超对厂家的产品的态度。因为是区域性乳企，由于其影响力有限，在考虑自身产品的优劣势的同时，要考虑竞品及商超同类产品的基本排位情况，看看自己当前的情况能在什么位置。

根据自己在商超中的预定位置，如果能够填补商超的空白，即商超产品线的空白区域，获得成功的可能性就会更高，这就要求厂家必须对商超的同类产品进行研究，包括其价格、陈列位置、销售预估、消费者评价等因素，之后制定进入商超的产品策略。

当商超觉得自己在某个产品空白带缺失的时候，你进入就是最好的时机。

2. 价格策略：低价并不是最好的

商超对厂家总是在追求最低的价格和最高的利润，这符合商超的利益。对于厂家来说，进入商超就是为了获得销量，获得利润，甚至是打击竞争对手，为了达到这个目的，就必须对产品的价格进行分析：

填充价格空白带：首先是寻找商超的价格空白带，以满足商超在价格上进行全覆盖的要求。商超总是想让自己的产品满足所有进入商超消费的消费者，如何才能做到？就要满足不同消费者的需求。因此第一个要做的就是填充价格带。

紧跟竞争对手：如果不能填充商超在价格带上的空白，就要考虑什么样的价格商超能够接受。一般情况下，作为区域性乳企，在价格上要紧跟竞品或者一线品牌，在保证自己的利润的同时，要让商超觉得你的产品利润率高于其他厂家的。

高于竞争对手：如果你的产品有其独特性，能够为消费者带去独一无二的价值，在价格上可以采取高于竞争对手的策略。由于产品的稀缺性，行业价格处于不透明状态，略高的价格可以为企业带来较高的利润，但采取此策略的同时要加大市场的推广力度，不至于在每月都排在同类别产品的末尾，这样就可以避免被下架的命运。

3. 促销策略：紧跟商超的促销节奏

要想在商超获得更多的利益，就必须紧跟商超的促销节奏，但区域性乳企大部分无法提供更多的促销支持，这就要求商超业务人员要提前与商超进行沟通。首先把自己的年度促销计划和商超的采购进行沟通，并达成一致意见，而不至于当商超进行阶段性促销时，自己的产品总是跟不上节奏。其次是把促销和年度、季度、月度的销售目标挂钩，从而说服商超采购接受厂家所能够支持的促销力度。

在商超并不是促销力度大就能够完成销售任务和利润目标的，而是要在适当的促销力度支持下，获取最大的销售利益。当然这还是在对市场环境、消费者环境、竞品的动态有深刻认知的基础上才能做到的。

四、进入商超后该做什么

销售人员也要懂一些购物心理学，提高对终端销售工作的认知。消费者的购物过程主要由三个步骤构成：

首先是能够看到企业的产品，并被产品所吸引。比如在商超终端通过媒体化建设，产品的购买理由（或称为产品卖点）能够有效地传递给消费者。

其次是消费者能够了解到企业的产品。比如通过导购人员得体的语言、亲切的讲解和精练的产品介绍，让消费者品尝、了解了产品，对购买决策产生影响。

最后是消费者购买行动。产品得到消费者认可，进行购买。

基于以上消费者购买的决策过程，企业就需要根据消费者的消费决策习惯设定自己的工作。其主要工作可以用以下三个步骤完成：

1. 视觉影响——消费者购买前厂家要做的工作

消费者进入商超首先受到各个厂家产品对他们的视觉影响，比如看谁的堆头大，谁的陈列面积大，谁的广告位多等，这些因素直接影响着消费者的购买决策。

作为区域性乳企，可能没有资源去争夺最大的陈列面，甚至没有资源去争夺最好的广告位。但可以研究每个商超乳品销售区域的布局，根据消费者进入商超后所走的路线而建立自己的视觉影响。（见图5-12）

（1）可以在商超的台阶上粘贴自己的产品广告。每个商超都有台阶，看谁能够最早利用上。这里成本低，对产品的传播效果并不差。当然这要根据产品的定位来确定是否用这样的位置，如果是高档的产品，就不一定去选择。

（2）利用产品货架前这个位置。这里是各个厂家争夺最为激烈的地方，但在自己产品陈列的位置完全可以把自己的插卡、吊旗、跳跳卡等辅助宣传品进行规范的布置。

（3）设计利益鲜明的产品单页。产品单页相信每个商超都不会拒绝，同时各个厂家都会有，如何做得与众不同是乳企考虑的重点。

（4）选择合适的导购员。如果说以上各个方面的内容都是静态的，导购员就是动态的广告位和品牌形象。要选择适合自己企业的导购员，不是最漂亮的导购就是好的，而是具有亲和力、应变能力的导购才是最好的。当然，也要对导购进行多角度的培训与现场售卖指导，使其能够用更专业的形象、更专业的语言和消费者进行沟通，促进销售。

图5-12　伊利在现代商超的店中店形象

2. 听觉影响——导购在购买过程中的销售引导

如果说视觉影响是吸引消费者对产品产生关注的话，那么听觉影响就能转变消费者的购买决策，企业最好的做法就是把导购员的功能用足。大部分消费者在购买产品的时候是没有计划的，临时性购买的关键因素就是现场导购的作用。

导购员在消费者的现场引导过程中，必须对消费者的消费心态进行把握。一般情况下导购要面对的消费者有以下四种类型：

（1）走马观花型。这类消费者基本上是没有购买计划，在商超里随便逛逛，但这类消费者也容易成为购买者，也就是冲动性购买。对于这类消费者，要静观其变，可以把产品单页递过去，甚至可以邀请他们对企业的产品进行现场品尝，比如酸奶产品，现场品尝效果最佳，因为消费者可以迅速感受到产品的口味。

（2）试探型。这类消费者肯定是要购买产品的，但关键是购买谁的产品。他们在产品区不断研究各个产品，对于此类消费者，导购员要根据消费者的年龄、消费能力预测等因素进行判断，为其推荐适合的产品。

（3）目标明确型。此类消费者在购买前已经确定要购买什么样的产品，他们大部分到产品区的动作就是直奔自己想要的品牌，直接把产品放进购物篮。对于此类消费者，如果他们能够在你的产品前有所停留，就要把自己的产品最关键的优势用最简短的语言告诉他们，尽可能把这些消费者也争取过来。

（4）漫无目的型。这类消费者对品牌没有什么偏好，在购买的过程中总是比较来比较去，对各个品牌进行比较，以选择性价比最高的产品。正是他们没有品牌偏好，导购可以通过比较的方式把自己的产品向其介绍，比价格、比功效、比质量等。成交的关键是：导购员替他们做决定，把产品放到其购物篮中，促使其购买产品。

无论是哪类消费者，导购员都要主动拦截，积极介绍产品，尽最大可能达成销售。

3. 感觉影响——消费者在购买过程的感受

如果企业的销售服务能够满足消费者的需要或者给他们带去愉悦，就可以为产品带来好的口碑，从而也会产生第二次购买或者带来新的顾客。对消费者感觉上的影响主要表现在两个方面：一是感受产品，二是感受服务。

（1）感受产品。包括两方面，一是产品的布局和陈列，要保持产品的干净整洁；二是现场品尝，现场体验，比如现场的酸奶DIY活动，就能够让消费者参与其中，直接感受产品。

（2）感受服务。所谓服务，在商超内主要就是导购人员能够做到微笑服务，准确地介绍产品和乳品知识，让消费者感觉到他们不仅仅是导购员，也是乳品营养专家。在消费者确定购买之后，要通过添加微信或者留电话的形式，使其进入到企业的私域流量池中，为未来的营销工作做铺垫。

以上三个步骤，让消费者对企业的产品进行立体的了解，能看到、听到、感觉到，即使是区域性乳企，也可以在竞争激烈的市场环境中找到自己的位置，赢得消费者的认可，在商超获得良好的销售业绩。

五、拥抱商超渠道的O2O业务

O2O是指线上下单，线下消费的一种形式，是基于线下实体店而形成的一种新零售模式。商超的O2O业务打通了线上和线下，引导消费者通过商超的APP或者小程序进行下单，选择线下店面自取或者配送到家的形式完成销售。

国内商超的头部渠道沃尔玛、永辉、家乐福、盒马鲜生等都已经建立了线上的平台，并形成了规模庞大的会员群体，消费者可以随时在线购物，并享受送货到家的服务。乳品企业的产品在线下商超的销售完全可以借助于商超的线上系统，进行深度合作，增加产品的销售机会。

2016年7月，辉山乳业与盒马鲜生进行O2O业务的合作，推出

"啅客"，消费者只要在盒马 APP 上面下单，就可以在指定的时间送到指定地点。盒马鲜生通过线上线下同价，即买即送，把门店设置为前置仓，以店为中心 3 公里范围内 30 分钟送达，强化其产品新鲜的特性。目前在盒马的 APP 上面已经可以下单购买各类新鲜乳品，无须到店，即可享受送到家的服务。

乳品企业借助于商超的 O2O 模式扩大销售，主要有以下四项工作：

1. 提高产品性价比

有两种方法：

一是通过产品详情页[①]证实产品的性价比更高。首先可以通过产品间特性比较，体现出产品的高价值、低价格；其次可以通过挖掘产品差异化的卖点，从而提高产品的价值感。

二是利用产品的促销组合。比如通过中等价位的产品，以大力度促销的方式，为消费者提供高性价比的利益。

乳品企业要根据自己产品的实际情况，通过不同的策略，让消费者能够感知到产品的性价比更高。

2. 联合促销

促销效果的最大化，需要借助于外力来完成。有两种方式：

一是通过和商超促销档期的有效结合，针对企业的产品进行促销活动的开展。

二是联合其他关联类型的产品，比如酸奶和果酱，牛奶和面包等，共同进行组合式的促销。

3. 全方位传播

---

① 详情页：指详细介绍产品功能、配方、优势等的页面。

O2O 的模式打破了原来产品只在线下销售的局限，线上的便捷性购买更符合年轻消费者的习惯。因此，要通过多角度的传播，能够吸引消费者在线上进行下单。主要有两种方法：

一是通过线下终端，加大线上购买及服务的信息传播，比如通过终端的 X 展架、货架上的跳跳卡、产品的颈标等媒介进行信息传递。

二是通过线上媒介进行传播，比如公司的公众号、短视频平台、员工的朋友圈等进行传播。除此之外，还可以通过和商超合作，在商品海报及线下门店的路演活动中，加大对产品线上销售的宣传。

4. 价格管控

线上和线下销售过程中常见的问题是价格冲突，价格的不一致会引起顾客的不满情绪，导致对品牌的信任度降低。因此，线上和线下的产品如果保持一致，则价格和促销活动也要保持一致；线上和线下的产品概念不同、包装不同，则产品的价格可以形成差异。做好产品的价格管控，才能够保持产品价值的一致性。

现代商超是一个复杂的系统，无论是对商超的谈判、产品的现场陈列、导购员的促销等，都要有专业的能力做支撑。区域性乳企的商超运作，在产品上一定要差异化，要能够去填补商超的空白；在政策上要做到量力而行，根据自身的资源而设定；最关键是销售人员要带着想法去和商超谈判，从而获得其认可；随着线上渠道越来越普及，乳品企业要和商超一起，打造线上和线下相结合的渠道模式。要想做好商超，每一个环节都要规范化操作，只有这样，乳品企业才能够把商超打造成为高价值的销售渠道。

第五节　乳品关联型终端建设

乳品企业的传统销售终端以 KA、便利连锁店、食品日杂零售店等为主,但除了这些终端,还有其他一些能够和消费者建立销售关系的终端存在,我们把这类终端叫作乳品关联型终端。

一、关联型终端的概念及发展方向

所谓乳品关联型终端,是指相关的终端店销售的产品和乳品的目标消费群体具有很强的关联性,而这种关联性就形成了一种新的终端类型。比如烘焙店,这本身是销售面包、糕点的地方,但这类店的消费群体以 18—35 岁的青年为主,这类人群关注美味,更关注健康,而乳品则是可以和面包等烘焙类产品配合食用的产品,特别是早餐的搭配,更是经典的组合。

关联型终端的建设目的是扩大产品的销售机会,如何做?

1. 考虑产品与渠道的匹配度

这决定着产品在渠道内的销售,匹配度越高,销售机会越多。可以采取以下两种模式:

(1)同一类产品在不同的终端渠道销售,做到无缝隙铺货。这是传统的终端运作方式,其核心是"铺货率",尽可能多地把产品铺到终端,并做好陈列、堆头等基础工作,让消费者随时随地都可以购买到。这就可以从多渠道展示产品形象,塑造品牌,扩大销售机会。

(2)同一终端渠道经营关联性强的产品,提升零售店的收入来源。

对于终端零售商来说,如何通过经营关联性产品来提升终端店面的盈利能力?

一是零售店。此类型的零售终端基本以多样化的日用产品为主,可以满足多类型消费者的基本需要,比如销售切片面包时,就可以关联奶酪、芝士片类产品。

二是专营店。专业经营某类产品的店面,产品属性具有很强的一致性。比如新鲜水果店,其主业是经营水果的,但是也可以经营礼品装的牛奶,特别是节假日期间,看望朋友,水果礼盒可以和牛奶一起搭配。再比如烘焙店内售卖牛奶,早餐店内售卖早餐牛奶等。

2. 要有建设关联型终端的意识

意识提高了,则在市场上发现关联型终端的机会就会更多,从而适应新形势下的终端建设。

(1)用水平营销[①]思维模式建立新渠道合作关系。水平营销思维模式是指通过打破原有的厂商合作结构,通过创新、关联建立起新型渠道的思路。不要拘泥于现有的终端渠道模式,可以扩展,甚至是无限扩展,让产品在更多的关联型终端销售。比如,乳品企业可以和社区团购进行合作,从而拓展关联型的销售渠道,而在团购过程中,可以和乳品关联度高的产品进行捆绑销售,或者联动销售,从而促进整体销售规模的提高。

对于零售商来说,也需要扩展自己的产品线,通过产品关联性的特点,让更多的产品在自己的终端销售。这个也需要乳品企业的销售

---

① 水平营销:一种创造性的营销思维方式。菲利普·科特勒、费尔南多·德·巴斯:《水平营销》,陈燕茹译,中信出版社,2005。

人员去发现，并能够让零售商知道可以通过乳品增加新的销量。比如可以在药店卖牛奶，通过和饮品店合作销售酸奶等。

（2）关联型终端选择及建设需要以消费者为中心来进行规划。同一个终端内所售卖的各类产品，一般都会具有同类型的消费群体，只要有同类型的消费群体，关联产品就可以在这里售卖，从而提升店面的销售额。比如，到烘焙店购买面包的消费者中有年轻的妈妈群体，而这个群体也是具有乳品消费习惯的群体，这种一致性，决定终端在选择所销售的产品时，就可以选择具有关联性的产品。

归根结底，一是要找到和乳品具有关联性的产品，通过产品间的关联建立终端销售；二是要找到和乳品消费群体一致的零售终端，由于消费群体一致，则产品销售就具有关联性。

二、关联型终端的运作方式

1. 关联型终端建设的核心思维是跨界

大部分乳品企业的渠道建设都是以现代商超、传统零售店、送奶到户、特通渠道（如学生奶）等为主，但没有想过药店也可以卖乳品，水果店也可以卖乳品，蛋糕店也可以卖乳品，生鲜蔬菜店也可以卖乳品。

关联型终端建设实际上历史悠久，在民国时期，婴幼儿奶粉主要的销售渠道就是药店和点心铺，其原因是这两类终端的顾客都是婴幼儿奶粉的目标购买群体。随着现代商业的发展，专门销售食品、日用品的终端有超市、便利连锁店、单体零售店等，乳品已经可以覆盖这些终端，但关联型的终端依然存在很大的机会。比如药店，正常销售的都是以药品为主，但现在也增加了保健品、食品等，药店也成为普通消费者经常光顾的终端，而乳品作为日常消费品，是可以和其他的产品形成关联销售的。

2. 关联型终端运作规则

（1）产品关联度要强。终端现在所销售的产品要和乳品具有一定的关联性，产品有关联性，则消费群体就会具有一致性，终端的接受程度就会高，销售的机会就会增多。

浙江一鸣乳业自创建以来，通过自建乳品专卖店来销售产品，终端店面以牛奶为主，面包、蛋糕为辅。从产品的消费属性上来看，牛奶和面包具有很强的产品关联性，也是营养早餐的最佳搭配，消费人群的相似度也很高，比如早上学生上学的时候，家长就会带孩子到店里购买一份热牛奶和一个面包，既方便又营养。

（2）目标消费人群要相同。终端店面属于"不动产"，只要这个零售店（指30—50平方米的零售店）开业，它所辐射的范围基本就是周边2公里内的消费者，只要产品能够满足这部分人群的需求，都可进行销售。比如以水果经营为主的店面，其消费人群比较分散，但年轻的女孩子是重要的消费力量，当消费者进入店面购买水果后，顺带购买什么产品会比较合适呢？就是和水果有关联的产品，比如酸奶，回家可以做水果酸奶沙拉。

兰格格乳业有款产品叫天边的额吉，这是一个盒装的酸奶，由于盒子较大，里面的酸奶只有2/3，盒子还有1/3的空间，而这款产品在水果店销售得非常好，原因是消费者购买产品后，回家可直接把水果切块放入酸奶盒子，制成酸奶水果沙拉。（见图5-13）

图5-13　兰格格乳业天边的额吉产品
图片来源：兰格格官网

（3）能够给终端带去附加值。产品只有给关联型终端带去更多的价值，终端才会接受你的产品。价值有很多种，比如提升人气、带去利润等。

某社区连锁药店，周末经常搞免费体检活动，于是就有很多中老年人闲着没事，就来体检一下，比如量血压等。对于药店来说，是希望通过免费的体检来促进店内的产品的销售。某家乳品企业就和药店合作，每当周末的时候，产品在店内做个堆头，把特价活动用海报展示出来，这些老年人量完血压，在店内看到牛奶有特价，顺手就购买一箱。这就是典型的目标消费人群一致的关联型终端，终端店面通过乳品不但提升了人气，也带来了新的销售量。

（4）让消费者感觉更为方便。随时随地能够让消费者购买到产品，并且能够根据消费者的要求在指定时间与地点把产品送到，这就是便捷性。

团购业务的发展，催生了两类团购形式：一是社区团购，以社区的地域为单位进行相关产品的团购；二是社群团购，以线上社群为平台进行产品的团购。

团购完成之后，很多是需要消费者到社区的某个店面进行产品的自取，而这个店面有多种类型，有传统零售店、快递点、生鲜店等，这些店面都是具有乳品销售的关联型终端。消费者在取团购产品的时候，顺便也可以购买相关的乳品，这对于取货点来说，也是增加收入的一种形式。

消费者通过团购，在离自己最近的社区店取货，既方便了自己，也提高了商家的效率。

案例 28

非主流渠道助地方品牌突围

天源奶业在经过资产重组后，一切市场工作都要重新开始，企业领导人邀请了业内资深人士马良出任销售总监。马良当时面临的主要问题是：如何重新在渠道上创新，提升销量，突出重围。

1. 消费者在哪里购买产品，哪里就是突围的地方

9月的夜晚月朗星稀，马良却无暇顾及这难得的时光，他在思索，天源作为一个地方乳业品牌，该如何快速改变当前的现状呢？马良很清楚，对于这样的小企业来说，最主要的是生存，生存的根本就是销售量，至于品牌建设，那要靠积累。那么，目前如何提升销量成为最紧迫的问题。

提升销量就要有合适的渠道，那什么样的渠道才是合适的呢？马良做过多年的销售总监，他很清楚一般的渠道对于目前的天源来讲，是不可行的。如KA类渠道对于本地品牌，并且是产

品保质期较短的天源来说，先不说上架费这些，在大品牌蒙牛、伊利、光明等的强势促销下，就没法竞争，而批发商又看不上这样的小品牌。因为天源实力有限，品牌在市场上不温不火，再这样下去，只有死路一条。因此，马良梳理思路，对消费品的分销渠道进行了分析：

在这四种类型的渠道中，只有零级渠道和一级渠道离消费者更近，这意味着消费者购买会更方便，厂家的利润会有更多的保障，而二级渠道和三级渠道由于流通过程长，更适用于保质期较长的产品，并且各个销售层级都要有适当的利润保证，要不然，渠道的控制就会出现问题。

那么，天源目前的情况，只适用于零级渠道和一级渠道，但哪些才是天源的零级渠道和一级渠道呢？马良清楚，无论什么渠道，其目的主要还是快速回笼资金，方便消费者购买。那么，要弄清楚两个问题：消费者到什么地方去购买这种保质期短的奶制品？什么地方更方便消费者购买？

还有一个问题就是要明确谁是购买者。对于一个家庭来说，购买日用消费品，特别是与生活有关的人是谁？毫无疑问，大部分是家庭主妇，那么她们经常去什么地方呢？

马良多年的快消品经验告诉自己，在销售一个低价值产品的时候，有这么一种现象，人流量决定着整体的销售量，只有人流量大的地方销售的可能性才大。比如菜市场、社区的便利店。那么菜市场又分为固定的和不固定的，固定的主要是全市几个大的零售和批发市场，不固定的就很多了，全市有几十个这样的地点，如何利用这些地方呢？

经过这么一分析，马良的心中逐渐有了轮廓，消费者只要能买到产品的地方，就是自己的销售终端，把这些地方整合起来，不就成为渠道中的"第三条路"了吗？虽说这些不是主流的渠道，但要能够利用起来，对于牛奶这种低价值产品（针对天源奶业），普及的面越广，销售机会越大，但问题也随之而来，如果当天销售不完怎么处理？特别是保鲜奶，本身对温度、存放时间等要求都很高。如何避免这种事情发生，减少不必要的损失？

还有从消费者的消费习惯分析，消费者购买这种产品，有两种类型，一种是购买大品牌的，图的是放心；一种是购买质量有保障的，图的是便宜。这两种人群的阶层和收入成正比，一般好单位、国家公务员之类的人群会更注重品牌，普通工作者、年龄稍大的人（比如退休的阿姨），他们会选择更加实惠的产品，这与他们本身的经历有很大关系。苦日子过惯了，还会精打细算。既然是这样，在保质期内可以把产品销售给他们。每天可以搞一个"优惠时刻"。但这个活动要做到犹抱琵琶半遮面的效果，不能大力宣扬，但也不能闷不作声，目标消费者不知道。

通过对消费者的分析，一个渠道突围计划慢慢清晰起来。

2. 突围前的非主流渠道设想

第二天，马良把自己的想法向总经理丁林做了汇报。他说："目前的情况是主流渠道我们不是不能进，而是成本较高，我们最迫切的就是能够把产品源源不断地销售出去，积累实力，以图东山再起。"

丁总点头称是，并迫不及待地问："那我们从哪里入手呢？"

"菜市场！"马良说，"这只是第一步，我会根据市场反应情况再做调整。"同时，马良把自己的渠道突围思路向丁总进行了阐述（见表5-2）。

表 5-2　渠道突围思路表

渠道类型		特点	作用
菜市场		消费者日常生活中必去之地，是家庭菜篮子的重要集散地。人流量大，家庭主妇为主。	扩大品牌影响力，增加销售机会。
早市		主要销售廉价服装，也有蔬菜、水果、早餐等。人流量大，人员成分比较复杂，有老有少。	增加销售机会，减少中间环节。
夜市	饮食类	以年轻人为主，这类地方以提供比较有特色的食品为主，如烧烤、地方小吃，一般是三五好友相聚的地方。	增加销售机会，推出较高档的产品尝试销售。
	百货类	与早市相似，年轻人居多。	
社区服务点		主要是服务于周边居民的小店，可信度较高，顾客稳定。	提升品牌形象，加深目标消费者对天源的印象，增加销售机会。
专卖店建设		形象店，主要是展示产品，销售，快速配送周边区域的产品，提升服务质量。	增加销售机会，提升品牌形象。

马良一边画表一边解释："这五种渠道类型要逐步开发，循序渐进。菜市场是第一考虑，主要是这里与消费者的生活太接近，都是日常必须用的，衣食住行，与生活的关联度高，我们产品的价位较低，并且以天源'新产品，新营养'进行宣传，迎合消费者对新事物的好奇心，满足他们的好奇心，产生销售，用我们产品的品质培养一批忠实消费者。

"而早市和夜市主要是考虑增加我们产品销售的时间长度，抓住消费者，扩大产品知名度，增加销量，特别是夜市中的小吃夜市,对于我们评估新产品果肉酸奶的口感、质量、价格都有意义。

"对于社区主要是想覆盖更多的小型终端,增加销售机会,方便消费者随时随地购买。

"专卖店的建设是我们最后的一步,也是我们提升产品形象的最佳载体。虽然我们已有 5 年的发展历程,但以往消费者对我们的产品印象并不鲜明,专卖店的建设要达到一种效果,即我们是一个快速成长的企业,现在以一种崭新的形象出现,意味着我们要生产更好的产品。"

马良一口气把自己的想法说了出来。丁总不住点头,认为这种以自己直营开拓市场的思路十分正确,把本来给经销商的利润一分为二,一部分让利于消费者,一部分给企业自己,再从中提出一部分给销售人员,以增强他们的积极性。

最后,马良总结道:"以这五种终端为主体开发,开拓出一种非传统渠道,利用边缘性的终端的价值(小终端,甚至可以称为地摊的地方),增加销量,突出重围。"

3.市场推进,不走寻常路

时间过得很快,9 月已经接近月底,马良和他的销售团队经过充分的准备,开始了市场推进。

马良把公司的销售人员分成 6 组,每组 4 人,每组成员都有详细分工,一个去联系场地,一个负责产品的销售登记(仓库领货、销售记录、退货、结账),一个负责销售辅助工具的运输、摆放等,另一个协助做销售。当然,一般情况下都是每人身兼几项工作,既要现场销售,也要帮助摆放桌椅等。

由于目的很明确，就是销售产品，看哪组卖得多，卖得多就奖励得多，因此大家积极性都很高，在市场推进过程中，效果明显。

（1）菜市场显身手。菜市场的销售高峰主要集中在3个时段：早上7时左右、中午11时30分左右、晚上6时左右。在这个自己创造的终端上，每个销售小组会提前一天进行售点的"侦察"，也就是踩点，看在哪个地方进行销售，会有哪些困难，需要给哪些人提前做好工作，等等。在这一切做好之后，每天早上他们会及时赶到，把促销台支好，把宣传的易拉宝立起来，把牛奶摆放整齐，接着就是现场销售，发放宣传单，采用叫卖的方式进行。这种方式虽然原始，但效果明显。每一个小组每天平均都能销售900多元。

（2）早市创新。早市包括几种类型，如学校周边、居民小区、交通要道等地方。这些地方有一个特点，赶着上班的人多，像学校的周边学生匆匆忙忙上学的多，这些潜在消费者都知道营养的重要性，所以，一袋牛奶一片面包成为最快最经济实惠的早餐组合。因此，把冷牛奶热一下，用保温箱进行销售成为一种创新。同时，与糕点坊合作，一份牛奶，一块面包，既方便了消费者，也增加了销量。

（3）夜市竞赛。夜市的销售是一种一对一的推销，主要是公司的新产品果肉酸奶，这个产品相对来讲是一个高端产品，每杯3元，但口感好，营养高。为了测试产品的市场反应，就采取了在夜市上进行销售的方式。这是一种挑战，为了快速锻炼大家的现场销售能力，马良决定开展夜市销售竞赛，把公司的销售人员分成若干小组，每组自己选择销售地点，每一周进行评比，销量最好的组别奖励 300 元。同时，制定销售目标，达到目标的也进行奖励。夜市竞赛的开展，增强了每一个销售小组的凝聚力和战斗力。由于口感好，进而形成了口碑效应，为这个新品的上市打下了坚实的基础。

（4）社区服务点。社区的推广是以社区某个服务点为中心的，马良让销售小组循环组织活动，通过在小区的宣传与推广，不但与零售店建立了良好的关系，而且也获得了一批忠诚客户。（见图 5-14）

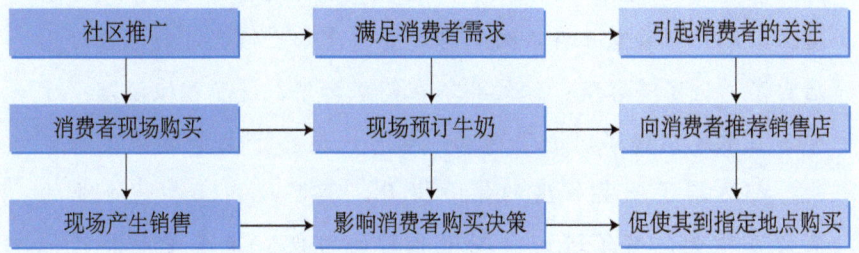

图5-14　销售小组活动组织图

在社区推广中，可以起到三个方面的作用，一是消费者现场购买，产生销售；二是满足消费者的方便需求，现场预订牛奶；三是宣传作用，可以向消费者推荐附近的零售店，在活动结束后，消费者知道在哪里能够买到。

（5）专卖店建设。专卖店的建设作为渠道突围中的一项重要工作，其选址、成本、销售半径等都在重点考虑范围之内。最初的专卖店是由公司自己直接控制的，但公司的精力毕竟是有限的，只有采用加盟的方式才能够快速发展，同时，品牌的影响力也会进一步增强。

在市场推进的过程中，马良采取量力而为、循序渐进的方法，一步步把已经逐渐没落的天源牛奶推向成功。在渠道建设的过程中，马良采取了外围突破的方法，没有渠道，就自己创造，在创造的过程中，逐渐形成了自己独有的渠道模式。

4. 渠道突围后的思考

对于中小企业来讲，如何在一个成熟的市场站住脚步，成为区域的强势品牌，并能够持续发展，这并不是很难的事情，关键是有没有创新的思维与实践，打破常规才是发展的硬道理。在渠道上，非正规渠道正在成为一种趋势。比如女性的洗液不在日化店卖了，进了美容院；保健品不在药店卖了，进了星级酒店；牙膏不在KA销售了，进了药店；等等，这些产品通过渠道的创新，都达到了一定程度的销量提升，其实质内涵却是企业的实力在增加，有了进一步塑造品牌的可能。渠道是产品转化为商品过程中的重要一环，只有通过合适的终端建设，企业才能够快速地发展。

天源通过4个月的运作，知名度已经比之前高了很多，并且这些渠道的选择，也成了目标消费者在购买牛奶过程中的一种习惯。

对于中小企业来说，做销量才是自己的命根子，因为只有销量才能够让他们生存下去，没有销量，其他的一切都是空中楼阁。回归营销的本质，才能够看清楚企业自身的不足。对于大部分地方品牌来说，要成就事业，就要把自己的大本营巩固好，站稳了脚，才能够发展。

第六节 终端陈列

从产品到商品的转变过程中,终端陈列具有巨大的推动作用,很多企业认为产品概念、广告、品牌、推广等决定产品最终的销售,而实际上,这一切的信息都可以通过终端来向消费者传递。

陈列并不是把产品摆放在终端,而是一个需要综合思考的课题,这里面涵盖了美学、营销学、心理学、视觉艺术等多方面的内容。终端的陈列不仅是品牌风格的体现,还有对消费者购买心理的把握,更是对自身产品优势的一次全面的展示。特别是新产品,有效的终端陈列,能够烘托出良好的商业气氛,同时对终端的购物环境进行美化,让消费者愿意在产品前驻足,愿意去尝试性购买。

因此,终端陈列并不是小事,是决定产品动销的关键。

一、终端陈列的重要性

1. 终端陈列决定销售收入

终端陈列的重要性不言而喻,那么,终端陈列究竟是如何提高销售收入的?

(1)通过终端陈列,形成品牌在同类型产品中的形象优势,刺激消费者的冲动性购买。

(2)产品良好的流动性,可以提高终端店主的销售积极性,这种积极性会进一步提升产品在终端的表现,比如店主会增加陈列面等。

(3)产品销量越高,意味着购买的消费者就越多,同时市场的占有率将进一步提高。

（4）陈列也是公司整体营销推广的一部分，如果能够实现良性的产品动销，则整个市场的销售信心就会提升。

简单地讲，通过终端陈列提升单店的销售，进而通过更多的终端陈列提升整体市场的销售，这是从战术的执行进而影响到整体的市场发展战略。

因此，陈列是终端销售的关键点，是推动销售的抓手。

2. 终端陈列决定品牌影响力

（1）消费者认识一个品牌最快的方法就是在任何终端都能看到产品。对于任何品牌来说，消费者的认可是企业发展的关键因素，而消费者对品牌的认识，终端是最直观的方式。只有产品在终端的陈列面积更大，消费者才可能有更多的机会进行购买。

（2）终端的陈列是品牌影响力的延伸。即使是头部的品牌，如果在终端持续缺位，消费者也会逐渐忘掉。

（3）只有大品牌才会有大的终端陈列。对于消费者来说，只有他看到才会相信，在终端陈列的表现上，普遍的现象就是，大品牌更易于获得好的陈列位，基于这样的判断，中小型企业的品牌只有在终端获得更多的陈列面积，才可能建立起消费者的信任，最终才能成长为大品牌。

3. 终端陈列决定产品动销

（1）没有陈列就没有销售。当产品到达终端，是否能够产生销售，是由产品在终端的展现和终端售货人员的推荐决定的。终端的售货人员面对上百个产品，不可能单独地推荐你的产品，那么，最简易的方式就是，你的产品就在货架上陈列，让消费者能够看得到。你占据了货架,终端店主就会关注你的这个产品,对他来说,店面内陈列的位置是有限的。从心理补偿的角度来考虑,你占据了终端的货架,终端店主就会有失去的感觉,怎么挽回这种感觉呢?就是让产品销售得更多。你在终端陈列的产品多,你的销售机会就多。

(2)动销的关键是打动消费者。首先就是占据有利的陈列位置,这会让消费者感觉到你是重点产品;其次是产品信息要精确传达,比如产品概念、价格优惠等,要让消费者快速了解到你。只有让消费者觉得对自己有利,才会产生购买欲望。

(3)打动消费者的关键是你传递的品牌信息。品牌信息包括你的品牌形象、品牌调性和在终端的综合性表现。只有企业的品牌让消费者觉得和自己的身份及消费观念相匹配的时候,他才会毫不犹豫地购买。特仑苏牛奶在终端销售的时候,不仅仅是在最好的位置陈列,更重要的是他向消费者传递出"不是所有牛奶都叫特仑苏"的"稀有""独特"的品牌理念。

二、终端陈列需要避免的四大问题

1. 陈列主题不明确

大部分情况下,企业的产品在终端只是做了陈列,而缺乏向消费者传递相关的信息,而明确的陈列主题,既可以向消费者传递出更为详细和直观的产品信息,从而激发消费者的购买欲望和购买行为,还可以缩短消费者的挑选时间,加速交易过程的完成。

2. 陈列排面不佳

统计数据显示,消费者 70% 的购买决定是在终端里做出的,如果你的产品的陈列排面过低，消费者就不易发现，这会直接影响消费者的购买选择，如果消费者认准你的品牌，这只能是消费者的次级选择。而一个终端店里，最佳位置决定了 30% 的畅销产品中 70% 的销量。在 KA 里，你的陈列排面过低或者偏僻，都会直接影响销售。

3. 陈列缺乏创造力

创造性的终端陈列，能够让消费者快速识别，并引起关注，这也是终端陈列中需要经常变换陈列样式的原因。而很多企业没有关注到这个原因，持续地进行促销活动和一成不变的陈列模式，消费者慢慢就会变得习以为常，从而影响购买的热情。要想改变这种现象，就需要企业在终端陈列的过程中，定期进行陈列样式的改变，比如把金字塔形陈列变为岛形等，让消费者有新鲜感。

4. 陈列意识不够

大部分企业的终端管理人员是为了应付公司的检查或要求而去执行终端陈列行为的，没有意识到终端陈列是销量提升的重要手段。这需要公司坚持不懈地进行终端管理的培训及提升，让销售人员能够养成终端陈列管理的习惯。通过集中陈列、关联陈列等形式，不断改善终端的形象，最终提升企业的品牌和销量。

三、终端陈列的作用

终端能否把品牌的完整信息传递给消费者，是决定品牌能否成功的重要工作。当一个产品通过经销商进入零售终端后，决定这个产品销售的就是终端陈列。那么，终端陈列有哪些作用呢？

1. 完成产品和消费者近距离接触

终端陈列的重要作用就是影响消费者的购买行为，要让产品信息贯穿在消费者购买过程中的每一个环节。

第一是引起注意。当消费者走进零售终端，面对琳琅满目的产品，究竟选择什么样的产品呢？这个过程的心理活动就是，哪个产品能引起他的注意，就可能决定了产品的销售效果。

第二是产生兴趣。当看到这个产品的时候，要有吸引消费者进一步探索的机会，必须让他有兴趣。能够让消费者产生兴趣的内容包括：（1）包装设计。你的包装是否新颖，在同类产品中能否做到有记忆点，这个记忆点包括产品品牌名、产品概念、产品的包装形式、产品的广告语、产品的包装材料等。（2）心理感受。就是消费者看到这个产品，就知道这个产品能带给自己什么样的好处，有一个心理感受。比如你的产品概念好，活菌数多，助消化等。这是产品本身带给消费者的利益。（3）产品利益。同类型的产品很多，但你的产品装的内容物比竞争者多，感觉实惠；或者说你的产品正在打折优惠等。这些产品利益是一种直观感受。

第三是引起购买欲望。只有产品在终端的表现让消费者产生了兴趣，其购买欲望才可能被激发，最终的购买行为才能够产生。

消费者购买存在三个心理过程，而终端陈列就是完成这个过程的环节。

2. 霸占终端有限的位置

我们知道任何终端的产品展示位置都是有限的，所有品牌商都想把产品放在最佳位置。终端的产品售卖面积有限，而消费者最易于购买的位置也是有限的，因此，产品在终端的陈列，就是要霸占这些有限的位置，让消费者能够有更多的机会接触到你的产品。

只有你的产品在终端占据的位置好，销售的机会才会更多。那么什么才是好位置呢？

收银台上和收银台前。我们知道收银台是消费者购物后结账的地方，在这个位置陈列的产品，消费者最容易产生冲动性购买。比如口香糖类产品，在收银台上都会摆放，一是因为产品小巧，二是因为这类产品也是日常必备。如果你是一个新品牌，包装很新颖，那么就可能打动正在排队等待结账的消费者，他顺手就购买了。另一个地方是收银台的前方，可以摆放一排产品，比如收银台下面摆放光明的纯牛奶，消费者在买完其他产品的时候，可能顺便就购买这个牛奶，因为这是日常必需品。

门口。对于普通的小店终端来说，门口的位置也是争夺最激烈的地方，主要是这个位置显眼，消费者进入店内，都要经过这个位置。

店内的特殊陈列区。较大的零售终端，比如 KA 终端，一般情况下，根据消费者在店内的动线来规划产品的陈列位置。比如在低温乳品区域，究竟哪个位置最好呢？这就要根据店内的动线来确定，边角的位置不如中间的位置。

总之，终端的陈列就是要占有更多的位置，甚至可以采取多点陈列的方式进行，以增加消费者接触产品的机会。

3. 展示品牌形象

对于企业来说，消费者在线下终端接触到你的产品，就是对消费者的一种品牌形象展示。品牌形象是多方位的，而终端陈列的形象展示是最能够打动消费者，并产生美誉度的地方。

4. 为终端提升销售量

对企业来说，你在一个终端的销售规模越大，终端对你的品牌的重视程度就越高。而良好的终端陈列展示，不仅仅能提升品牌的形象，更重要的是能帮助终端提升销量。只有销量的增加，才能够换取在终端更多的有利位置，这也是终端陈列的关键作用。位置好，销量好，相辅相成。

四、终端陈列的原则

如何在终端进行产品的陈列？我们从消费者购买心理学的角度考虑，产品在陈列时必须遵循四大原则：

1. 随处可见

随处可见的产品陈列，可以提升销售机会，获得更多的销量。

沃尔玛的一个营销经理发现，啤酒和尿不湿的销量在周末总会出现成比例的增长，通过观察发现，购买这两种产品的消费者都是年龄在25—35岁的青年男子，由于孩子尚在哺乳期，尿不湿就成了他们周末购物筐里的必需品，而周末也是美国体育比赛的高峰期，他们会喝着啤酒，看着比赛。于是营销经理将超市内的物品摆放进行调整，把和购物者关联的产品摆放在一起，比如牛肉干、啤酒等，这种陈列每年为店内增加数百万美元的营业额。[①]

我们经常用的一个方法是多点陈列，其目的就是当消费者在店内进行购物时，在多个关联的产品区域都能够看到企业的产品。

---

① 高勇：《啤酒与尿布——神奇的购物篮分析》，清华大学出版社，2008。

2. 有利位置

任何一个终端店内，有利的位置总是有限的，对于企业来说，要想让产品有更多的销售机会，则需要抢占有利位置。有利位置的选择要根据店内的动线设计来决定，消费者易于看到、拿到的位置为最佳。

3. 形象突出

终端陈列的目的是引起消费者的关注，并形成销售。品牌形象在陈列时表现要突出，要保证同类型产品陈列的一致性，在视觉上要保持更大面积。一般的陈列就是排面的争夺，你只有更多的排面，才会有更显眼的形象；还有一种陈列是异形的陈列，特别是有地堆的位置，完全可以进行更多的创意设计，让品牌形象更为突出，达到与众不同的目的。

4. 价格清晰

在终端做陈列的最终目的还是销售，而销售的过程中，价格是非常重要的元素。很多企业没有重视，其结果就是，陈列的位置很好，形象也很吸引人，但价格没有表现出来，让消费者在购买的时候，不知道要为这个产品支付多少钱，这是很失败的陈列。因此，终端陈列中的价格管理很重要，必须要清晰地表现出价格，无论是打折还是买赠，都要让消费者看到价格，感知到你的品牌价值。

第七节　终端媒体化

终端媒体化是企业终端建设中的战略性行为，即通过终端这样一个载体，形成对品牌、产品、促销、价格等核心要素的信息传播，建立终端强大的销售势能。

所谓的终端媒体化，就是把零售终端当作一个传播媒体进行布置，从而让消费者能够通过终端看到、尝到、听到产品的相关信息，最终触动消费者，促成购买。

在整合营销传播学中，有个"接触点"理论，即品牌与消费者接触的点位越多，对消费者所形成的影响就越大。销售终端是一个和消费者之间的"接触点"，通过终端媒体化可以把全方位的信息传递给消费者，形成多对一的关系（即多信息对一个消费者）。因此，企业要抓住产品信息与消费者接触的每一次机会，以促进产品核心价值（或概念）能够在消费者的心中留下独特印象。而终端媒体化就是"接触点"理论的具体化应用。

终端媒体化的实施可以降低企业的广告传播费用，拉近与消费者的关系，在销售的"最后一公里"产生结果。

一、终端媒体化的四个要素

1. 位置选择

任何终端的展示位置总是有限的，要找到店内的最佳位置进行媒体化要素的布置。

一般情况下，一个终端可以做媒体化的位置包括两大部分，一部分是店外的位置，一部分是店内的位置。店外的位置主要包括店面招牌、进入店内的门、终端店的外立面等可以展示产品及品牌形象的地方。店内的位置主要包括收银台、地面、堆头、陈列的货架、冷柜的柜头及店内整个空间的空白区域（比如店内的墙体等）。

在这些位置中，最关键的是产品堆头及陈列的位置，这个地方离消费者最近，最易于和消费者建立关系。

2. 产品展示

通过陈列、地堆、专柜等形式，让产品能够被发现。

首先是陈列。通过对产品在货架上的摆放，形成有效的展示。货架的位置选择是销售的关键要素，尽可能避免边角的位置。其次是地堆。根据终端店面的大小不同，地堆也有大小之分，比如在 KA 系统中，地堆就可以做得很大，形成气势，而在小的零售店，位置本身有限，地堆就很难摆放更多的产品。最后是专柜，通过在店内设立专柜的形式，让产品和竞品形成一定的视觉区隔。

3. 助销物料

辅助于产品销售的相关物品，包括海报、价签、荣誉牌、地贴膜、端架、LED 屏等。

当产品在终端已经有了陈列、堆头等，要通过助销物料的使用，进一步强化企业产品的差异化，通过密集信息的传递，让消费者能够多角度地了解企业的产品。

在这些物料中主要传递产品信息的有三种：一是产品海报，通过对产品差异化的形象表述，传递产品的价值感，主要作用是引起消费者的注意；二是促销海报，通过促销活动的信息传递，进一步吸引消费者的关注，促使消费者行动；三是价牌，这是很容易被忽视的一个物料元素，特别是新品上市，一定要展示出价牌信息，让消费者知道这个产品的价格是多少。

建立信任度关系的物料有两种：一是荣誉类信息，包括获奖证书复制件、销售排名、销售突破等，比如某产品京东"6·18"活动中销量第一，比如嘉盛乳业宣称"在烟威地区，全年已超 5000 万份送到家"

（见图 5-15）；二是产品卖点类信息，比如产品蛋白含量高达 3.8 g、本土牛奶更新鲜、企业有自建 4000 头奶牛的牧场等。

总之，助销物料的使用就是向消费者传递独特的品牌价值、差异化的产品信息及购买理由。

图5-15　嘉盛乳业宣传图

4. 促销导购人员

是指在终端进行产品介绍与销售的相关人员，包括专职、兼职促销导购员和终端的店员等。

这是终端媒体化建设中的动态要素，现场的促销人员能够提高产品销售的概率，能够解答消费者的疑问，并且能够向消费者更全面地介绍产品信息。比如婴幼儿奶粉的销售终端，如果没有促销导购人员，消费者对于专业化的产品信息就无法理解，消费者现场的疑问就无法得到解答，最终会导致销售机会的丧失。

二、终端媒体化建设

要想让消费者进入终端后就能够感受到产品所带来的信息，引起兴趣，促进购买，就需要对终端进行媒体化的营造。

1. 终端媒体化的静态场景营造

静态场景营造就是通过陈列、海报、广告牌、标签、荣誉等内容的有机结合，全方位树立消费者信任的品牌形象，形成终端强大的信息传递功能。

养乐多作为乳饮品销售的强势品牌，其在终端的媒体化建设方面始终如一。在任何的终端都能够看到红色的产品陈列、货架上的插卡、产品生动化的跳跳卡等物料。（见图5-16）

图5-16　养乐多的静态场景营造

悦鲜活把终端的冷藏柜做成产品的形象，呈现出强烈的视觉冲击力。

伊利进行终端建设的时候，通过堆头、地贴、价签、荣誉等物料进行信息传递，整体氛围的营造，体现出强势品牌的形象，让消费者

产生信任，进而购买。（见图5-17）

图5-17　伊利的静态场景营造

2. 终端媒体化的动态场景营造

终端（特别是 KA 渠道）环境嘈杂，要通过动态的行为来吸引消费者的关注，影响消费者的购买决策。主要有两个方面，一是导购人员的介绍，一个是 LED 屏广告播放。

动态场景的营造要素包括：（1）形象统一：导购人员的服饰要和企业的产品主色调基本一致，要和企业的视觉系统一致。（2）信息统一，产品卖点介绍要一致：所有人员在介绍产品的时候说辞一致，包括电视广告、小喇叭等。（3）行为统一：所有的导购人员在让消费者品尝产品的时候，其动作要领一致，要做到标准化。

终端媒体化建设就是让消费者能够听到、看到、体验到，充分

利用终端的有利位置，不遗余力地传播产品的信息，完成和消费者的沟通。

三、终端媒体化的二次传播

终端媒体化的本质就是传播，通过对终端的建设、产品信息的传递，达到消费者接收信息之后，产生认同，最终产生购买行为的目的。这样的过程就是终端媒体化"传播－销售"的正向循环。为了强化传播的效率，终端媒体化要通过设置二次传播的节点，让产品由销售再次转化为传播，从而形成"传播－销售""销售－传播"的良性循环。

1. 终端媒体化做出特色，形成具有拍照打卡功能的终端

比如终端做成异形的堆头，明显地区别于其他的终端，从而让消费者有拍照的冲动，拍照后就具备二次传播的可能性。

2. 设置二次传播活动

在终端放置拍照的相关"手牌"，只要消费者拿着手牌进行拍照并发朋友圈，就可以领取相关礼品或者给予购买产品的折扣，刺激消费者进行二次传播。

3. 设置可炫耀的产品概念、形象或活动

产品通过在终端的展示，使所具有的时尚特点，成为消费者购买后拍照炫耀的道具。也可以把产品当作"手牌"，让消费者拍照二次传播之后，给予相关的礼品或折扣。

终端媒体化是企业充分利用现有资源，通过对终端的建设，用各类宣传物料形成具有媒体传播特征的形象，进而吸引消费者的关注，最终达到产品信息的有效传递，完成销售的行为。

第八节 乳业电商渠道操作策略

一、电商平台类型选择

传统平台电商以淘宝系、京东、苏宁等为主；社交电商中有拼多多等；内容电商通过文字、视频、图片等形式更为详尽地介绍产品，如小红书等；直播电商是通过直播、短视频等形式进行产品的介绍与售卖，比如淘宝直播、抖音、微信视频号等。

电商平台的选择要根据企业的实际情况，关键在于运营。电商平台就像一个大的"货场"，产品各种各样，质量参差不齐，企业需要做的是：让自己的品牌更具有识别性，让产品更具有差异化，更符合消费者的需求。

要把电商当作另一个销售的战场，要建立自己的优势，就需要进行系统的筹备和持续的运营。在信息碎片化的时代，消费者接触品牌的时间极其有限，要通过为消费者创造价值而引起消费者关注，最终通过消费者对乳业品牌的信任，建立持续的销售关系。

二、企业的准备

电商不是把产品搬到网上，而是把销售搬到网上。

销售上网，就需要做好几个工作：

一是产品的策划。你的产品是否具有独特性，是否能够为消费者带去价值。价值包括产品本身的价值、实惠的价值等等。

二是活动的策划。要通过什么类型的活动吸引消费者,要如何借助于平台的流量提升产品的曝光度,提升产品的销量。

三是电商的运营。电商是一个经营行为,需要有专门的团队来做这个事情,不能三天打鱼两天晒网,这是做不好电商的。

四是供应链的管理。包括产品的供应、物流运输、售后服务等,这一系列的工作,都要关注。在电商平台形成销售后不是结束,而是开始,如何让消费者体验到企业的服务,在物流运输、反馈机制等方面,要持续地运营。

五是组织管理。要建立单独的部门来负责电商业务,并对部门内的员工进行岗位职责、销售目标、绩效考核等方面的明确。

三、电商实操过程中的五个关键点

一是每一个阶段都要有核心产品。网上的电商平台从理论上说是可以放无限多的产品,但对于企业来说,并不是放得越多销量就越大,而是要有选择地把产品放上去,并确定在每一个阶段的重点类型的产品。线上销售也要有产品线的规划,要有明确的产品策略,即每一个产品的角色定位,比如价格引流型产品、利润产品、打击竞争对手产品等。只有聚焦,才会有力量。

二是明确产品的核心价值,提高消费者的关注度。产品的核心价值在于给消费者带去的利益是独特的,或者是性价比更高的,或者是场景明确的,或者是身份匹配度高的,等等。最重要的是,要通过图片、文字、视频的形式把产品的价值讲清楚。

三是促销赠品要有吸引力。线上的促销大部分以赠品为主,要想让消费者快速地进行决策购买，就要用超级赠品进行促销。超级赠品的要求：赠品必须是有用的，有价值的；赠品必须和销售的产品有关系；要把赠品的价值体现出来，明码标价。

四是用承诺提高消费者的决策速度。电商销售产品的时候，要解决消费者的信任和风险问题，把消费者的风险降到零，比如"不好吃不要钱"等。大部分情况下只要产品品质有保证，消费者零风险购买并不会增加退货率。

五是售卖过程中的"特别提醒"。在电商销售过程中，要把相关的注意事项，通过"特别提醒"的形式进行说明，比如鲜奶打开后要在三天内饮用完毕，并且打开后必须要放在冰箱中。当然除了这些内容，还包括强调产品的利益点、消费者购买的零风险承诺等，最后要感谢用户的时间，感谢用户的支持等。

渠道增长五策略

渠道销售的增长有五个策略：一是寻找空白区域，只要是企业没有覆盖的市场都有增长的潜力；二是市场拆分，通过对区域、渠道、产品的拆分，挖掘增长潜力；三是规范终端建设的所有动作，只有做好基本功，才能有增长的可能性；四是布点结网，占据局部市场重要销售终端，以此为基础，全面覆盖整个区域；五是全域渠道要做到线上和线下渠道有效融合，覆盖更大的消费群体，获得新的增长。（见图5-18）

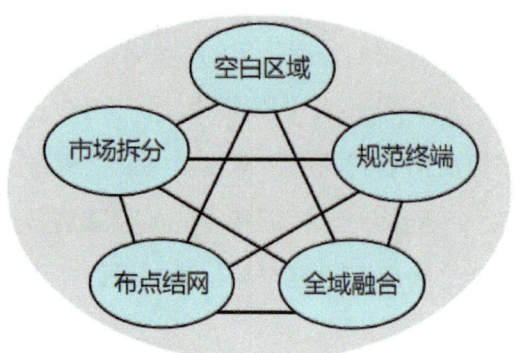

图5-18 渠道增长五策略

模型 10 商超终端建设VAS模型

终端建设是为了更好地进行产品销售，商超终端的VAS模型，则是通过三个维度进行终端建设，最终影响消费者的购买行为：

一是视觉影响（Visual impact）。在消费者购买前，要进行终端媒体化建设，在消费者进入终端后，能够在视觉上形成冲击力，影响消费者的选择。

二是听觉影响（Auditory impact）。终端要通过导购、视频广告等形式，在购买过程中，做好销售引导。

三是感觉影响（Sensory impact）。消费者在购买过程中的感受将会影响其最终的决策，因此要通过向消费者提供服务，促使其做出购买决策。（见图5-19）

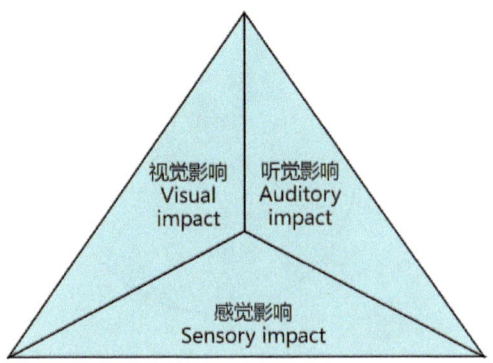

图5-19　商超终端建设VAS模型

 **终端媒体化建设的太极模型**

终端媒体化，就是把零售终端当作一个传播媒体进行布置，从而让消费者能够通过终端看到、尝到、听到产品的相关信息，最终触动消费者，促成购买。

终端媒体化建设的太极模型，就是通过终端的动态场景化建设和静态场景化建设完成媒体化的布置。动态场景的营造主要通过人员、声音、活动等来实现，静态场景的营造主要通过陈列、海报、广告牌、标签、荣誉等来实现。（见图5-20）

图5-20 终端媒体化建设的太极模型

第六章

促销推广,
决胜细节

第一节　乳业促销基本常识

一、明确目的——乳品促销活动的原点

1. 打击竞争对手

企业间的竞争，不仅仅是品牌影响力之间的竞争，也是产品间的竞争。而通过促销活动打击竞争对手，也是企业间经常采用的方法。特别是在同类型的产品之间，往往会发生促销战。

2. 临期产品销售

临期的产品，一般会采取买赠的方式进行促销，也有企业会采取直接降价的方式，其目的是尽快处理完库存。

3. 刺激消费，促进单品销售量提升

根据企业的产品战略，在某个时段，通过促销活动（比如免费品尝、买赠等）刺激消费者，提升某个单品的终端销售量，达成销售目标。

4. 气氛营造，节日促销

无论是法定节假日，还是企业自创的节日，这都是消费者购物的"狂欢节"，其消费量往往大于普通的日子。乳品企业如果能够抓住每年的重要节日，比如中秋节、春节等，销售量必然会大幅增长。

5. 刺激渠道商

乳品企业的渠道构成一般包括总经销、二批商和终端零售商，通

过对产品的价格体系的重新分配，采取促销活动支持的方法，提高渠道各环节的积极性，提升产品在终端的销售量。

6. 新品上市推广

一般情况下，乳品企业的新品上市，都会通过促销推广的方式进入市场。新品的促销推广包括两个层面，一是渠道商，通过渠道政策（如进货奖励、销量达标返利等）进行支持；二是消费者，通过直接利益（如赠品）和间接利益（如免费品尝）相结合的方式进行促进。

二、营造氛围——乳品促销活动的基础

乳品企业在做促销推广活动时，要通过营造现场的氛围，来提升促销的效果，这个过程可以称为促销活动的终端媒体化建设，可以通过两个方面的工作来实现：

1. 静态氛围

静态氛围是指促销活动现场非动态的传播要素。店内包括吊旗、货架的插卡、价签、荣誉奖牌、X 展架、地贴等，要根据场地情况，尽可能做到视觉冲击力第一；店外包括拱门、氢气球、门头广告、横幅、卡通形象等，要尽可能地渲染活动的氛围，传播活动的信息，引起目标消费群体的关注。

2. 动态氛围

动态氛围是指促销活动过程中具有互动性质的各类沟通行为。包括现场抽奖、小游戏、免费品尝、流动广告（是指促销人员在店内或者店外举着广告牌，或者穿着广告服进行游行宣传）等。通过这种动态的宣传使消费者接收促销活动信息，进而达到宣传和氛围营造的目

的。除此之外，现场的 LED 广告播放屏、音响等也属于终端氛围营造的一部分。

三、高效执行——乳品促销活动的关键环节

1. 促销主题要明确

促销主题要根据活动的目的进行设置，本质是给消费者一个购买的理由。一般情况下，促销活动主题可分为：产品为主的促销主题，比如新品上市等；季节性主题，比如春天樱花开时的樱花酸奶节、八月桂花酸奶节等；节假日主题，比如六一儿童节儿童鲜奶大品尝等；跟风热点事件的主题，比如世界杯期间的牛奶畅饮大赛等。无论什么样的活动，都要有明确的主题，形成和消费者的共鸣。

2. 促销表达要准确

相同的促销力度，表达方式不同，最后的促销效果也不相同。曾经有乳业公司针对某个临期产品进行测试，表述方式共三种：（1）价格优惠 50%；（2）买一送一；（3）打对折。在活动进行一周后，该乳品企业发现，使用第二个促销广告（即买一送一）的终端的销售额比其他两个促销广告的终端高出 40%。可见，消费者都比较喜欢"贪图小便宜"，价格优惠和打折虽然和买一送一的促销力度一致，但消费者在心理感受上有差别，"买一送一"中的"送"，让人感觉得到了更多，消费者认为更加实惠。

3. 促销活动执行到位

再好的促销活动策划，如果执行不力，效果也将会打折扣。促销活动执行到位，要做好两点：

（1）信息传递要及时。对于促销活动的信息要及时地传递给渠道商，以便于渠道商做好前期的铺垫工作。

（2）促销管控要严格。过程的管控远胜于对结果的要求，只有过程按照要求开展工作，才可能有好的结果。

4. 明确激励机制

要明确各个环节的激励措施，以提升大家的积极性。

（1）渠道激励。以返利、累计销售额、进货奖励、进货搭赠（产品或其他赠品）为主，由于渠道各个环节是以利润为中心，促销活动要想得到他们的支持，就要进行合理的激励。

（2）员工激励。以奖金为主。通过销售目标的设定和活动执行的过程管控，对参与促销活动的员工进行有效的奖励。奖励可以分为两种形式：一是物质奖励，对销售量最好的和执行最好的进行奖金奖励；二是荣誉奖励，比如评选最优秀促销员，发荣誉证书等。

第二节　乳品淡季促销如何做

乳业的销售淡季是相对的，比如夏季的常温纯牛奶销售和春节相比就属于淡季。如何在淡季提升销量？企业除了要做好基本功，比如终端的建设、终端的服务等，关键是要通过相关的促销拉动销量。

一、联合促销，共同促进

乳品的淡季是因为天气逐渐炎热，消费者开始发生消费转移，水果、冷饮都可能成为乳品的竞争对手。既然乳品之外的产品都可能是竞争者，乳品企业就有必要进行多角度的联合促销，尽可能多地增加消费者购买的机会。

1. 联合终端搞促销

无论淡季还是旺季，终端都是产品销售的关键环节。在旺季的时候，各个商家都会去争夺各类终端，而在淡季，商家就会减少对终端的投入。那么要想在更长的时间内获得更高的销售额，乳品企业完全可以在淡季和终端展开大力度的合作，反其道而行之，也会给消费者带去一种新的形象，同时也是对终端的支持。

根据不同的终端类型，可采取的联合促销的方法有三种：

（1）大型现代商超。支持其每月的DM，争取能够做重点推荐，把企业更多的销售信息传递出去；申请重点堆头；开展买赠等促销方式。

（2）传统终端。可以给予终端较大的让利力度，占领终端的库存和资金，让其只能销售自家的产品；对重点的传统终端可以上促销员，定时促销。

（3）其他类型的终端。包括特通渠道、社区团购点、关联型终端等，也可以采取联合促销的形式促进产品销售，比如和社区团购点合作，线上下单，购买牛奶可享受8折优惠，既提高了消费者的参与度，也做了产品推广。

2. 联合相关产品促销

相关产品和乳品要具备共性，但还要有区别，比如蛋糕、面包、水果、鸡蛋等。联合的目的就是实现共赢，乳品企业完全可以联合这些产品进行促销，共同提升销量。

某乳品企业在淡季和一家面包公司展开全面的合作，取得了较好的促销效果。合作的面包公司在某市有 50 家专卖店,在合作期间,只要购买某乳品企业的产品达到 50 元以上,即可在面包公司的专卖店里 8 折购买产品;而消费者在面包公司购买 50 元以上的产品,凭面包公司提供的票据,可以到指定的销售终端购买某乳品企业的产品享受 8 折优惠,并能够送到家。这样的联合促销,双方的成本都可以降低,起到了宣传作用,同时也提升了销量。

再比如,夏季水果丰富,价格便宜,企业可以通过和水果店合作,做酸奶水果捞类产品,既能提高水果的销售量,也能带动酸奶的销售。

3. 联合关联产业促销

乳品的消费者主要是家庭中的女性、孩子和老人,在淡季要想出奇制胜,还有一种方式就是联合关联产业,提升销量。

四川某乳品企业,在今年暑假开始前,联合某英语培训学校开展销售活动,效果非常好。

"买 500 送 500,英语健康双丰收",凡在某乳业购买 500 元的奶卡(一种内部使用的充值卡),即可赠送价值 500 元的英语培训课程。此活动准确把握住消费者的消费心理,在暑期,送孩子去学英语也需要花钱,不如购买 500 元的奶卡,在一年内随时可以消费某企业的牛奶,同时还赠送了价值 500 元的培训课程,消费者都踊跃参与。

二、小型路演,扩大销售面

在淡季,除重度乳品消费者外,其他的部分消费者都会减少乳品的消费,这里面关键的因素是消费者选择的余地更多了,比如水果、雪糕、啤酒、冷饮等等,都会分流消费者。要想在淡季也让消费者不断地感受到乳品企业的存在，可以开展小型路演活动，投入成本较小，效果最好。

淡季由于天气炎热，不必全天进行这样的推广活动，一天中完全可以分为两个时间段进行，一是早上6时到9时，一是下午6时以后到晚上9时前。早上的时间段是上班的高峰期，小型路演活动可以吸引一部分上班族的购买，下午的时间段可以吸引家庭主妇购买。

小型路演的活动地点可以根据当地的情况而做选择，比如社区、市民广场、超市门口等。只要能够摆放宣传桌，有一定的场地即可。

具体的做法其实也很简单，主要是两个方面的工作：

（1）免费品尝。只有消费者品尝企业的产品，才能够感知产品。经过多次反复的品尝，消费者就会形成认知，产品经常出现在消费者的面前，就会加深消费者对品牌的印象，这是消费者自然购买的第一个关键点，消费者只有对品牌有深刻的印象后才会产生购买行为。

（2）现场宣传。宣传的方式多种多样，在小型路演的活动现场，可以通过一对多的宣传，即一个人对周围的潜在消费者介绍产品、卖点、品牌、企业等内容；也可以通过一对一的交流进行宣传和销售。在活动现场也可以开展订奶入户的销售工作，让更多的消费者能够一次性购买更多的产品。

品牌都是卖出来的，只有销售了更多的产品，品牌的信任度才能建立，有了消费者的信任，销售工作才会良性循环。

三、组合促销，比竞争对手更有策略

淡季的市场竞争不是单一产品制胜，而是产品组合制胜。通过产品组合策略，在不同的时段开展不同的促销活动，让消费者感知到品

牌的活跃度。市场营销的过程不仅仅是满足消费者需要的过程，也是不断打击竞争对手，并从众多的竞争对手中突出重围的过程。如何采取组合促销策略，让淡季变成旺季？具体来讲，有以下三个方向：

1. 从时间的角度考虑

乳品的淡季基本是每年的5、6、7三个月，对企业来说，要做好计划。一是月度计划，每个月从促销主题到促销活动的策划、实施的场所都要列出实施计划；二是每个活动的实施方案要提前规划好，做到每月、每周，甚至每天的活动都有明确的说明；三是在这几个月，重点推广的产品要明确。只有做好规划，才不会在淡季茫然失措。

2. 从渠道的角度考虑

渠道是企业产品销售的通道，只有渠道通畅，销售才会顺畅。在淡季，企业完全可以通过下列渠道策略进行促销：

（1）全渠道促销。产品销售的第一个环节，就是要让产品流通到经销商所掌控的各类终端，并通过这些终端进行产品的销售。

全渠道促销分为两个层面，一是乳品企业可以通过对所有渠道的促销，把经销商的库房占满，促使经销商必须在某些时间段内把产品销售完毕。二是对消费者的促销，要通过不同的活动，促使消费者购买企业的产品。只要能够占满消费者家庭中冰箱的空间，消费者就不会去选择其他的产品。

（2）单渠道促销。乳品企业选定某类渠道作为促销的主渠道，集中精力，打歼灭战。比如在商超进行大力度的品尝、买赠促销等。

（3）全渠道单品促销。选择某一个单品，在所有的销售渠道内进行促销。

（4）全渠道多品种促销。选择所有的渠道，并对多个品种进行促销。

（5）单渠道多产品促销。选择某一个渠道，但可以是多个品种的促销。

（6）单渠道单一产品促销。选择某个渠道，只进行一个单品的促销。

从渠道的各个角度考虑，每一种促销形式都可能有不完美的地方，都可能受到竞争对手的跟进，但关键在于：企业选择什么样的渠道进行促销，可以把企业的优势发挥出来。比如竞品在商超没有促销活动，如果你选取这个终端做促销，并有多个促销人员，则必然事半功倍。

3. 从产品的角度考虑

产品是经营的基础，企业也可以从产品的角度去考虑淡季的营销活动。可以分为两种形式：

（1）单品促销。选择某款有潜力的产品进行单品促销。有潜力的产品，是指口感好、利润率高、市场的增长速度较快的产品，只要具备这几点，企业一定要抓住机会，制定有效的促销措施，大力推广，通过单品带动其他产品的销售。

（2）全品项促销。一个拳头最有力量，选择全品项进行促销，是不得已而为之。比如在淡季出现多品种的产品滞销怎么办？只有一个办法，采取全品项的促销，减少库存量，让产品流动起来。从另一个角度考虑，全品项促销可以造成一种规模效应，消费者看到企业这么多产品都在做活动，从消费心理来看，有活动就是变相的优惠，这样也会促进消费者购买。

第三节　社区促销，沟通为上

随着市场的精细化运作，细节已引起众多厂家的重视，而社区营销中与消费者沟通的问题，也引起了营销人员的关注。社区促销的核心是沟通，沟通的目的是销售，如何与消费者沟通，决定着销售的成败。

一、沟通交流获取购买的信息

和消费者沟通、交流的过程，是引导消费者，使之对产品有所了解，并产生兴趣的一个过程。在这个过程中，要把握消费者的一些表现，这些表现能使你捕捉到消费者的心理，能够加速成交的机会。

感兴趣的消费者会有下面的几种表现：

（1）比较认真地听你说话，很自然地和你聊天。这说明他对你有好感，愿意和你交流，要把握机会，加深双方的感情。

（2）观看产品，甚至拿着研究产品配料、营养成分等。这说明他对产品产生兴趣，这时要打消他的疑虑，增强他的信心。

（3）他想更加全面地了解产品及公司更多的情况，这时要简明扼要地介绍，他要求详细介绍时再告诉他更多的信息。

（4）仔细地询问价格、政策、优惠等，甚至会提一些反对意见，比如价格太高、包装颜色太深等问题。促销员要耐心解释，通过对比的方法促成销售，如虽然价格高，但是容量比同类产品多，消费者更乐意买实惠的东西。

对于消费者的种种表现，要及时把握，认真回应，解答疑问。同时，要能够善意地理解别人，在适当的时候，可以向消费者提供一些好的建议，比如，纯牛奶或巴氏奶最好不要空腹喝，要吃一些面包或者小馒头等，扩大与消费者的交流范围，增进感情。

在和消费者交流的过程中，要讲究策略，不要把自己公司、产品等所有的优势全部告诉他，要循序渐进，使自己有一个回旋的余地。

二、社区促销中说服消费者的技巧

消费者往往会出于自我利益的保护，在没有完全了解产品带给他的利益或满足自己的要求时，他就有可能拒绝。而作为促销人员，就是要创造机会，最终达成销售，该怎么办呢？

在心态上要保持冷静，要能够果断地提出成交的信号。可采用三步成交法：

第一步：向消费者介绍产品的一个优点。

第二步：征求消费者对这一优点的认同。

第三步：当消费者同意产品所具有的这一优点时，向他提出成交的要求。

当然，不是每一个消费者都会接受你的产品，接受你的服务。如果没有成功，则继续向客户提出新的优点，直至达成交易。但不要让消费者产生厌烦情绪，即使没有成交，也要用友好的态度对待，以便为下一次销售创造条件。

在社区促销过程中，说服消费者是非常重要的一环。除了用静态的产品吸引顾客，促销员的因素更为重要，要从消费者的需求寻找突破。

1. 了解消费者的需要

要想说服你的顾客，首先要对每个产品的特点、价位等了解得清清楚楚，平时注意搜集顾客使用过的感受、变化等，这就是所谓的"知己"。"知彼"就是你要了解顾客的真正需要，知道他想要什么，结合自己的产品知识、行业背景，满足他的需求。

某乳业每个周末都在社区做送奶到户的订奶活动，促销员小李对消费者的需求把握总是很准确，其成交率总是最高的。某次促销活动，小李发现一个老大妈在促销宣传点前转来转去，好像拿不定主意的样子。小李迎上去问道："大妈，您要买哪一种牛奶？""随便看看！"其实呢，这位大妈是要买牛奶，但她究竟想买哪一种？给谁买的？这时，就要了解她的需求。小李看在眼里，心里有了谱。她又上前问道："大妈，您经常喝哪一种牛奶？"大妈说："我不经常喝牛奶，今天是想给孙子买，但不知道他喜欢喝哪一种。"小李明白了，于是结合自己的产品知识，给这位大妈推荐了儿童高钙酸奶和儿童钙铁锌酸奶，订奶的价位都是 90 元 / 月，又分别介绍了各自的优点，重点强调了钙铁锌酸奶的矿物质含量更全。通过比较，这位大妈高兴地订了一个月的钙铁锌酸奶，还直夸小李懂得多，说要是好喝下次还来买。

因此，在社区营销过程中，只有了解消费者真正的需求，才能结合自己的知识，去满足他。

2. 提问比罗列产品的优点好

不要未听取顾客的意见，就向顾客介绍一大堆产品的好处。即使产品确实好，如果自己说出，也有"王婆卖瓜"的嫌疑，这样就会让顾客觉得你在驱使他买东西，他会产生逆反心理，反而不容易达到目的。如果由顾客自己说出，那就是真理。因此，应当边听边以探索的口吻提问，以了解顾客的真正意图，引导顾客，多用肯定的话。当顾客表示赞同时，促销员应该立即表示肯定，相反，如果顾客有异议，也不要冒失地否定他的见解，要用事实说话，让他心服口服。

小李在促销过程中，很有选择地告诉消费者，这两种牛奶，都很好，但是，钙铁锌酸奶含的微量元素多，适合儿童生长发育的需要，这样，产品的优点便很明显地显现出来。这时，她问道："大妈，您选哪一种？"在这种二选一的情况下，消费者要做的第一件事是选择一个产品，并且，还觉得比另外一个产品好。这时，你不用罗列产品的优点，消费者自己便会选择。

3. 用对比使顾客也想"拥有"

顾客听到你说这个产品价格是多少时，总觉得你在催促他掏钱买你的东西，难免会产生紧张心理，因此，对价格问题，一定要强化产品给顾客带去的好处，让顾客有一种"拥有"该产品的心理。

在社区促销活动中，乳品企业的主要目的是促使顾客预订牛奶，同时，用宣传促销售。小李就用对比的方法成功促成了一次预订。一位带着五岁小孩的女士在宣传点前问了好几次，觉得产品价格贵，很犹豫。后来，小李告诉她，对面9号楼的孩子某某刚四岁，就一直订牛奶，公司每天早上送来，也不用下楼买，订半年还有优惠，挺方便的。另外，现在孩子正是长身体的时候，正在生长发育，营养就要跟得上。还告诉她，某某可壮实了，看上去就像五岁……最后，这位女士一次就预订了半年。

通过这样的说服，90%的人都会购买，为什么？因为产品能给他们带去好处，这种好处已经超过了价格的价值，他们拥有的不仅是牛奶，更是孩子的未来。

4. 用情感感染顾客

在促销的过程中，顾客受情绪的影响很大。一位优秀的促销员，能够控制自己的情绪，让顾客感觉不到你在推销，而是在为他服务，在帮他解决问题。因此，要抓住时机，强化顾客的感情，让他觉得一定要买。

首先是要有同理心，和消费者形成共鸣。在沟通过程中，要结合消费者的需求，建立话题共同体。比如有顾客会说小朋友不爱吃饭、挑食等常见的现象，这时就可以采用具有同理心的方式沟通——"我家的小朋友原来也是挑食，特别不爱吃水果、青菜，不过现在好多了"，这样就会形成话题。

其次是态度诚恳，并且要让消费者能够感受到。诚恳就是实事求是，真正地为消费者着想。在社区促销这样的环境中，不仅要把产品的优势讲清楚，也要给消费者讲明白自己的产品和其他产品的差异之处，包括品牌影响力的大小等。

在促销过程中，要通过洞察消费者的需求，提出合理的解决方案，为消费者着想，并让消费者能够感受到你的热情、真诚，最终的销售就是顺理成章的事情了。

第四节　免费品尝做推广

免费品尝由于其操作简单，消费者体验直接，成为众多乳企常用的一种销售促进方式。通过免费品尝，可以快速地拉近与消费者之间的距离。免费品尝加深消费者对产品口感的印象，再通过现场一对一的沟通，可以提升消费者对产品的认知，提高销售效率。

一、乳品企业做免费品尝的七个原则

1. 做好地点选择

乳品的销售终端一般以商超和传统零售网点为主。现代商超是人流量大、销售比较集中的地点，一般在新品推广阶段，选取商超作为重要的免费品尝地点。另外就是传统零售网点，所处位置在社区周边，有固定消费群体，还有的零售网点在人流量大的商业区。这些零售终端，销量巨大，都是可以选择做免费品尝的销售网点。

2. 要有合适的时间点

做免费品尝的目的是推广产品，让更多的消费者对产品产生兴趣，促成购买。在选择免费品尝的时间时，要考虑目标消费者是否集中。对于商超来说，周一到周五免费品尝的时间点为上午10:30－12:30，下午4:00－8:00，为人流量最大的时候，在这些时间点做免费品尝效果更好。

3. 要确保环境卫生

免费品尝过程中，要保证促销人员的服装整洁，托盘干净，如果是酸奶类产品，品尝的塑料勺和品尝杯要独立使用。现场的品尝台也要保持产品摆放整齐，产品单页不能乱放。总之，要让顾客整体感觉到品尝的产品是卫生的，这样他们才会放心地品尝。

4. 要有明确的目标群体

不同的乳品，其消费群体也不尽相同，在做免费品尝时，要有针对性。比如"0添加"酸奶，口感比较单一，缺乏甜味，其目标消费群体为追求健康的年轻女性,在做免费品尝时,则不宜对儿童消费者进行,因为这个口感会让消费者做出负面的评价。做免费品尝时,要顾及目标人群的接受心理,不能让其觉得是贪图小便宜。

5. 要主动引起消费者的关注

免费品尝的规模可大可小,如果现场规模较小,则促销人员要主动接近目标消费者,进行终端拦截,引起消费者的关注,在这个过程中,不要引起消费者的反感。

6. 要和广告、促销、陈列等资源结合

在免费品尝的现场,要提高效率,就要和广告、促销、陈列结合起来,发挥促销的立体效应,全面传递产品信息给目标消费群体。如果是商超渠道,则要用堆头、货架陈列、地贴、吊牌、跳跳卡等进行全面的布置,充分展示产品的形象和促销的信息。

7. 要解决顾客的信任问题

由于各个厂家的免费品尝活动都很多,并且不规范的行为也很多,在免费品尝的实施过程中,很多顾客会存在拒绝现象,这都是因为不信任产生的。要解决这个问题,就要求促销人员正规着装,有明显的品牌标识,佩戴促销绶带或者胸卡等,品牌的形象展示要规范,要让消费者感觉是正规公司在做免费品尝活动,从而解决信任问题。

二、免费品尝活动执行的五个要素

1. 做好产品介绍,让目标消费者快速了解产品

促销员要对以下四点内容非常熟悉,根据不同情况做不同的介绍或者解答:

（1）产品特点，比如产品概念、优势等。

（2）包装特点，比如环保材质、时尚、方便等。

（3）产品种类，不同品类的特点等。

（4）各品种产品的价格、促销信息等。

2. 熟知免费品尝标准，并按照要求去执行

（1）未用的品尝杯必须用外包装袋套好，严禁杯子裸露，杯子口必须倒置安放，下面铺一干净手帕之类的铺垫物。

（2）品尝过的杯子必须叠起放在废物箱内，废物箱可用产品包装箱，包装箱四边的折盖必须向内折。

（3）品尝牛奶最好当着顾客的面倒入杯内，尽量避免事先将牛奶倒入品尝杯，这会导致顾客认为存放时间过久而感到产品不安全。

（4）每一次品尝杯内倒入的牛奶以 30－40 ml 为宜。

3. 促销台管理要求

（1）促销台必须组件完整，面板要干净、整洁。

（2）促销台张贴的广告宣传物料必须完好无损。

（3）促销台必须放置醒目处，正面朝向顾客。

4. 免费品尝工作人员职责

一是宣传品牌。

（1）通过与消费者的交流，向消费者宣传本品牌产品和企业形象，提高品牌认知度。

（2）派发本品牌的各种宣传资料和促销品，比如产品单页、活动信息等。

二是产品销售。

利用各种销售和服务技巧，提高消费者的购买欲望，增加本公司产品销量。

三是产品陈列。

做好产品生动化和助销物料的维护工作，保持产品的整洁和助销品的标准化摆放。

四是收集信息。

（1）收集顾客对产品的期望和建议，及时妥善地处理顾客的异议，并及时向主管汇报。

（2）收集竞争品牌的产品、价格和市场活动等信息，及时向主管汇报。

（3）收集终端对公司品牌的要求和建议，及时向主管汇报，建立并保持与终端良好的客情关系，获得最佳的宣传和促销支持。

（4）了解终端的销售、库存情况和补货要求，及时向主管和经销商反映。

五是填写报表。

完成日、周、月销售报表及其他报表填写等各项行政工作，并按时上交主管。

5. 免费品尝活动现场执行七步骤

在做免费品尝的现场，最好有两名促销人员，一个促销人员相当于招徕顾客的角色；另一个促销员相当于销售产品的角色，主要进行品尝和销售。

当顾客进入品尝区后，品尝的执行步骤如下：

（1）当有消费者来到免费品尝地点时，促销人员要主动与消费者打招呼，比如"请您品尝我们公司的最新产品"，在说出话之后，要向消费者递上品尝的产品。

（2）当消费者站立在促销台前时，促销人员要向消费者介绍今天进行品尝的产品种类，如果有多个口味，则可以询问消费者想先品尝哪个产品。

（3）促销人员在明确知道消费者品尝的产品种类后，按照前述的品尝工作标准操作，使消费者能够顺利品尝到产品。

（4）在消费者品尝产品时，要向消费者介绍其所品尝产品的卖点和特点，并引导消费者购买。

（5）消费者品尝完毕后，询问消费者的品尝感受，并向消费者下订单，比如："这么好喝的产品，今天正好有赠品，您要一箱还是两箱？"在消费者确定购买后，引导消费者付款，并向消费者致谢。

（6）消费者按活动要求购买相应数量的产品后，如有赠品，则应该及时奉上赠品；如有其他活动，比如抽奖，则促销员需要引导消费者进行抽奖，并根据抽奖结果给予相应的奖品，消费者领取奖品后，要感谢消费者参与，并欢送消费者离开。

（7）促销人员在消费者品尝完毕后，回收空杯，并做好现场的清洁工作，准备迎接下一位顾客。

在免费品尝活动的现场，如果是多位促销员，就需要有明确的分工，有介绍产品的，有拦截的，有售卖的，等等，各个环节都要紧密配合。当然，在促销现场，如果顾客很多，则需要促销员能够做到一人多职，既要现场拦截，也要做到品尝、售卖等工作。在大型商超，由于各个厂家都有促销员在现场，这样的场景下，既要有主动拦截品尝的意识，也要顾及消费者的心理，尽量避免出现和其他厂家促销人员因为顾客而争执的现象。

案例 29

田园乳业美味配餐大卖场免费品尝活动

1. 活动目的

（1）树立田园乳业的品牌形象。

（2）以体验营销拉近顾客与田园乳业的距离。

（3）提高田园乳业销售氛围，促进销量。

2. 活动主题：田园乳业美味配餐免费品尝

（1）活动地点：华联（或其他大型卖场内）田园乳业端架前（人流主通道旁、冷风柜或堆头前）。

（2）活动时间：9月27日—9月29日（先试点，如果效果良好，则可以作为常规活动）周五、周六、周日（上午9:00—12:00，下午4:30—8:30。周五仅下午）。

（3）人员安排：共三人。一名厨师主要负责水果削、切工作；甲促销员主要负责台前吆喝、邀请顾客免费品尝、引导顾客购买相应产品及适时打扫卫生；乙促销员主要负责台后配餐调制、舀盛配餐、介绍配餐营养及田园乳业酸奶的优点。

3. 现场流程

（1）当有消费者来到免费品尝地点时，各促销人员要主动与消费者打招呼："您好，欢迎您品尝新鲜的田园乳业酸奶水果配餐。"

（2）当消费者近距离注意促销台及靠近时，促销人员向消费者介绍今天进行品尝的配餐种类，并询问消费者打算品尝的产品。

(3) 促销人员在询问确认消费者想品尝的配餐种类后，现场用小勺舀盛 30—40 g 带果粒的配餐入品尝杯，双手分别拿品尝杯和塑料勺同时递给顾客。（顾客较多时可以先盛几杯备用，塑料勺可以让顾客自取。）

(4) 在消费者品尝产品时，由促销人员向消费者介绍其所品尝产品的特点和营养。（注意：在介绍产品特点时，重点加强对新鲜酸奶优点的介绍，突出田园乳业的企业实力、新鲜理由和本地销量第一的荣誉。）

(5) 消费者品尝完毕后，促销人员询问消费者还需品尝什么产品，询问消费者的品尝感受，并引导消费者进入产品区域，购买产品。在消费者购买后，向消费者致谢。

4. 过程要求及注意事项

(1) 上班提早 30 分钟到促销台前，做好准备工作。

(2) 盘碟、勺子每小时清洗一次，以免过脏影响形象。

(3) 下班时将盘、勺、刀、砧板等清洗好，工作区整理完毕后离开。

(4) 面带微笑，站立挺直，身体自然，脸朝顾客，对顾客主动、热情、亲切；穿着公司统一的促销服装，衣服要干净、整洁；修整指甲，不准涂指甲油；促销台必须组件完整，面板要干净、整洁，张贴的广告宣传图必须完好无损，必须放置醒目处，正面朝顾客；配餐应当少量多次制作，以免引起质量问题。

(5) 洗净的完整水果各放几个样品在桌面上玻璃器皿中，其余放在桌柜里。

(6) 三人均有责任向顾客介绍并邀请免费品尝，顾客多时三人均有责任接待顾客。

（7）未用的品尝杯、勺必须用外包装袋套好，杯口必须倒置安放。

（8）注意保持桌面清洁、物料整齐有序，及时清理垃圾。用过的杯、勺及水果皮等垃圾必须放在废物箱内，废物箱可用产品包装箱，包装箱四边的折盖必须向内折。

（9）及时查看促销品备货情况，及时与经理联系备足货源；促销结束后，负责人必须统计当日的赠饮品、品尝杯使用数量，且做好记录。（物料清单见表6-1）

（10）严禁与顾客发生争吵，严禁无故离开促销台。

5. 其他准备：场地谈判和人员培训

促销活动场地至少要提前一周和商超进行沟通，并确定具体的位置；促销人员的培训至少要提前一天进行，要让参与活动的每一个人都能够掌握产品知识、销售技巧、顾客拦截方法等，并对现场各类可能出现的情况进行预演。

表6-1 物料清单

物料名	单价	数量	价格合计	备注
品尝桌		1个		长1.5m以上
桌布		1张		红色或蓝色
促销服装		2套		高档、艳丽
围裙		3套		
厨师褂、帽		1套		
牛奶		5公斤/天		桶酸
玻璃器皿		1个		装水果，较大
花形盘碟		6个		盛放水果餐
勺子		2个		大小各一，舀水果及搅拌用

续表

物料名	单价	数量	价格合计	备注
品尝杯		200 个/天		
塑料砧板		1 个		长方形，较大
一次性塑料勺		200 个/天		
一次性手套		20 双/天		
餐巾纸		100 抽/天		
水果刀		2 把		大小各一
削皮刀		1 把		
无线话筒		2 套		
回收桶		1 个		可用牛奶箱代替
垃圾袋		10 只/天		较大
香蕉、苹果、梨、草莓		各 1 公斤/天		可随时现场采购
KT 板或海报		1—3 张		贴在柜台前及两边

第五节 节日促销推广

对于众多乳品企业来说，节日是销售旺季，如果能够做好准备，采取合适的策略，一定可以获得更多销售。节日促销推广是一个系统的工程，从传播到产品的选择，从价格到推广的方法，以及促销现场的关注重点等工作，都需要做好规划。

一、传播先行：信息要准确

传播在当前的市场竞争中，是直接引起消费者心动的关键因素。如何去打动消费者，在节日营销前一定要做好准备。主要考虑三个问题：

一是传播什么内容。传播内容可以通过两种方式进行：第一种方式是围绕节日进行。根据节日确定活动主题，这样的好处是能够紧密地和现实联系起来，消费者容易接受，同时也易于理解。第二种方式是围绕促销内容进行。促销可以随时去做，但在节日期间，就可以借势，通过促销活动的传播，达到最终销售的目的。比如某奶粉企业，在六一儿童节期间，开展购买婴幼儿奶粉赠送婴儿摇摇车的活动。

二是什么时间开始进行传播。信息传播出去的时间要把握好度，不能太晚，也不能太早。根据消费者对信息的认知情况，可以在节日前两周进行，但要分步骤实现：第一步可以通过DM的方式进行，先把促销信息对那些忠诚的顾客进行传递；第二步在节日前一周进行，通过在促销店面的门口搭建"彩虹门"、条幅等方法把促销信息传递出去，这样可以造声势，还可以吸引路人的注意力。

三是通过什么媒体传播。媒体的选择要量力而行，如果只是在1－2家商超内做活动，可以采取大量在店周围发放DM的方式进行。如果是多家连锁店联动进行，则可以通过路牌广告、报纸广告、DM等方式进行。除此之外，线上的传播必不可少，比如朋友圈的海报、公众号的软文、视频号和抖音等的短视频，都是进行传播的新媒体。

二、产品组合：做好礼品装

每个乳品企业的产品SKU①少则几十个，多则上百个，如何在节日期间把产品搭配好，销售更多的产品，这是节日营销的目的。因此，要在节日期间做好两项工作：

一是做好产品组合，满足消费者多样化的需要。

（1）做好礼品装。节日期间送礼品是中国消费者传统的习惯，要想做好礼品装，首先要提前准备礼品手提袋；如果没有礼品包装袋，也可以采购一些彩带或者印刷一些具有节日气氛的蝴蝶结，粘贴到包装上面，这样就可以满足消费者的需要了。

（2）不同产品之间的组合。企业可以根据自己的产品的特点进行产品组合，消费者购买一个礼包就可以购买到多种产品组合，既满足了消费者的需要，又达到了销售量提升的目的。比如常温酸奶和常温纯牛奶各一箱，组合成为一个礼包。

二是进行捆绑销售，提升销售量。

（1）同类产品进行捆绑。这样的好处是单一产品的销量会增加。采取买一赠一的方法，比如购买伊利纯牛奶一箱赠送伊利纯牛奶一盒。

（2）不同产品进行捆绑。这样做的好处是可以带动新产品，或者是滞销产品。主要是采取"买此送彼"的方法，比如买纯牛奶送花色奶等。

（3）乳品和其他赠品进行捆绑。赠品要和产品的目标消费者一致。比如，光明乳业的小小光明儿童奶在节日期间的促销活动是：购买小

---

① SKU：全称为Stock Keeping Unit，指库存量单位，引申为产品统一编号的简称，每种产品都有对应的唯一的SKU号，在这里是指单个产品。

小光明儿童奶，赠送儿童彩泥一盒。再比如达能碧悠的买赠活动：购买碧悠酸奶，赠送精美不锈钢小勺一个，其在包装设计上直接传递出促销信息，在终端陈列后，效果非常好。

三、价格利剑：该出手时就出手

节日期间，价格战是众多乳品企业都要面对的问题，可以说只要有市场竞争，就有价格战，特别是乳品，消费者对价格比较敏感，因此，要利用好价格促销，获取更大的收益。

如何通过价格获取更好的销售业绩？乳品企业可以采取以下两种策略：

一是有针对性地对部分产品打折扣。节日期间，企业需要对平时毛利较高，但销售量较低的产品进行价格体系的重新制定，给予渠道商更多的折扣，只要包装适合节日销售，终端零售商是愿意接受的。

二是运用科学的价格组合。所谓的价格组合不仅仅是高价和低价的组合，更重要的是高毛利产品和低毛利产品的组合。如果产品的销售量很大，但没有利润，从商业的角度考虑，这是不合算的生意。要想在节日期间销量有增加，利润有提高，就要用好价格组合。关键点是用低毛利产品带动高毛利产品的销售，低毛利产品都是大众熟知的产品，价格透明度较高，无法获取更多的利润，但这些产品在整个产品序列当中担负的作用是引导消费者。对于高毛利的产品，可能是大家不熟悉的新产品，由于价格透明度低，终端愿意销售，可以利用产品的稀有性，获取更高的毛利。

四、联合推广：1+1>2 的方法

节日期间，乳品是销售旺季，以往很多企业的做法可能是采取买赠、降价等方法进行促销。这虽然立竿见影，但对企业的品牌塑造、促销成本的控制等并不一定是最佳选择。采取联合营销的方式，不但可以降低企业的营销成本，对于联合营销的企业来说，还可以提升品牌的影响力。

那么，乳品企业该如何做联合营销呢？

首先要做的就是找到合适的合作伙伴，产品之间要有一定的关联性。关联性要具备以下两个特征：一是消费群体相同，这样在信息传播的过程中可以有的放矢；二是产品之间具有关联性，比如乳品和烘焙类的产品之间就有很强的关联性。有研究认为，如果消费群体相同，则两个相关联的产品进行联合营销，效果才能最大化。

其次是制订节日联合营销方案。主要有三个方面的内容：一是建立联合营销的项目小组，要有专人负责节日营销的具体工作；二是合作的双方要能够达成一致的意见，界定双方的权利和义务，共赢是关键，否则在合作的过程中出现一方的不合作或者不支持，整个活动将以失败而告终；三是制订具有可执行性的方案。

五、促销现场：祝福说出来

节庆期间，各类终端都会进行促销，特别是大型的商超。由于其客流量大，消费者的信任程度高，更是各个厂家争夺的重要阵地。乳品企业想在商超做得与众不同，就要从细节做起。我们知道在终端促销的过程中，常规的促销用语和技巧都是必要的，但在节庆期间，要让促销人员学会把祝福的话说出来，让购买产品的消费者能够感受到节日的喜悦。

把祝福说出来要通过以下几个方面进行：

（1）打招呼要热情。这是给消费者的第一印象，要让消费者感受到节日带来的快乐。通过热情来营造喜庆的氛围，通过得体的语言让消费者感受到商家对他们的尊重。

（2）介绍产品要带喜庆。在给消费者介绍的时候，可以适当地增加一些感性的词语去感染消费者。如春节期间可以用"新年新包装，过年更有味""产品实实在在，日子红红火火"等。

（3）送别客户要带祝福。中国有句古话叫"礼多人不怪"，无论消费者购买与否，在消费者离开的时候，都要尽可能给消费者说祝福的话。

六、消费者互动：轮盘吸引转起来

要想在节日期间吸引更多的消费者到现场来，就要有吸引他们的活动内容，而采取转轮盘的方式是最为简单、参与性最强的活动。

对于乳品企业来说，产品的多样化可以为活动的奖品提供有力的支撑。活动的奖品不在于价值多高，关键是让参与者高兴，在活动的过程中聚集人气，提升品牌的知名度。对于转轮盘这样的活动，场地的选择可以是多种多样的，比如可以在商超内部，也可以在商超的外边，也可以在小区路演的时候进行。

这类活动的执行比较简单，便于消费者参加，其中奖率高，可以吸引更多消费者。（见表6-2）

表 6-2　全年重要节日清单（以 2024 年为例）

月份	节日	说明
1 月	元旦	元旦迎接新年
2 月	春节、情人节	春节辞旧迎新；"2·14"是表达爱意的节日
3 月	妇女节、国际消费日、植树节	妇女节是针对女性消费者的节日；国际消费日是"3·15"，为消费者利益而设立
4 月	世界地球日	保护环境是每个乳企的责任
5 月	劳动节、青年节、母亲节、护士节、旅游日	每个节日都是与某个群体相关，可以针对性地开展相关活动
6 月	牛奶日、儿童节、父亲节、端午节	针对目标群体开展相关活动
7 月	建党节、世界人口日	世界人口日每年的主题不同，但可以从中老年人的角度切入
8 月	建军节、七夕节（农历七月初七）、医师节	七夕被认为是中国的情人节，可以开展相关的活动
9 月	教师节、中秋节、丰收节	教师是特殊群体，可以为教师做针对性的活动；中秋节是团圆的节日，可以重点做礼品类产品
10 月	国庆节、重阳节	重阳节是关注老年人的节日，可以针对性地做活动
11 月	"双 11"、感恩节	可围绕感谢展开相关活动
12 月	圣诞节	体现温馨、浪漫的节日，也是赠礼的节日

第六节　线上促销活动

消费者在线上购物已经成为常态，线上促销活动的方法更是层出不穷。乳品企业只有拥抱互联网这种新的商业生态，才能够和时代同步，成为消费者持续购买的品牌。

无论采取什么形式的促销活动，只有吸引到目标群体的参与，活动才有意义。如何吸引消费者参与活动？经过对线上促销活动的分析，只要能够做到"互动性、参与感、游戏化"的活动，消费者都会乐于参加。

线上促销活动方法很多，常见的有七种：

（1）砍价促销。通过向目标消费者传递砍价活动信息，让消费者向自己的朋友分享产品砍价的促销链接，消费者通过参与砍价，形成对品牌的认知。此类活动比较适合高价值的乳品，特别是上市初期，通过这样的裂变式的促销传播，扩大了传播面，形成了品牌认知。

（2）限时抢购。在社群推广中，常用的促销方法有限时抢购，通过营造产品稀缺、数量有限的感觉，调动目标消费者的情绪，形成热销的氛围。很多乳品企业都会定期在线上的社群开展此类活动，形成规律性的促销，消费者也会养成习惯。

（3）点赞转发。这是促成消费者参与活动，形成促销信息裂变的常用方法。这种形式简单易于执行，深受乳品企业的喜爱。通常的做法有三种：一是企业做好活动海报，邀请消费者在朋友圈进行发布，之后进行点赞，点赞数量达到某个数值，可以得到相关折扣或者领取赠品；二是让消费者和产品进行创意合拍，通过拍有产品照片的图片进行发布，并邀请自己的朋友进行点赞，达标后可以领取赠品；三是转发公司设定的软文或活动信息，点赞的数量达标后可以领取奖品。

（4）满减满送。即消费者购买指定金额的产品后，企业采取减少金额或者赠送某些产品的促销方法。这属于线上促销活动的常规动作，特别是在节日期间用得更多。比如中秋节、春节等传统节日，再比如京东"6·18"、天猫"双11"等商业化的促销节日，都可以做这类活动。

（5）转盘抽奖。此为游戏化的促销方式之一，通过小程序或者自建APP的方式，设定线上的抽奖转盘，让消费者通过点击抽奖按钮，转盘自动旋转，当转盘指针停下来时，参与者可以得到相关的奖品或者折扣等。

（6）一物一码。消费者在线下购物之后，通过扫码，参与线上的活动，目前一物一码技术已经比较成熟，通过为每一个产品赋码，促使消费者能够参与线上活动。通过扫码后，可以观看产品的溯源信息、品牌信息等内容，除此之外，扫码后，可以刮出优惠金额、优惠券、赠送、红包等，企业可以根据实际情况，进行奖励设置。

（7）团购。一般分为社群内接龙团购和平台上联合团购两种形式。社群接龙主要是通过在私域社群中发布产品信息，通过大家的购买预订，形成一定的数量，企业可以用某个促销价格进行产品的销售。如果没有达到最低团购量，则此次团购失败。联合团购是以平台为主而进行的促销方式，比如两人成团，或者三人成团等，能够快速组团。

案例 30

金典线上促销推广

2020年5月,金典纯牛奶升级包装,推出利乐钻梦幻盖包装,旋盖的设计,让产品的饮用场景更加丰富。为了推广新产品,金典采用一物一码技术,以二维码为连接,利用金典音乐能量瓶的瓶身、瓶盖,并结合产品调性、营销元素等,达到了良好的推广效果。金典通过应用相关数字化营销工具,赋予产品交互功能,用户购买产品后,打开盖子才能够看到盖内的二维码,品牌借由盖内码轻松跳转不同平台,可以引导消费者关注金典公众号,参与抽奖等活动,增加消费者的黏性。(见图6-1)

图6-1　金典盖内二维码

图片来源:https://www.sohu.com/a/398319980_454305

线上促销活动的开展,是在海量的信息中进行,如果只是单向地向消费者发送活动信息,则很难引起消费者的关注。只有通过信息的双向传递,消费者对活动有反馈,这样才能够快速地促进销售。

案例 31

六步骤做好低温乳品市场推广
——天赐奶业产品上市推广策略解读

1. 产品区隔，与众不同

区域性乳企的产品基本以低温为主，但销售规模都比较小，天赐乳业也是如此，伊利、蒙牛常温产品的市场强势地位无法撼动，低温产品也随着常温产品的普及导致销售量下降，面对如此市场现状，企业不能和常温产品竞争，只能在低温产品上寻求突破。

作为区域性企业，天赐乳业的产品以巴氏奶为主，但由于有自己的牧场，其产品从来没有出现过大的质量事故，也有部分忠诚的消费者，结合自身情况和市场的需求，必须提炼出一个竞品所不具备的卖点，进行产品区隔。

通过分析，天赐的优势是产品绝对保证新鲜，从挤奶到生产、产品下线 24 小时内即可，但如果仅仅是诉求新鲜，从消费者的角度考虑，吸引力不大。那么消费者需要什么？消费者需要的是安全有保证的产品，基于此，提出了天赐的传播核心诉求：天赐牛奶，只卖当天生产。"只卖当天生产"的品牌定位，迅速与市场上的竞品形成区隔，并且产品"新鲜"的特征就在传播口号中。

2. 终端建设，分片划区

对于乳品的销售来说，常温产品在终端建设的过程中，追求的是铺货率，由于保质期长，只有铺货率高，消费者购买的方便程度才高。而低温乳品销售追求的是产品的流动率，产品的流动率高，销售量就高。其通过定点销售，让消费者养成消费习惯，每天都会有固定的销售量，并且稳定。根据产品特点，天赐奶业制定终端建设策略：

（1）把整个市区划分为12个片区，每个片区有1名业务代表，同时，招聘20名市场推广代表分成5个小组，根据每一区域需要进行市场推广活动，由业务代表申请推广小组协助。

（2）在每一个小区域建设3—5家天赐乳品销售的品牌店（即和终端合作的乳品专销店），形成影响力，带动其他小商户。在市场推广小组的协助下，建店工作在有条不紊地进行着。

对于每个片区的品牌店，进行推广主要通过定期的免费品尝活动和店面形象更新的方式进行。

通过分片划区和终端品牌店的建设，全市大约有60多家品牌形象店，其门头统一制作，由推广小组循环到各个店面做推广活动。

通过这种以点带面的策略进行终端建设，市场上已形成一种氛围，天赐的销售势头良好。

3. 路演活动，传播先行

虽然终端建设初见成效，但品牌影响力依然较低，于是，公司启动路演推广活动。路演推广活动的基础是传播，天赐奶业选择在市区最大的河滨公园进行路演。河滨公园的旁边是湛河，共有6座桥，这6座桥是河北的市民向河南的必经之路。在周六的早上，当市民们迎着朝阳进行晨练时，他们发现，600面五颜六色的彩旗飘荡在湛河的桥上，就像六道彩虹，喜庆的气氛不言而喻。

在每座桥头的空地上,天赐公司的活动展台一字排开,有免费品尝区,有产品介绍区,有宣传区,等等。

路演活动还未开始,展台前已经聚集了很多消费者,有问价格的,有品尝的,有购买的。

4. 免费品尝,不只是吸引

促销人员统一服装,面带微笑,更重要的是,如果品尝后留下地址、电话,还可以免费领取一袋新鲜的天赐牛奶。留下目标客户资料的目的是接下来进行精准营销。在活动结束后,公司会组织客户服务部的人员进行客户回访,通过订奶到户业务的开发,扩大销售规模。

5. 无偿赠送,有的放矢

由于是星期天,家长都会带孩子到公园附近玩,公司准备了上万个彩色卡通气球娃娃,免费赠送儿童。工作人员除送上气球之外,还会送上一句祝福的话,甚至会夸奖一下孩子,往往父母会让孩子说:"谢谢叔叔!""谢谢阿姨!"通过赠送气球,达到与目标人群的接触。

6. 现场咨询,便民服务

开展现场咨询,解答一切关于牛奶的问题,当然也包括天赐的咨询;开展现场征订牛奶活动,通过推出"风雨无阻,送奶到家,不分楼层,当日办理,当天可以送到家"的承诺,订奶的客户络绎不绝。并且周日期间有优惠,订三个月可以免费领取价值20元的奶箱。

通过推广活动,天赐不仅提高了品牌知名度,增加了销售额，同时，也让更多的消费者认识了天赐牛奶，有力地打击了竞争对手，短期内在市场上脱颖而出。

天赐鲜牛奶在两个月的上市期间，通过建设渠道，达到了进入市场的目的；通过周日的路演推广，提升了品牌的知名度，使产品迅速成长为当地的强势品牌。

促销推广PAE模型

任何一场促销活动，只有目的明确，才能确立目标；促销活动的氛围营造，是成功的关键；而决定活动能否成功的是执行力是否到位。（见图6-2）

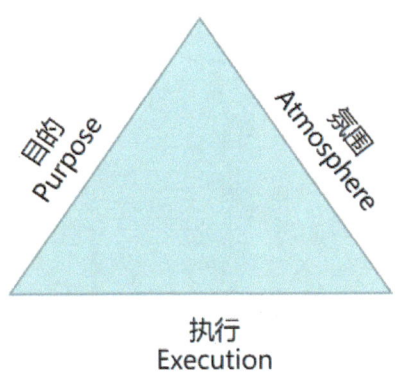

图6-2 促销推广PAE模型

第七章

营销传播，
塑造品牌

第一节　占领舆论制高点

互联网时代的信息碎片化，让乳品企业的传播工作面临更大的挑战。缺乏有效的传播，就会让企业的产品、品牌等淹没在信息的"汪洋大海"中，无法引起消费者的关注。占领舆论的制高点，就是要通过营销的相关事件的策划，形成品牌传播势能，快速建立和消费群体的关系。

一、独占创新概念，打造品牌的独特个性

经常有中小型乳品企业表示：我的产品不比大型企业的差，为什么价格低，还卖不过它们？而消费者则会回答，人家是品牌。这就说明中小型乳企的品牌缺乏独特性，其品牌所提供的价值被头部企业覆盖，导致企业的品牌价值感低。同时，还有另外一种现象，市场上有些很有个性化的乳品，包装新颖，特点鲜明，价格不菲却深受消费者喜爱。仔细分析，这些企业也并非大型乳企，那么为什么它们可以卖高价呢？这就是品牌差异化的力量。

独占创新概念，打造品牌的独特个性，是乳品企业塑造品牌的最佳路径。品牌在创立之初都没有影响力，但有些品牌依靠产品的差异化，为消费者提供价值，消费者的好感不断积累，最终就形成了品牌。而要想产品有好的表现，就必须要进行创新，通过创新的产品品类，带动品牌形成影响力。中小乳企受自身实力限制，通过技术革新、产品研发等手段进行革命性创新是很困难的，因此最好的创新手段就是

通过产品概念的创新来塑造差异化的形象。

案例 32

兰格格的品牌打造之路

兰格格乳业推出的蓝色瓷瓶酸奶,是以传统工艺为基础而生产的产品,通过赋予产品蒙古族特色酸奶的概念,把兰格格酸奶打造成了蒙古族酸奶的代表。兰格格无论从产品名称上,还是包装设计上,均带有典型的蒙古族文化元素。差异化的产品概念塑造出品牌的独特形象。众所周知,蒙古族自古以来就有食用乳制品的习惯,这样的产品进入市场,不仅具有明显的差异化,而且经过快速的市场操作,抢占了蒙古族酸奶的品类制高点,在消费者心中形成兰格格就是蒙古族酸奶代表品牌的印象,强化了兰格格品牌的独特个性。

独特的品牌个性能够让传播事半功倍,并且能够让企业占据主动位置。现在年轻的消费者也更愿意去接受新事物,这是企业占领传播舆论制高点的基础。

二、互联网时代,口碑营销是关键

口碑是基于一种人际传播而形成的评价。有数据显示,如果产品的用户体验不好,75% 的消费者将转向竞争对手,而 43% 的消费者会将产品留下的不好印象告诉其他人。口碑传播早已不限于口口相传,新的媒介,比如小红书 APP 上的产品评论、微博上的品牌活动、微信群的信息评价、抖音的推荐等,其传播速度更快,范围更广,影响力更大。相关数据显示，截至 2021 年 12 月，中国全网用户数达到 11.74 亿人，这意味着在互联网时代，口碑营销已经转移到互联网这一新兴媒介上了。

乳品企业如何玩转互联网时代的口碑营销？相关数据显示，目前移动智能终端用户年龄分布以 90 后为主，00 后紧随其后，这都是新消费群体，对一切事物的基本要求便是"新"，有趣味的营销方式才能吸引他们的注意力，进而形成再次传播。因此，互联时代的口碑营销，不仅要告诉消费者广告要传达的商业价值，还要激发消费者强烈的参与感，有参与才有互动，有互动才能形成口碑，从而达到一传十、十传百的传播效果。

案例 33

新希望味蕾游记的口碑营销

新希望推出的新鲜干酪品牌味蕾游记，其上市推广策略就采用了圈层营销，锁定玩味主义代表人物，如最美主播、心灵花艺师、美食顽童、90 后茶人、完美辣妈、葡萄酒品鉴家……他们身处社会各行各业，但都有一个共同的精神：玩味主义。这些消费者对生活的极致追求，就是味蕾游记传达的一种精神指引。对于这样的年轻群体而言，在这个海量产品与精细服务相碰撞的互联网时代里，他们因为兴趣而分成不同族群。企业正是通过与各个族群代表人物的互动，占领了族群中的舆论制高点，赢得了群内粉丝的认可，使产品成为消费者精神上的"必需品"。（见图7-1）

图7-1 味蕾游记系列产品

图片来源：新希望乳业官网

三、选择最有影响的舆论营造伙伴

品牌打造，新品上市，必须做好传播。"上天入地"①的说法，正是基于高度竞争又高度碎片化的市场和媒体环境产生的。传播必须既要有战略高度，又要追求务实，抢市场与抢消费者心智并重。因此，企业营销传播要抢占舆论的制高点，选择最有影响力的媒介合作伙伴是关键。

这里的媒介并不是传统意义的"媒体"，而是能够传递品牌、产品信息的中间环节，主要包括线下和线上两个部分。线下以渠道为主，线上以社群为主，线下线上结合以公关事件为主。

1. 新品上市要在大型 KA 终端亮相

当乳品企业在零售渠道推出新品时，上市初期一定要优先选择与当地最大的 KA 系统合作，进行产品的上市推广；相反，传统流通渠道则要缓一缓，不能追求铺货率，要追求存活率。这就是选择有影响力

---

① "上天"是指线上的媒体传播，包括互联网平台、电视媒体等；"入地"是指线下的媒体传播，包括线下活动、终端媒体化等。

的的伙伴进行造势的道理。大 KA 有人气，有影响力，在大 KA 做好推广，则后续在传统渠道的铺货与动销都会迎刃而解；相反，如果一上来就进流通渠道，不仅不能造成影响力，动销更是无从谈起，新品上市就不能成功。

案例 34

嘉盛乳业鲜致鲜牛奶上市策略

2021 年 5 月，嘉盛乳业的鲜致鲜牛奶选择在荣成九龙城的家家悦超市首发上市。（见图 7-2）确立的策略是高调上市，在渠道中形成影响力，针对消费者做品牌推广。

图7-2　嘉盛乳业鲜致鲜牛奶首发上市
图片来源：嘉盛乳业提供

在新品上市发布会上，邀请了九龙城的领导和家家悦的领导到现场进行致辞，新品在整个家家悦系统的进场很顺利，嘉盛乳业详细地介绍了产品的优势及新鲜的产品价值，现场消费者通过盲品活动，品尝出鲜致鲜牛奶的口感最佳，而在家家悦超市内，公司的促销人员已经开始售卖。通过场外（发布会现场）的新品上市发布会，吸引了媒体和消费者的关注，形成了二次传播；而场内（家家悦超市内）的产品展示、现场品尝等工作的开展，促使消费者进行尝试性购买。在上市当天，商超内的产品全部售罄。

鲜致鲜牛奶上市之后，销售量节节攀升，已经成为当地市场高端鲜牛奶的领导品牌。

2. 品牌推广要与最大的社群合作

社群营销是基于圈子、人脉等概念产生的营销模式，通过将有共同兴趣爱好的人聚集在一起，对兴趣圈做推广，从而将整个兴趣圈打造成为消费群体。显而易见，人数越多，圈子的影响力也就越大。所以，乳品企业通过社群营销来做品牌推广时，也就应该与影响力最大的大V合作。大V拥有众多粉丝，只有充分发挥其意见领袖的作用，推广才能取得良好的效果。

2016年，认养一头牛上市之初，就和财经大V合作，通过大V强大的IP影响力，带动了更多的互联网媒体的报道，从而在短期内形成了品牌势能。

3. 事件营销是曝光度最高的媒体传播形式

如果说在互联网营销过程中，最吸引人、投入比最小、提升知名度最快的营销手段，当属事件营销。众所周知，事件营销的初衷就是打造品牌，依靠曝光度及浏览量达到提高知名度的效果，从而打造品牌。事件营销集新闻效应、广告效应、公关关系、形象传播于一体，口耳相传的广告效应，能够引来公众的大量议论，并借此激发公众的参与感，通过与公众的互动形成口碑，从而产生良好的传播效果。

● 案例 35

君乐宝通过乳业上市事件打造品牌

2016 年 8 月 8 日，君乐宝乳业在石家庄召开新闻发布会（见图 7-3），宣布婴幼儿奶粉以"陆港同质同价"进入香港市场，首批产品将在香港药店销售。SGS① 公布了对君乐宝的检测结果，在营养成分、食品安全等方面，均符合香港相关标准。

图 7-3　君乐宝乳业在石家庄召开新闻发布会

图片来源：http://zhuanti.hebnews.cn/2018-04/26/content_6860592.htm

　　君乐宝利用奶粉在香港销售这样一个事件，向市场传递出品质出众、产品安全的信息，在国产奶粉市场低迷、消费者信任度

---

① SGS：Societe Generale de Surveillance S.A. 的简称，译为"通用公证行"。创建于 1887 年，总部位于瑞士日内瓦，是目前世界上最大、资格最老的民间第三方从事产品质量控制和技术鉴定的跨国公司，也是国际公认的检验、鉴定、测试和认证机构。

低的情况下，迅速引起了社会的关注。2021年，君乐宝奶粉销量突破10万吨，成为全国领先品牌。

第二节　始终和消费者在一起

营销传播是为了影响市场的舆论导向，并最终影响消费者的选择。营销传播的过程就是品牌推广的过程，这是战略级的推广方法。在互联网时代，消费者被信息"噪声"干扰，只有始终如一地和消费者建立关联，和消费者站在一起，才能够达到信息有效传递的目的。

一、消费者在哪里，你的推广就应该在哪里

在购买渠道多元化的今天，消费者的注意力不断被新兴渠道吸引；在营销传播方面，媒体的数量和式样也越来越多，碎片化的信息对消费者的影响越来越小。对于乳品企业来说，通过单一渠道做销售和通过单一媒介做推广的时代已经过去。在新的消费环境下，企业要跟随消费者，他们在哪里，你的推广就应该在哪里。

在大型商超，消费者注重购物的舒适性，乳品企业就要做好产品的陈列，保持陈列面的干净、整洁，这不仅是为了给消费者留下舒适的印象，更重要的是让消费者看得到产品；同时，促销员的专业性服务也会给消费者留下良好的印象。另外，消费者在超市购物还带有一

定的休闲性，因此，通过互动体验式的推广活动可以满足消费者休闲的需求。

在传统流通网点，消费者注重的是购物的便利性。乳品企业就要做好产品的铺货，保证让消费者买得到。同时，在有限的空间里，通过终端推广物料的应用，让产品陈列生动起来，给予消费者清晰的提示。

互联网更是在消费者身边无处不在，通过互联网消费的方式也是多种多样。因此，乳品企业的互联网推广，首先要做好网络基本声量的建设，搜索、百科、问答等推广形式必不可少，用搜索建立隐性推广；其次就是基于消费者使用智能手机的普及性，做好移动互联的推广，比如在微信、微博、抖音、快手等媒体上要进行内容布局。

企业要围绕消费者日常生活的场景，展开各类营销推广活动。比如，中午时间网上订餐量很大，乳品企业就可以与订餐平台合作（比如美团、饿了么等），采取跨界联合的方式，给予消费者订餐时一个乳品的连带销售。

总而言之，对于今天的乳品推广，应以消费者的生活场景为中心，跟随消费者的脚步，消费者在哪里，你的推广就跟到哪里。

二、消费者喜欢什么，你就应该提供什么

改革开放40多年来（1978年至今），中国居民收入有了巨大的提高，消费能力也有了巨大的提升，物质丰富，产品越来越多样化、高端化。我国也进入了消费需求持续增长、消费结构加快升级、消费拉动经济作用明显增强的重要阶段。

1. 在碎片化的环境中提供消费者所需要的信息

互联网与移动应用改变了人们的生活、工作、娱乐、学习方式，

在消费者的生活时钟里，除了看电视、看报纸、行车、逛街、差旅等等传统行为，收邮件、搜索信息、看朋友圈、刷抖音、在线交易等由互联网创造的生活方式，亦已成为消费者生活的重要环节与组成部分。在购买决策过程中，通过在互联网上搜索、收集商品/服务的信息作为依据，再决定其购买行为。互联网时代的各种行业频道、垂直网站、专业评论网站、APP、小程序、微信、抖音等的出现，使消费者有机会从多种渠道获得详尽的产品信息，从而确保其尽可能进行"正确的"购买决策。

乳品企业要充分利用碎片化的各类媒介，在消费者生活的场景中进行信息的拦截，才能够触达消费者，通过对品牌价值的传递，引起消费者的关注。

2. 满足消费者对产品的物质和精神双重需求

消费者对乳品的需求已经不仅仅是物质需求了，更是上升到了精神需求的层面，追求新奇、个性、时尚、高品质等成为消费者的典型心理特征。在物质层面，现在的乳品更加安全，口味与口感也更加多元化，越来越多的产品诉求天然、营养、健康。在精神层面，各种满足消费者认同感、炫耀心态等的产品开始出现，从而实现产品和消费者之间的联系。

天润乳业的冰淇淋化了酸奶，因其口感丝滑浓郁，深受年轻消费者的喜爱，很多人都会去自动自发地对产品拍照后发朋友圈，营造自己"酸奶自由"的感觉。对于消费者来说，产品好喝就是物质享受，而拍照发朋友圈就是精神享受。（见图7-4）

简爱用"0添加"的概念，通过"生牛乳、乳酸菌、其他没了"的品牌诉求，成为酸奶领域最成功的品牌之一。

图7-4　天润乳业冰淇淋化了酸奶
图片来源：天润京东自营专卖店

在"成分党"①的心目中，简爱就是酸奶中的一股清流，配方简单，口感好，产品包装简洁大方，既满足了消费者的物质需求，又满足了在朋友圈、小红书等社交媒体上晒消费心得的精神需求。（见图7-5）

图7-5　简爱酸奶
图片来源：简爱酸奶微信公众号

三、倡导新消费，引领消费者

乳品行业每年的新产品层出不穷，令人目不暇接，而消费者置身其中，也不知如何选择。在这样的环境下，乳企只有通过倡导新的消费观念，才能引导消费者做出选择。

---

① 指年轻消费群体中对产品的配料表非常关注的一群人。他们会对配方中的成分进行挖掘分析，进而判断是否是适合自己的产品。

新鲜战略①一直是区域性乳品企业的优势，也是建立市场壁垒的根本战略。从目前的区域市场环境来看，多数企业都采取了新鲜战略。为保证新鲜战略的顺利实施，企业需要对消费者进行消费观念的教育，从而牢牢地抓住当地消费者，使之成为忠诚的粉丝。送奶到户就是区域性乳品企业在新鲜战略之下建立市场壁垒的渠道操作模式。"新鲜"作为送奶到户产品最重要的价值支撑，需要企业在推广中重点强化，通过对鲜奶营养、健康的宣传，引导消费者养成消费鲜奶的习惯，让"新鲜"成为消费者生活中不可缺少的一部分。

高价值的产品更需要引导消费者。近年来随着人们收入的提高和个性化需求的增加，高端牛奶也成为一种消费新趋势。口感好、奶源好、国际标准严格、质量高等，是高端牛奶主要的内在价值。正是由于蒙牛、伊利等大型企业对高品质牛奶消费持续的倡导，才有了特仑苏、金典等产品今天的市场规模。

第三节　持续塑造品牌

一、确立定位，不要轻易变动，要积累品牌势能

塑造品牌是一个持续的过程，必须持之以恒。这看起来是一个几乎所有人都知道的简单道理，但是仍有不少乳品企业把品牌塑造当作一种阶段性的目标来完成，一旦品牌有了一定的知名度和美誉度，就

---

① 新鲜战略：以低温巴氏奶产品为核心的企业发展战略。

开始懈怠，以为自己的品牌已经永远占据消费者的"芳心"了，这只是企业一厢情愿的事情，如果不能建立品牌的信任度，就无法赢得消费者的持续购买。

在品牌塑造过程中，最重要的是品牌定位一旦确定，绝不能随意更改，更不能"昨天向东，今天向西"。比如，多数区域性乳企品牌的核心价值都与"新鲜"有关，但总有一些品牌不能坚持，经常在品牌塑造中随风摇摆。今天用这种品牌诉求，明天用另一种品牌诉求，方向变了，核心价值就没有了。

品牌的定位就是要有舍有得，定位就肯定要牺牲一些东西，然后聚焦于核心价值。随风摇摆的品牌，一定不会在消费者心中留下深刻印象，也无法积累品牌势能。只有那些坚持定位不变的企业，才能成就品牌。

二、通过产品创新和灵活多变的推广持续为品牌加分

科特勒曾说，伟大品牌的核心是产品。品牌的塑造是个持续的过程，是依靠持续不断的产品创新积累起来的。一个伟大的企业之所以伟大，正是因为拥有一个或多个卓越的产品，也就是具有战略意义的超级单品，企业的命运往往由它们决定。超级单品在市场上的表现，直接影响着企业的兴衰与未来。

打造超级单品需要创新，要围绕消费需求的变化而不断地提高产品的价值。特仑苏是蒙牛乳业的超级单品，在发展的过程中，通过不断为产品提高附加价值，丰富产品线，从单一的纯牛奶，扩充为涵盖了有机纯牛奶、全球精选纯牛奶、谷粒牛奶、高钙牛奶、酸牛奶等类型的产品群，通过不断的微创新，成为市场上不可撼动的超级品牌。

产品是企业实现战略目标和塑造品牌的工具和载体。新产品推出，

除了为企业谋求新的利润增长点，一定要为提升品牌影响力服务。每家企业都有自己不同的长板和短板，通过产品创新，打造自己在某一领域的核心优势，把根扎深，品牌资产才能得到积累。

新品上市必须依靠灵活多变的推广活动来实现，从来就没有无声无息上市就成功的产品。乳品企业新品推广形式有四种类型：

一种是营造舆论环境，提高品牌影响力的公关活动。比如新品上市新闻发布会、新品技术发布会、上市周年庆祝活动等。

二是直接和消费者建立关系，面向消费者的推广活动。比如免费品尝、工厂参观、小型路演、终端促销等。

三是线上推广，通过软性传播，达到产品信息对消费者的无缝隙触达，让消费者在线上的主要平台都能够接触到产品信息。比如小红书的笔记、抖音的短视频、公众号的软文等。

四是线上线下相结合的形式，突破单一的线上推广或者线下推广，覆盖更广泛的市场。比如线下活动，线上宣传；线上活动，线下同步执行；等。

推广活动无论形式如何变化，都要有活动主线，活动主线应该围绕引导消费者的消费习惯，推广企业的品牌价值展开，这一点是不能变的。在明确主线的基础上，活动形式就需要灵活多变，以达到全面影响消费者的目的。

三、坚持做消费者互动，坚持做创新产品，坚持做好服务

塑造企业的品牌，是一个长期的过程，不是一朝一夕就能够完成的。在塑造品牌的过程中，产品是抓手，品牌是载体，要通过产品和消费者建立关系，再通过品牌强化和消费者的关系，从而形成强势的品牌。

因此，塑造品牌一定要做到三个坚持：

1. **坚持做消费者互动**

产品推广的根本目的是向消费者传达产品和品牌信息，并让消费者记住，从而引导消费者购买，并最终形成消费习惯。如今由于品牌众多，消费者对不知名的品牌不会有太多的关注度，轻易就会忘记了品牌和产品的相关信息，通过与消费者互动而让消费者亲身参与，这是能够让消费者在心理上对产品和品牌产生认知的最好方式。通过和消费者的互动，则更容易和消费者建立信任关系，最终实现产品的销售。

消费者互动的本质就是参与感，要让消费者能够参与到企业的相关品牌建设活动中去。

案例 36

光明乳业的牛奶盒回收活动

新时代的消费者不仅仅需要乳品企业提供优质的产品，还需要企业能够具有社会责任感，而光明乳业所开展的"牛奶纸盒回收行动"就是向消费者传递环保理念的具体行动。（见图7-6）

图7-6　光明牛奶盒回收活动

图片来源：http://k.sina.com.cn/article_6456450127_180d59c4f020012el0.html

2019年7月，光明乳业开始做"牛奶纸盒回收行动"，每月的5日、15日、25日被定为牛奶纸盒回收日，不限规格，不限品牌，市民只要集齐10个任意品牌的牛奶纸盒，经工作人员确认符合可回收垃圾标准（清洗干净），即可兑换相应产品。目前光明乳业已经在全国累计覆盖了5013个回收点位，这些点位都是和消费者产生互动的节点。通过这样的公益活动，不断强化光明乳业的生态环保理念。

2. 坚持做创新产品

在同质化的市场中，只有创新产品才能够引起消费群体的关注。品牌也只有通过创新产品的推出，才能够在市场中去塑造品牌。通常品牌的创立过程分为两个阶段：一是品牌建立阶段。通过打造超级单品，进而带动品牌价值的提升。二是品牌反哺阶段。当品牌有了一定的知名度和影响力之后，通过品牌再来带动其他产品或品类。

对于区域性乳品企业来说，多数尚处于品牌建立阶段。因此，必须集中资源，聚焦发力，通过产品创新，打造属于企业的超级单品。

● **案例 37**

活润酸奶的持续创新

活润作为新希望乳业的重要酸奶品牌，自2011年上市以来，通过不断创新和升级，已经成为国内功能性酸奶中的明星品牌。

最初的活润酸奶只是普通的功能性酸奶，诉求围绕"润肠道"展开，而今天的活润酸奶，不仅仅具有普通的功能，更是通过技术的创新，推出了多个开创性产品。

2021年，活润推出了运用3D包埋技术将益生菌包裹在晶球内的"晶球酸奶"。2022年再次推出"好胃道"双晶球酸奶。目前活润品牌旗下的产品群包括晶球酸奶系列、大果粒酸奶系列、益生菌系列、乳酸菌饮品系列等，已经成为拥有丰富产品的品牌。（见图7-7）

图7-7 活润酸奶不断升级和进化

图片来源：新希望乳业官网

3. 坚持做好服务

乳品行业是一个高频次消费的行业，消费者的购买渠道具有多元化的特征，这就要求企业必须做好多方位的服务。只有通过产品和服务，让消费者有良好的消费体验，才能够获得消费者持续的认可与支持。因此，服务也是品牌的一部分。每一个乳品企业都应该建立消费者服务体系，对于消费者的反馈要及时处理，做到让消费者满意；还应坚持做公益，勇于承担企业的社会责任，把品牌打造成令消费者信任的品牌。唯有在产品和服务两方面获得消费者的认可，才能成就伟大的品牌。

做好对消费者的服务，最根本的是为消费者提供安全、放心的产品，其次是方便购买，以及对消费者反馈的快速反应能力。

● **案例 38**

君乐宝多维度的消费者服务体系

君乐宝作为头部品牌中增长速度最快的企业之一，近年来通过自建牧场的方式，从源头控制牛奶的品质，从而提升产品质量。目前全线奶粉都来自其自有牧场奶源，直达奶粉工厂，生牛乳一次成粉，保证品质。好产品是服务消费者的基础。为方便消费者购买，君乐宝已经建立了线上线下相结合的渠道模式，无论通过哪个渠道类型，都可以便捷地购买君乐宝的产品。君乐宝的优致牧场是国家 4A 级旅游景区，消费者可以免费参观，不仅可以学习牛奶文化，还可以看到现代的挤奶场景，和奶牛近距离接触，强化了消费者的体验。

君乐宝通过多维度的服务体系，和消费者形成多角度的信息触达，并建立信任关系，使之成为消费者满意的品牌。

简而言之，乳品企业在品牌建设的过程中，要做好三个坚持，向消费者输出价值，如此，才有机会成长为受人尊敬的伟大企业。

品牌塑造模型

品牌塑造是长期的过程，首先是品牌必须要占领舆论的制高点，建立品牌影响力；其次是品牌的各类表现（比如渠道、产品等）必须和消费者建立关系；最后是要用长期主义的精神，坚守品牌定位，做品牌的

影响力积累。(见图 7-8)

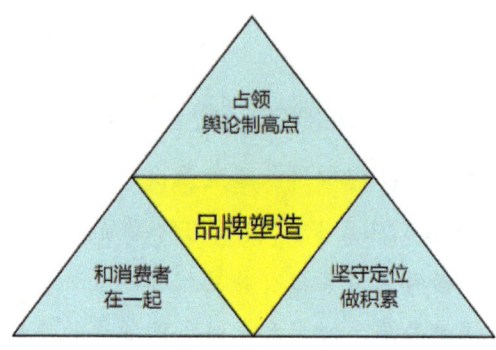

图 7-8　品牌塑造模型

第八章

危机营销，
速度第一

第一节　危机总是在不经意间发生

乳品行业的快速发展，导致企业更加关注市场机会，围绕增长、利润、市场占有率等要素展开相关工作，不可避免地忽视企业经营过程中的潜在危机。绝大部分乳企更是缺乏对危机的应对机制，从而导致危机出现的时候，企业并没有意识到问题的严重性，但是随着媒体的曝光，最终形成危机事件，引起行业震动、企业动荡。如果没有恰当的处理方法，任由事态发展，最后会对企业产生不可估量的负面影响，甚至会导致企业破产。

在互联网媒介发达的今天，企业的危机意识更应该加强，要重视危机，降低风险，也要利用危机，转危为安，提升企业的品牌影响力。

一、危机事件的类别

危机事件一般情况下具有突发性、紧急性和不确定性，这也是很多企业面对危机而缺乏有效应对措施的原因。

可以把危机事件分为两类：

一类是公共危机事件。以社会公共危机为核心，从而影响到整个社会层面的经济、生活以及企业自身的经营与发展等。比如2020年的新冠疫情，由于其具有较强的传染性，导致很多地区"停摆"，企业的经营自然无法进行，对社会经济、居民生活都造成了巨大的影响。

另一类是企业危机事件。以企业为主体而发生的负面事件，对企业的品牌声誉产生不良影响，甚至会因为企业的这个事件影响整个行业，造成消费者的信任度降低。比如2008年的"三聚氰胺事件"，不仅导致三鹿集团破产，还导致整个乳品行业的消费者信任度全面降低。

二、危机为什么总是出现

公共危机事件具有不确定性，无论是政府，还是企业，都不希望社会性的公共危机事件出现，这对整个社会的经营活动都会产生巨大影响。公共危机事件发生之后，企业所需要做的是积极参与，承担社会责任，建立品牌声誉。

企业的危机事件，经常呈现出多点发生的现象，没有规律可循。比如产品质量危机、企业领导人的言行不当导致的危机、无意识地虚假宣传导致的危机、牧场污染环境的危机等，但企业可以采取必要的措施，防止危机的出现。

通常企业的危机事件发生，主要有三个原因：

第一是企业本身确实存在问题。比如2022年美赞臣的"香兰素事件"[1]等，这是出现危机的根本原因。第二是被抹黑式的危机。这个就不是企业自己能够预测，提前做防范的事情。第三是行业危机波及企业，从而不得不陷入危机的局面。比如2012年的酸奶"明胶事件"[2]等。

---

[1] 黄劼：《美赞臣被罚129万余元》，《中国消费者报》2022年4月8日。
[2] 2012年4月，媒体以讹传讹，纷纷报道酸奶中的一种添加剂"明胶"为工业明胶，导致整个市场的老酸奶产品销量断崖式下滑，严重影响整个市场的酸奶产品销售。

三、乳业危机事件的影响

乳品行业自 2000 年至今，发生过多次大的危机事件，对乳业市场的发展产生了极大的影响。

案例 39

2003 年阜阳"大头娃娃事件"

2003 年，安徽阜阳先后出现多例婴幼儿重度营养不良事件，后经调查，这些婴幼儿食用了劣质奶粉，这是不良商家为了营利，生产出严重不合格的产品。这些奶粉中含有的营养成分不足三分之一，导致婴幼儿发育不良，成为"大头娃娃"。

2004 年 4 月，由国家食品药品监督管理局（2018 年改为国家市场监督管理总局）等部门组成的调查组到阜阳调查，最终在阜阳市查获 55 种不合格奶粉，共涉及 10 个省（自治区、直辖市）的 40 家企业。8 月 12 日，国家质检总局（2018 年改为国家市场监督管理总局）正式公布对全国 496 家奶粉生产企业的监督抽查结果，其中 54 家生产劣质奶粉的企业被列入"黑名单"，并被责令全部停产。

该事件对中国乳业的发展产生了严重的影响，国产奶粉的销量迅速下滑，刚刚对国产品牌建立初步信任的消费者迅速丧失了信心。

● **案例 40**

2008 年"三聚氰胺事件"

2008 年 9 月，甘肃岷县 14 名婴儿就医时被查出都患有肾结石病症，从而引起外界关注，在之后的一周时间内，甘肃全省共发现 59 例肾结石患儿，而这些婴儿都食用了三鹿牌婴幼儿奶粉。经检测发现，这些奶粉都受到了三聚氰胺的污染。

9 月 13 日，国务院启动国家安全事故 I 级响应机制，处理三鹿奶粉污染事件。三鹿集团所在地石家庄官方认定，三鹿"问题奶粉"是由不法分子在原奶收购中添加三聚氰胺所致。河北省政府决定对三鹿集团立即停产整顿。

国家质检总局对全国婴幼儿奶粉三聚氰胺含量进行检查，结果显示，有 22 家婴幼儿奶粉企业的 69 批次产品中检出含量不同的三聚氰胺，其中不乏头部品牌。此后，多个国家及地区全面或部分禁止中国乳制品及相关产品在当地的销售或进口。

受事件影响，当年伊利、蒙牛、光明全部亏损，曾经领跑国内奶粉市场的乳业巨头三鹿集团于 2009 年 2 月宣布破产。

这两次危机事件，对乳品行业都产生了巨大的影响。消极的一面是国内消费者对本土品牌的信任度丧失，导致进口乳品飞速增长，使乳品行业进入调整转型的 10 年（2008—2018 年）。积极的一面则是通过整顿，淘汰了部分中小型乳品企业，提高了整个行业的综合实力，产品质量成为红线，任何越过红线的行为都会受到严厉的制裁，《2021 年中国奶业质量报告》显示，国内乳制品和婴幼儿奶粉抽检合格率分别达到 99.87% 和 99.89%，位居食品行业的前列。

企业的危机事件，如果不涉及产品质量等严重的问题，对行业不会产生大的影响；但如果处理不当，则会对企业自身的经营与发展产生影响。

案例 41

飞鹤被做空事件

2020 年 7 月，做空机构 Blue Orca 发布长达 64 页的报告，认为飞鹤乳业财务造假，通过高估婴幼儿配方奶粉的收入，低估运营成本数十亿美元，夸大企业的盈利能力。报告公布之后，中国飞鹤股价下跌 8%。后飞鹤通过发布公告，并提供有力的证据，平息了这次事件。

案例 42

K 迪欠奶款事件

2019 年 8 月，媒体报道，全国超百名奶农聚集在 K 迪乳业总部，要求其返还拖欠长达 19 个月的原奶款项，涉及金额达到 1.4 亿元。之后，深圳证券交易所发出问询函，随后 K 迪被曝出财务造假、控股股东违规占用资金等一系列问题。2022 年 5 月 24 日，公告显示，深交所决定对 K 迪股票终止上市。

企业的危机事件，如果处理不当，会引起连锁反应，最后可能会导致企业出现严重的后果。当然，事出必有因，如果企业没有问题，负面的危机事件，短期内通过合适的方式即可扭转局面；如果企业的确有问题，则需要通过危机处理，减少对企业经营的影响。

第二节　公共危机事件的洞察和参与

公共危机事件是指一种危及全体社会公众的整体生活和共同利益的突发性和灾难性事件。

对于企业来说，面对公共危机事件，是积极参与还是置身事外，这也决定着企业在公共危机事件的过程中、结束后所担任的角色。

积极参与社会公共危机事件，对于企业来说，一是做力所能及的支持，承担社会责任；二是在支持的过程中引导舆论，传递正能量；三是通过积极参与公共危机事件处理，对企业内外建立正向、有担当的品牌形象，持续地建立品牌的信任度。

以 2019 年 12 月新冠疫情的发生为例，我们来分析乳品企业在社会公共危机事件中是如何洞察与参与的。

一、敏感度

这是企业对公共危机事件的反应速度的具体表现。

从新冠疫情发生之后，我们观察到乳品企业的各类行为，有迅速做出反应并行动的企业，也有很多无动于衷的企业。这些行为的背后，实质是企业对社会事件的敏感度问题。

其深层次的原因就是企业的组织管理中的反应速度。反应速度越快，说明企业内部的组织管理效率越高，效率越高，则在市场经营的过程中，必然会更加迅速，优势企业都是反应速度第一的企业。

在武汉宣布封城（2020 年 1 月 23 日）之前，乳品行业第一个参与捐赠的企业是蒙牛乳业。

案例 43

蒙牛速度

2020年1月22日，蒙牛乳业为武汉第一医院捐赠酸奶产品，数量不多，大约价值10万元人民币；1月23日，蒙牛向武汉大学中南医院捐赠特仑苏牛奶约2000件；在武汉封城之后，蒙牛乳业连续进行捐赠，1月25日决定向武汉捐赠价值2000万元的财物，其中包括1200万元现金和800万元的牛奶；与此同时，蒙牛在全国各地的分公司，纷纷展开捐赠活动。

蒙牛作为一个全产业链的乳业公司，旗下现代牧业、雅士利国际、富源国际、蒙牛圣牧等也纷纷加入捐赠行列，蒙牛大家庭捐赠物资总额达到7.4亿元（截至2020年2月28日）。

在此次疫情期间，火神山、雷神山医院的建设成为大众关注的新闻事件，并且全方位地向全国全球的观众直播进度，可以说是疫情期间的"网红"医院，而蒙牛也是首家将乳制品送达火神山、雷神山医院的乳企，这两所医院的医护人员和患者每日所需的牛奶、酸奶全部由蒙牛捐赠保障。

2月4日，经湖北省新型冠状病毒感染肺炎疫情防控指挥部批准，由蒙牛集团捐建的"中华慈善总会（蒙牛）疫情防控应急物资中心"正式启动运营。（见图8-1）

中华慈善总会（蒙牛）疫情防控应急物资中心

图8-1　中华慈善总会（蒙牛）疫情防控应急物资中心启动运营
图片来源：http://news.jsnol.com/local/2020/0204/21644.html

蒙牛携手中华慈善总会、蓝天救援队全力投入武汉物资转运工作，疏通武汉及周边地区物资捐助的"最后一公里"。3月1日，蒙牛继续向武汉沌口方舱医院、武汉软件工程职业学院与江汉大学方舱医院捐赠特仑苏牛奶、纯甄酸牛奶等，价值共计超过13万元。

蒙牛捐赠的速度是乳品行业第一，这充分体现了蒙牛乳业对公共危机事件的敏感度，并能够积极地参与其中。

蒙牛作为国内乳业的龙头企业之一，如果只是一个子公司在行动，这算是反应快，如果是全国的子公司都快速行动起来，这就不仅仅是快的问题，更在于企业的全面动员能力，能够达到上下号令统一，为共同目标而采取行动的执行力。

正是因为蒙牛乳业快速采取行动，在益普索的调研中显示，蒙牛抗疫捐赠行动以28%的认知度，成为乳品及快消行业中第一名。

敏感度决定着企业在公共危机事件中是否能做到第一反应，而第一反应则是企业品牌建设中的重要原则。

二、关联度

这决定着企业如何参与。

社会公共危机事件，是对全社会造成经济、生活等问题的事件，这些事件和企业的关联度在哪里？如何立足企业自身实际情况，发挥企业优势，助力公共危机事件的解决？这些企业在参与社会公共危机事件时要考虑的问题。

在新冠疫情发生之后，医学专家发现，抵抗力强的病人康复的速度更快。钟南山院士和李兰娟院士在不同场合都提到过营养对病人的作用，这也应该是广大乳品企业积极进行乳品捐赠的重要原因。

李兰娟院士在接受节目访谈时表示："四抗二平衡"对于治疗新型肺炎重症病人非常重要。其中的"二平衡"就提到了微生态平衡。央视新闻报道乳酸菌可"激活"人体免疫系统。（见图8-2、图8-3）

图8-2　李兰娟院士接受采访　　图8-3　央视新闻报道

国家卫生健康委办公厅与国家中医药管理局办公室公布的《关于印发新型冠状病毒感染的肺炎诊疗方案（试行第四版）的通知》提出，可使用肠道微生态调节剂，维持肠道微生态平衡，预防继发细菌感染。

而微生态调节剂，一般可以理解为益生菌类产品。

以上这些内容的传播，进一步强化了乳品对于人体健康的促进作用。常温乳品是优质的蛋白质来源，满足人体对蛋白质等物质的需求；而低温酸奶，通过益生菌发酵后，在人体的肠道内可以起到促进肠道菌群平衡的作用。

此次新冠疫情，进一步强化了消费者对于乳品营养价值的认知，提升了乳品消费。对于乳品企业来说，这是和自身业务息息相关的社会公共危机事件。

我们看到很多乳品企业，在新冠疫情如此严重的情况下，依然不间断地为消费者提供服务。

新冠疫情中，消费者对于基础生活用品的需求加大，企业快速搭建满足消费者需求的产品组合。比如光明乳业随心订业务把新鲜蔬菜和乳品组合进行配送等。（见图8-4）

图8-4　光明乳业随心订业务

新冠疫情发生后，呈现迅速蔓延的态势。对于参与抗疫的医护人员，最需要口罩、防护服及饮食营养补充。对于乳品企业来说，捐赠乳品是最快的方式，而乳品也是医护人员最需要的日常生活用品。睿农咨询的统计数据显示，全国乳品企业中有超过300家进行了不同程度的捐赠。

通过捐赠和企业建立关系，彰显企业的社会责任感，增强品牌的美誉度；通过借助舆论导向进行产品营养价值的宣传，提升销售机会，这些都是建立企业与危机事件关系的方法。

三、参与度

对社会公共危机事件的参与深度，不仅仅是企业的社会责任问题，也是经营品牌的问题。深度参与还是跟风参与，最终结果完全不同。

企业是一个商业体，要通过经营从而最终服务社会，在企业自身力所能及的情况下参与社会公共危机事件，这是无可厚非的事情。但要想让参与后的效果最大化，除了有菩萨心肠，还需要有市场手段。菩萨心肠即是天下兴亡，匹夫有责，而市场手段则是要通过积极参与，达到提升企业美誉度和消费信任度的目的。

作为一家有责任感的企业，在自身能力许可的情况下，积极参与社会活动，这不仅仅是承担一定的社会责任，更重要的是通过承担社会责任，让消费群体认识到企业的公益之心，最终提升品牌的信任度。

参与度有深有浅，首先要积极参与，其次要根据企业的实际情况决定是深度参与还是简单参与。

在此次新冠疫情期间，我们看到了伊利、蒙牛、光明、君乐宝、飞鹤、新希望等乳品企业的担当，这些企业基本都是通过深度参与防疫抗疫，积极承担社会责任。

伊利在此次疫情期间，不仅仅积极地参与捐助牛奶、防疫物资，还积极地为整个产业链的上下游提供担保贷款，保证上游供应企业能够正常运转，而对于企业的员工，企业在 2020 年 2 月 26 日宣布进行涨薪。这些行为鼓舞了士气，从而使企业及员工面对困难勇往直前。（见图 8-5）

图8-5　伊利集团宣布涨薪

中小型乳品企业聚集在自身企业所在地，通过对医护人员、防疫人员、公安交警等的捐助，表达企业的大爱之心，比如有很多奶吧[①]类的企业也积极地参与到公益捐赠中去。这些小微乳业，有的年销售仅有几百万元，但积极地参与到公共危机事件中去，这本身就是一种大爱之心。企业越大，社会责任越大，企业虽小，但依然承担着社会责任。

---

① 奶吧是以小型牧场主为核心而建立的乳品销售店，采用即时加工、制作各类乳品，向消费者售卖的一种业态。据不完全统计，全国有超过 5000 家店面。

第三节　危机事件的处理方法

当危机事件出现，无论是社会公共危机事件还是企业自身的危机事件，首先是反应速度要快，要对这个危机事件能够做出判断。其次是形成实施方案的能力要强，要能够针对危机而确立恰当的应对措施。最后是传播媒介的有效选择，如果是社会危机，则要把企业的应对方法有效地传递出去，形成示范效应；如果是企业的危机事件，则需要通过媒介坦诚面对，把危机的负面影响降到最低程度。

一、反应速度

对于危机事件的处理，关键在于反应速度。而反应速度首先是企业的"大脑"的决策速度，以新冠疫情这个社会公共危机事件为例，第一个进行公益捐赠的乳企是蒙牛，这说明企业的决策层对社会事件的敏感度高，所以反应速度很快。

当然，任何危机事件都是特定时期的事件，不可能经常面对，正因为如此，这才是考验企业洞察能力、决策速度、动员能力的关键。

洞察能力：对于一个事件的发生，企业的领导者能否做出准确的判断，是他的洞察能力的具体体现。而洞察能力是一种综合判断的能力，这不仅仅是对繁杂信息的筛选，更是对事件本质的判断。

决策速度：根据洞察，能否快速做出决策，这是企业领导力、组织管理能力高效的具体体现。对于企业管理层来说，每天可能都面临着决策，但能否快速决策，并且做出有成效的决策，这是企业领导者对大量信息的瞬时判断，是考验领导人领导能力的关键。

动员能力：有决策，但能否快速地把决策体现在实施方案上，这考验的是企业的动员能力。"上下同欲者胜"是孙子兵法中重要的制胜法则，这背后是军事将领的动员能力。因此，只有在面对危机的时候，才能够体现出企业的管理能力，只要能够动员全体员工积极参与，必然会战无不胜。

决策速度、洞察能力、动员能力这三者决定了企业在面对危机事件时能否快速反应。一个是判断，一个是决策，一个是执行，三者缺一不可。

二、行动方案

面对危机事件，行动方案决定着实施的效果。

以新冠疫情期间蒙牛的捐赠为例，第一批捐赠时间是2020年1月22日，捐赠的是乳品，价值约10万元，22日、23日连续两次捐赠乳品约23万元，这明显和蒙牛的企业规模不匹配，但是，我们相信这是快速做出的反应，用最快的速度参与到抗疫防疫工作中去，要调动整个公司的资源，也需要时间。

从第一批捐赠的1月22日到2月20日，中华慈善总会发布消息称蒙牛已经向一线捐赠款、物落地实施共达到5.4813亿元[1]。可见，蒙牛在第一批捐赠之后，迅速加大捐赠力度，动员全国各地公司积极参与；此外，蒙牛还和中华慈善总会在武汉合作建立"中华慈善总会（蒙牛）疫情防控应急物资中心"，解决武汉捐赠落地的痛点、难点、堵点的问题。

行动方案在危机事件的初期是制定行动原则，在执行过程中，要不断完善和修正，目的是能够有效地、积极地参与。公共危机事件需要协助政府、公益组织完成救助或者捐赠执行，为需要的人或组织提

---

[1] 林小溪：《蒙牛全员发动　守护抗疫英雄》，《人民日报》，2020年2月26日。

供支持。而企业危机事件则需要企业快速做出反应，通过媒体发声，甚至需要通过召开新闻发布会向社会表明态度，并提出相关的措施，降低危机事件带来的不良影响。

面对危机事件，所要采取的行动方案主要包括制定、实施、评估三个部分。

1. 制定行动方案

由于是危机事件，很多时候具有不可预测性，因此，在制订行动方案的时候，首先考虑的是确定应对的原则，在企业力所能及的范围内，或者在企业的预算之内，可以根据危机事件的进展做出调整。

2. 实施行动方案

以新冠疫情期间伊利的捐赠为例，企业不仅向各个疫区积极捐赠乳品，同时还捐赠了超过3万个牛奶箱的提手，用于医护人员固定口罩，物品虽小，但很暖心。（见图8-6）

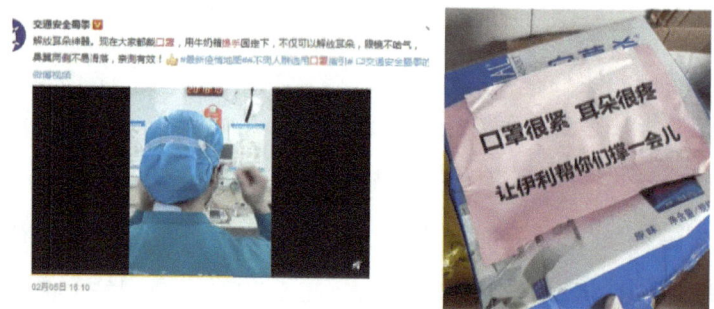

图8-6　伊利捐赠的物品

3. 评估行动方案

无论是参与社会公共危机事件，还是企业自身的危机事件处理，都要对行动进行评估。以新冠疫情事件为例，评估内容包括企业供应能力、实施过程的安全防护措施、捐赠之后产生的价值等。

供应能力的评估：供应能力包括人员、物资、资金、物流等，能否用最快、最有效的方式进行支援，同时这也考验企业各部门、各环节能否快速衔接，即企业流程管理的能力。

安全防护措施的评估：这次新冠疫情是具有传染性的疾病，在参与捐赠捐助的过程中，不可避免要和疫区的人员接触，这就要求企业对参与实施过程的员工的安全防护措施做到最优。包括捐赠过程的流程、接触疫区人员后的消毒、隔离处理等方式，保障员工的安全。

捐赠之后的价值评估：捐赠不仅仅是解决被捐赠者的需要，更重要的是通过捐赠活动，能否提升企业的品牌影响力，能否让捐赠的过程成为企业品牌传播、产品体验的过程。

案例 44

瑞源乳业爱心捐赠赢口碑

新疆瑞源乳业有限公司是新疆地区首家捐助武汉的乳品企业，捐助价值 200 万元的乳制品，捐助对象包括武汉市第三医院、同济医院、火神山医院、雷神山医院等医院。投我以桃，报之以李。在收到牛奶后，各大医院的医护人员纷纷通过发微博、微信、感谢信、短信等形式向瑞源乳业表示感谢。这一句句的感谢，就是企业的口碑，就是企业的价值所在。对于瑞源乳业来说，是真心要为疫区的一线人员进行捐赠，没有任何附加条件，只是尽一家企业的社会责任而已，但这些医护人员的传播，为企业的产品在武汉地区及更广大的地区的美誉度传播，起到了良好的效应。爱人者，人恒爱之。并不是付出就必须要求有回报，而是只问耕耘，自然会有收获。

三、传播媒介

乳品企业在任何危机事件的处理过程中,都需要选择合适的传播媒介参与其中,或放大企业的公益之心,承担社会责任,或者降低危机事件对企业的负面影响,转危为安。

在媒介传播选择方面,要做到四位一体的内部传播矩阵和三大媒介阵地的应用,只有传播的声量足够,才能够产生量变到质变的转化。

1. 四位一体的内部传播矩阵

在互联网时代,要能够发动大众进行传播,才是最佳的传播策略,而发动大众传播,则要从企业自身开始。

首先是企业的自媒体,包括官方微信公众号、官方微博、抖音、视频号等;其次是员工的个人朋友圈,发动公司每一个层级的人员进行传播;再次是企业的上下游关联者,包括各类供应商、经销商等;最后是忠实的消费者,特别是有社群运营的企业,可以发动消费者把企业的正能量事件做进一步传播。(见图 8-7)

图8-7 四位一体的内部传播矩阵

2. 三大媒介阵地

这些属于公共媒体,其第三方的立场,更易于传播企业参与公共危机事件所做的努力,公信力更高。

首先是本地媒体,包括当地的日报、晚报及这些传统媒体的新媒体。通过这些媒介可以影响本土的群体。

其次是行业内媒体,乳品行业中包括中国奶业协会、中国乳制品工业协会、乳业资讯网(中国乳业杂志旗下)、新乳业(华糖云商旗下新媒体)、乳业时报、乳业财经等。这些媒体具有广泛的市场影响力,是从业人员经常阅读的媒体。

最后是全国性媒体,特别是以央视、人民网等为代表的官方媒体,其影响力依然巨大。(见图8-8)

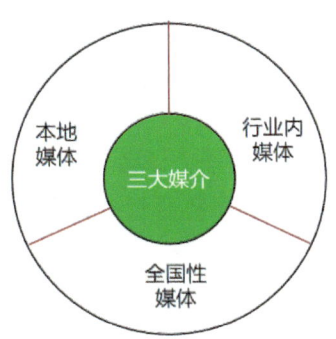

图8-8 三大媒介阵地

除此之外,还有互联网类媒体中的今日头条、网易、新浪等。

从媒介的形式上来看,除文字、图片之外,要特别重视视频类媒体的应用,特别是抖音、快手、视频号等视频媒体,其覆盖人群广泛,影响力较大。

社会公共危机事件对于乳品企业来说,要积极参与,最终要达到影响力、美誉度、信任度的提升,这是商业的本质,也是企业生存与发展的关键,只有企业持续发展,才能够为社会带来更多的价值。一家企业解决的社会问题越大,其社会价值就越高。社会价值会转化为消费价值,当消费者不断地去购买企业的产品,企业才能够实现真正的良性发展。

企业的危机事件,无论是什么类型,都需要采取坦诚的态度。如果是质量、安全等危机事件,要承认不足之处,并提出改进措施;如果是由于行业的危机事件波及企业,则需要积极地向社会表明态度,公开企业的真实情况,建立信任;如果是被抹黑的危机事件,则需要坚决地反击,并向社会公开真实的情况,以获得社会的认可。

模型 14　危机事件洞察与参与模型

危机事件具有不确定性,对于管理者来说,敏感度是第一位的,基于对事件未来扩展的判断,迅速厘清和企业的关系,最终决定是否参与。(见图 8-9)

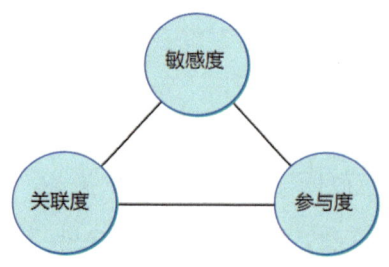

图8-9　危机事件洞察与参与模型

模型15　危机事件处理模型

当危机事件发生时,企业的处理方式分为三个模块:一是反应速度,二是行动方案,三是传播媒介选择。(见图8-10)

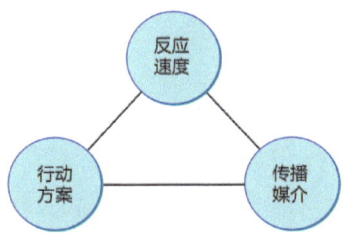

图8-10　危机事件处理模型

模型16　四位一体传播矩阵

在危机处理过程中,要通过四位一体传播矩阵进行信息披露,并通过这些媒介影响企业的关联者。在营销的过程中,四位一体的传播矩阵一样适用。(见图8-11)

图8-11　四位一体传播矩阵

第九章

中国乳业的
未来之路

第一节 乳业新定位

一、乳企面临的困境

1. 发展战略的困惑

（1）聚焦本土市场还是走出去？中国乳业的市场格局基本形成，头部品牌（全国性乳企）、腰部品牌（泛区域性乳企）、区域品牌（区域性乳企）、小区域品牌（城市性乳企）都有各自的发展战略。但随着市场规模的扩展、新消费群体的加入、低温冷链运输的发展等，规模化的乳企都面临着可持续发展的问题。特别是乳品行业中有 **80%** 是中小型企业，经常面临着头部品牌的市场压制、腰部品牌的直接竞争和区域乳企的骚扰式竞争，如何发展？是聚焦本土市场，还是走出去扩大销售区域？聚焦本土市场，如何发挥自身的优势？如果扩大销售区域，应采取什么措施？

（2）是转型低温乳品，还是常温、低温乳品共存？2018 年，伊利、蒙牛先后成立低温事业部，发力经营低温巴氏鲜奶业务，整个行业对低温乳品的关注度再次提高。很多中型乳品企业（年营收 10 亿—50 亿元）开始提出低温转型的战略。实际上，低温乳品是中国乳业发展初期的核心类别，只是随着技术的进步，常温乳品成为市场主流，而今天的市场，随着消费者对健康、安全的乳品的关注度提高，低温乳品再次成为乳企关注的焦点。但从市场规模看，常温乳品依然是主力，低温乳品虽然关注度高，但市场规模依然较小。乳品企业面临着在产品品类发展战略上的选择，是彻底转型低温乳品，还是常温、低温乳品并存发展？除此之外，还有其他的品类方向，比如奶粉、奶酪等，企业是否也要发展？

（3）线上渠道和线下渠道怎么协调？互联网技术的发展，促使乳品行业的销售形成了线上渠道和线下渠道共存的局面，虽然很多乳企线上销售规模较小，但消费者在线上购物的习惯已经形成，购买频率越来越高，线上已经成为未来乳企必须要做的渠道。但现在很多企业面临的问题是，线上渠道和线下渠道的产品经常发生价格冲突，从而导致线下渠道成员（经销商、终端商等）的不满；而线下渠道的推广活动和线上不能同步进行，又会影响线上渠道的销售。乳企已经认识到线上渠道的重要性，但和线下渠道的协调统一该如何做？

（4）做品牌还是做产品？很多乳品企业只关注销售规模、增长率、利润率，而对企业的品牌战略、产品战略并不重视，这就导致品牌缺乏竞争力，产品跟风现象严重。还有企业对品牌理解有偏差，认为只要做好产品，品牌自然就会成功；也有企业认为只有做好品牌，产品才能够有好的销售。这些思想都会影响企业对品牌战略、产品战略的判断，从而形成不同的发展路径。到底是品牌重要，还是产品重要，还是两者都重要？如何选择，莫衷一是。

2. 同质化是乳企面临的重要问题

一是产品的同质化。企业间的产品并没有明显的差异，这就会导致用价格战来抢夺市场，实力小的企业，市场投入有限，在竞争中处于被动地位。差异化虽然是企业创新的本质，但很多中小型企业缺乏创新的基础条件，比如在技术上无法掌控等，即使创新能够成功，也会很快被模仿，并被超越。

二是销售渠道的同质化。乳品企业的销售渠道由 KA、传统零售店、团购、送奶到户、线上电商等构成。在这些渠道中，除了送奶到户渠道具有一定的壁垒，其他类型的渠道基本都是公共渠道，无论是大型乳企，还是中小型乳企，都要在这些渠道中进行产品的销售。无论是渠道费用投入，还是品牌影响力，大型企业对渠道的全面覆盖是中小型乳企面临的重要挑战。

三是价格的同质化。从常温乳品到低温乳品，从大型乳企到小型乳企，产品间的差异越来越小，特别是大型乳企的产品非常全面，价格结构覆盖从最低到最高的各个价位段，而中小型乳企的产品价格必然会被覆盖，这是导致价格同质化的重要原因。

四是推广方式的同质化。无论是线上的品牌推广，还是线下的终端推广，大型乳企的密度是远超中小型乳企的。在推广的方式上，各类企业相似度很高，无法形成绝对的差异化。比如终端的新产品推广，要做终端陈列、品尝、媒体化建设等，这些工作，各类企业都大同小异。

面对营销各个要素的同质化现象，乳品企业到底该如何面对？

二、品牌才是乳企建立竞争力的关键

在同质化的乳业市场，是什么要素决定着消费者的购买行为呢？产品、渠道、价格、促销都可能影响消费者的购买行为，但这四个要素都无法建立独特的竞争优势。

产品：这是企业生存发展的基础，每个乳企都非常重视自身产品的品质、口感、包装、概念等，都希望自己的产品能够做到差异化，建立独特的产品价值。但是，随着技术壁垒的逐渐扁平化，任何新产品在短时间内都可以被竞争对手模仿出来，这就导致在产品层面无法建立持久的竞争力。

渠道：如果企业的产品能够出现在各类型渠道中，产品的销售概率就会增加。但渠道本身并不是某家企业独有的，大部分销售渠道都是公共渠道，这就会促使企业间为争夺渠道而投入更多的费用。线下只有在终端占据更好的位置，才能获得更多的销售机会；而线上也只有获得平台的流量，才能有较好的销售。因此，渠道并不是企业独有的竞争力。

价格：低价策略被很多企业采用，短期看，可以获得市场份额，但长期看，缺乏利润支撑的低价，必将影响企业后续的发展动力。而企业间的产品价格体系重合度很高，这就导致在价格层面很难建立竞争力。

推广：开展推广活动必然会产生费用，而大部分中小型乳企在营销推广费用上的投入有限，很难通过推广形成大规模的销售。而大型乳企在营销推广方面的投入多，创新的活动多，频率高，这在一定程度上是对中小型乳企的全面压制。

在乳品企业中，什么才能够形成长久的竞争优势？是品牌。

因为，产品会被模仿，渠道会被覆盖，价格会重合，推广会被更大的声量压制，而只有品牌才是企业自己的。

品牌是企业的重要资产，它代表着企业的形象、价值、文化，而这一切都可以建立起差异化的优势，经过长期的塑造，最终会成为消费者信赖的对象。

三、如何进行品牌定位

定位[1],就是让品牌在顾客的心智阶梯中占据有利的位置,使品牌成为某个类别或某种特性的代表,当顾客产生需求时,便会把该品牌作为首选,这个品牌就占据了这个定位。

睿农咨询在实践中,提出通过 SAC 品牌定位模型[2]进行品牌定位,通过三个方面的分析,寻找品牌的差异化价值,最终确立在消费者心目中的定位。(见图 9-1)

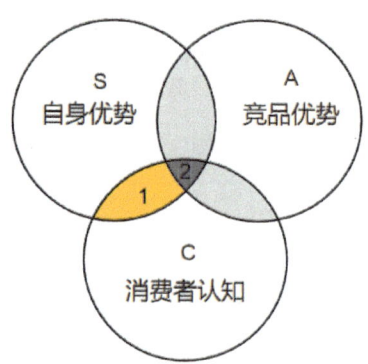

图9-1　SAC品牌定位模型

第一是通过对企业各个层面的梳理,找到企业自身的各类优势。

第二是要找到竞争对手的优势和竞争对手的诉求。

第三是要研究消费者的认知,探寻消费者对于企业自身和竞品的

---

[1] 1972年,艾·里斯和杰克·特劳特提出了定位理论。1991年,中文版《定位》出版。

[2] SAC 品牌定位模型:S 是 Self advantages 的简写,表示自身优势;A 是 Advantages of competitor 的简写,表示竞品优势;C 是 Consumer cognition 的简写,表示消费者认知。

优势、诉求的看法。

通过以上三个方面的分析，叠加出现一家企业具备的优势（即图中"1"区），这个优势是竞争对手不具备的或者竞争对手没有传播的，而这个优势又是消费者认知中认可的。因此，企业的差异化品牌定位就锁定在"1"区，如果在"1"区没有找到所需要的定位，就要在"2"区进行挖掘，但"2"区的定位和竞品存在重叠，这时就需要看竞品是否已经诉求这个定位，如果没有诉求，企业可以通过优先诉求来建立优势。

确立品牌定位，只是品牌工作的开始。

● 案例 45

庄园牧场品牌定位

庄园牧场成立于 2000 年 4 月，是甘肃省龙头乳品企业，2015 年在香港联合交易所上市，2017 年 10 月在深圳证券交易所上市，成为国内唯一一家 A+H 股上市乳企。

第一步：从四个方面挖掘企业自身的优势。

牧场：拥有八大自有牧场，分布在甘肃、青海、陕西，距离企业的工厂都很近，奶源新鲜。

地域：核心企业（庄园牧场）地处河西走廊优质牧草产区，奶牛养殖所需牧草距离近，奶源品质有保障。

历史：已经有 20 年历史，在甘肃省内具有影响力，本地消费者认可度很高。

产品：浓缩奶品类领导者，拥有庞大的消费群体，但跟随者众多，面临价格战威胁。

第二步：分析竞品的优势。

牧场：主要竞争对手在甘肃都是合作牧场。

地域：主要竞争对手（伊利、蒙牛）来自内蒙古，消费者认知度高。

历史：主要竞争力对手成立的时间比庄园牧场更早，品牌影响力更大。

产品：主要竞争对手的产品品类丰富，常温占据优势；其他竞争对手主要在本地跟随庄园牧场。

第三步：洞察消费者认知。

经过对消费者定量（问卷）、定性（访谈）调研发现，消费者对乳品最关注的是新鲜，对于什么是新鲜的认识有"时间短""自己有牧场""本地的"等，而对于庄园牧场品牌的认识为"庄园的奶是最新鲜的"。

经过以上的分析，最终确定庄园牧场的优势为"自有牧场，产品新鲜"，从而确定了品牌定位：专注牧场鲜奶。

四、构建企业的品牌价值体系

品牌定位的显性表现是确立了企业在竞争中的用力点，即确立了企业的优势或者独特的优势。除此之外，还需要对品牌的价值体系进行系统的构建，使之能够在传播的过程中形成合力。

品牌价值体系包括五个部分：

第一是品牌的核心价值。这是品牌带给消费者的利益。

第二是品牌的诉求。用一句消费者最易于理解的话告诉消费者品牌的价值。

第三是品牌的支撑。品牌价值和品牌诉求，通过什么样的内容来支撑。

第四是品牌的调性。是消费者想到你的品牌的时候，他的看法与感觉。

第五是品牌故事。是消费者能够传颂的独特故事、事件等。

案例 46

庄园牧场品牌价值体系构建

庄园牧场在确立了品牌定位之后，需要对品牌价值体系进行规划。

（1）品牌的核心价值：消费者为什么购买庄园牧场的乳品？是因为这个品牌是本地的，产品新鲜。所以，确定了庄园牧场品牌带给消费者的价值就是"新鲜"。

（2）品牌诉求：如何把"新鲜"的品牌价值，通过一句话向消费者传递？要做到有一说一，要能够直接表达出企业的优势，并且要易于消费者理解。最终确立了"庄园有牧场，自然更新鲜"的诉求。这句口号体现了庄园牧场的优势，的确"有牧场"，也体现了核心价值"新鲜"。

（3）品牌支撑：从源头到消费者餐桌全过程寻找品牌的价值支撑（包含地域、牧场、加工、物流四个方面）。地域——河西走廊产区，牧草好，奶才好；牧场——八大自有牧场，奶源可追溯；加工——三大加工基地，现代化工厂，品质有保障；物流——八条低温专线，用完善的物流体系，守护新鲜。

（4）品牌调性：从企业的现实情况和未来发展需要，确立了庄园牧场要体现出"新鲜、安全、香浓、时尚"的调性。

（5）品牌故事：河西走廊产区，乳品具有独特性。

乳业在未来的竞争中，品牌定位就是顶层设计，这决定着企业是否具备独特性和差异性；而品牌价值体系的重塑，则是企业可持续发展的底层逻辑，只有价值体系清晰，才能够在产品开发、渠道选择、营销推广中明确方向，不走弯路。

第二节　乳业新周期

一、消费需求变化带来乳业周期性增长

1978年改革开放之后，居民首要解决的问题依然是吃饱肚子，解决温饱问题是当时社会的主旋律。在这个阶段，市场供需不平衡，乳品市场发展缓慢。从原奶供应看，1978年全国牛奶产量仅有58万吨；而当时的乳品主要是供应给婴幼儿及特殊人群（比如体弱多病的人等），只有少量的乳品供普通大众消费。这个阶段的产品形态以炼乳、奶粉和巴氏杀菌乳为主，市场的普及率很低，可以说是普通人的"奢侈品"。

随着市场经济的发展，消费市场对乳品的消费也开始变化，更多

有条件的城市家庭开始饮用牛奶,吃点好的成为这个时期消费者的内心需求。1992 年,全国牛奶产量达到 503 万吨,已经是改革开放初期的 8.7 倍。虽然计划经济还是主流,但乳品企业的改制已经开启,自主经营释放出强大的生命力,很多农垦系统、畜牧系统等为主管单位的乳企纷纷改制,从承包制向私有化转变,乳企活力逐渐被激发出来,乳业市场供应开始增多。

随着 1995 年之后私营经济的发展,乳品行业进入发展的快车道,至 2000 年时,全国牛奶产量已经达到 3011 万吨。随着常温乳品技术的普及,更多的乳企开始生产保质期更长的产品,从而打破了原来液态奶销售的半径,"北奶南运"① 成为乳业飞速发展的缩影,常温乳品普及了消费市场,庞大的消费需求也促使乳品行业发展进入"疯狂"阶段。

2008 年"三聚氰胺事件"发生,消费者对国产品牌信任度丧失,消费低迷,乳品行业进入整顿期。在此后的 10 年间,中国乳品的质量稳步提升,并且达到世界级的水平。消费者信心逐渐恢复,随着"文化自信"的逐步形成,国产品牌受到越来越多消费者的喜爱。

2020 年新冠疫情的发生,促使乳品行业再次进入大众视野,权威的医学专家呼吁大众饮用牛奶,乳品中的优质乳蛋白可以提高人体的免疫力,而媒体的宣传也加快了乳品营养对大众的普及。作为最易于获取营养的食品,在新冠疫情期间,乳品整个行业依然保持着较高的增速。2021 年全国牛奶产量达到 3683 万吨,同比增长 7.1%;全行业

---

① 中国奶源的产区以北方地区为主,南方受环境和气候的影响,不适宜养殖奶牛,这就导致南方地区缺奶。把北方地区生产的乳品通过长途运输到南方进行销售,就是"北奶南运"。

乳制品产量 3032 万吨，同比增长 9.4%；全国规模以上乳企销售收入达到 4687 亿元，同比增长 10.3%[①]。这充分说明，中国的乳品消费正在进入新的增长周期，消费潜力依然巨大。

自 1978 年至今的 40 多年中，乳品行业的增长与居民消费需求的变化息息相关。改革开放初期，首要的消费需求是温饱，因此乳品消费量少，行业规模小；随着改革开放的深入，居民的收入提高，生活条件改善，在 1990 年之后，进入吃点好的阶段，乳品消费进入快速发展期；2000 年之后，私营经济活跃，居民的收入水平再次提升，乳品消费进入多样化阶段，中高端的乳品开始出现；2020 年之后，乳品的品类再次扩展，从液态乳到固态乳（比如奶酪等），从"喝奶"到"吃奶"，随着消费群体的扩大，行业的增长进入新阶段。

二、乳业新周期的增长逻辑

一是消费群体扩大。以 2021 年为例，数据显示，中国的城镇化率已经达到 65%，人口的迁徙，会带来生活方式和消费习惯的变化，而这些变化也正能增加乳品的新消费群体。受乳品营养教育的影响，消费群体的范围进一步扩大，之前不食用乳品的群体，转化为乳品的消费者。这类消费群体，统称为乳品的入门级消费群体。

二是消费支出增加。以 2021 年为例，数据显示，全国居民人均消费支出 24100 元，扣除价格因素，实际增长 12.6%；分城乡看，城镇居民人均消费支出 30307 元，扣除价格因素，实际增长 11.1%；农村居民人均消费支出 15916 元，扣除价格因素，实际增长 15.3%。消费支出的

---

① 数据来源：国家统计局。

增长显示出国内消费的潜力巨大。

三是消费意愿增强。也就是说，消费者更愿意购买。CBNData（第一财经商业数据中心）2021年数据显示，54%的消费者认为乳制品对健康非常重要，41%的消费者认为乳制品对健康重要，这充分说明，当前乳业消费意愿足够强烈。而新冠疫情至今对乳品营养价值的宣传，再次强化了消费者的消费意愿。

庞大的消费群体加入，具有强大的购买能力，并且具有去消费的意愿。这三个因素叠加，乳品行业增长的基本面已经形成。

三、乳业新周期的机遇

1.产地：以地域心智优势为核心的增长机遇

区域性乳企是当前市场中经营压力最大的企业类型，上有大型乳企的市场覆盖，下有小规模乳企的侵扰。乳品行业的集中度在不断提高，市场竞争激烈，虽然产品、价格、渠道、推广等要素同质化严重，但是细分类别的市场机会依然很多。

乳品的产地也是企业的竞争力，在消费者的内心深处，每一个产地都代表着一种独特的价值。比如内蒙古就是"天苍苍，野茫茫，风吹草低见牛羊"，新疆是辽阔、淳朴，云南是四季如春，西藏是纯净、无污染等，因此，伊利推出呼伦贝尔纯牛奶，圣牧推出沙漠有机纯牛奶，高原之宝推出西藏牦牛纯牛奶，花园推出新疆酸奶等，这些都是以产地为核心的差异化产品。（见图9-2）

如果在产品上没有办法做到创新，就从企业自身的产地进行品牌塑造，这必将是未来的重要机遇。

图9-2 不同产地的乳品

图片来源：高原之宝官网、圣牧有机奶官网、花园食品京东官方旗舰店、伊利官网（睿农乳业研究部制图）

2. 小品种：特色品类的机遇

在乳品领域中，牛奶是主流消费的产品。除此之外，还有很多哺乳动物都能够产奶，并且具有牛奶所不具备的优势。在整个牛奶制品的竞争中，无论企业大小，其产品的同质化不可避免。从消费端来说，只要是优质的乳品，总会有消费者喜欢，乳品消费的多样化为小品种类别的乳品带来机遇。

小品种乳品主要包括羊奶、牦牛奶、水牛奶、驼奶等，这些品种都有各自的产区，并在各自的产区拥有较好的消费基础。

羊奶也算是传统的乳品，但由于单只羊的产奶量有限，整体规模依然较小。羊奶在消费者心目中具有温补效用，并且更易于吸收，这为消费者创造了购买理由。

水牛是南方地区的一种牛，主要分布在广西、广东、云南等地，目前主要以广西和云南地区较多。在水牛奶品类中，广西皇氏乳业就是先行者；牦牛奶品类中，甘南的燎原乳业、西藏的高原之宝等企业，影响力较大。

百菲酪水牛纯奶（见图9-3），成为网上口碑TOP1品牌，为什么？产品的品质是很容易被消费者体验到的，有体验就会有传播，有传播就能产生销售，有销售量就能建立品牌。除此之外，百菲酪来自广西水牛之乡，这是品牌差异化的内核。

图9-3　百菲酪水牛奶

图片来源：百菲乳业官网

小品种乳品的机会在于，拥有奶源，开发出符合当前消费者需求的产品，从营养、安全、健康等方面着手，也必将从小众走向大众，并能够成就一批小品种乳品品牌。

3. 新消费：小众影响大众

新消费是基于数字技术而形成的线上线下融合，从而驱动消费的一种新的消费潮流。在这股潮流中，企业通过创新产品，利用线上线下媒体的推动，快速形成市场的增长。

信息碎片化时代，已经把不同类型的消费者做了区隔，不同的消费群体所关注的信息是不同的，在新消费中，企业只有完全影响一个群体，才有可能影响更多的群体。小众切入市场，形成口碑，从而影响大众，最终形成大众市场。

新消费特征的产品主要有两类：

一是价值型产品。面对新一代消费者，他们不需要温饱型的产品，而是需要具有更高价值的产品，这个价值不仅仅包括产品本身的价值，还包括产品的颜值、格调等。

二是社交化产品。社交化产品是指产品具有"发圈"①的特质。如果一个产品不能让消费者第一时间拍照留念，就不足以形成强大的社交化，只有消费者愿意通过产品去分享的时候，这个产品的社交化才能够完成。

新消费的营销特征：

线上激活，线下发力：线上平台一直是年轻人消费的重要渠道，只有在线上激活消费者的消费热情，线下的销售才更容易实现，从而通过线上线下的相互呼应，迅速引爆市场。

4. 新国货：文化自信带来的全民共识

新国货的崛起是基于当前中国消费的文化自信、品质自信而产生的市场行为，是激活老品牌或传统品牌，符合年轻消费者审美，传播本土消费文化的一场产品运动。

随着中国经济规模的不断扩大，即使在2021年全球经济下滑的大势之下，中国的GDP增长依然达到114万亿元，同比增长达到8.1%。在这样的环境下，国内消费者对于国产产品的认可程度在不断地提高，这是新国货能够崛起的基础条件。特别是国家提出"双循环"的理念，充分利用国内市场巨大的消费需求，强化国产产品的消费。

新国货具有的特征：

---

① 指各类私域或公域的朋友圈，包括微信朋友圈、微博、抖音、小红书等社交化媒体所形成的圈层。

一是借用文化价值。以中国传统文化或者是曾经的流行文化为基础，重新构建产品的价值。比如光明乳业借用大白兔奶糖的经典味道，推出的大白兔奶糖口味牛奶，就是借助于大白兔的文化积淀，重新激活消费者的记忆，成为新的网红产品。（见图9-4）

图9-4　大白兔牛奶

图片来源：光明官网（睿农乳业研究部制图）

二是符合年轻人的审美。审美就是消费者对产品的一种理解和感知的判断。在千篇一律的产品中，颜值就是销售力。有颜值的产品很多，但要符合年轻消费者的审美观念。

极简风格，如简爱酸奶的所有产品，只精确传递产品信息，没有其他各类表达。

繁复的表达，画面夸张，充满张力，比如乐纯的酸奶。对于美的理解，每人的审美是不同的，但只要符合年轻人，就有机会。

三是借用新的媒介触达消费者。新消费群体获取信息的方式已经发生变化，通过网络获取信息，通过网络进行消费，通过网络进行沟通交流，而这一切，都是新国货要关注的内容。只有让产品触达消费者，才能够引起消费者的关注，才能够形成规模。

5. 渠道下沉：扩容消费群体的争夺战

这虽然是个老话题，但在新增长周期中，这将是一个新的课题。过去多年的渠道下沉，基本还是在存量市场中进行竞争，消费群体没有扩展，反而是更多的品牌参与竞争；随着增量市场的出现、新的消费群体的加入，市场的扩容必然增加消费量，这就是渠道下沉的原因。

渠道下沉要做好三件事：

一是产品要适合下沉市场的需求。入门级消费群体对乳品的认知有限，初期消费必然以常温为主，而基础型产品将是首选，其次才是中高端的常温乳品，最后才是低温乳品。

二是渠道管理要做好基础工作。首先是铺货率要提升，让更多的消费者能够看到企业的产品，这是基础条件；其次是要做好有效铺货率的管理，在每一个市场都要有重点培育的终端，通过加强这些终端的管理，提升销售效率；最后是要做好终端场景的建设，营造热销氛围，提升销售机会。

三是重视下沉市场的网购需求。电商的发展促进了物流业的发展，在下沉的乡镇市场，物流速度也在不断提高，只要能够解决产品配送的问题，完全可以把团购、直播电商等形式复制到下沉市场，扩大销售规模。

6. 新营销：打通线上线下渠道，全面覆盖消费者

新营销是指通过新媒体、新技术、新传播等方式进行的营销变革，使目前的消费群体能够在碎片化的信息时代全面接触企业品牌与产品，从而影响其购买行为。

新营销具有两个特征：

一是销售的特征。通过利用新技术手段，精准地向目标消费者传递信息，通过各类电商平台或者私域流量进行产品的销售。

二是销售传播一体化的特征。目前的电商平台，除了能够进行产品展示式的销售，还可以通过现场解说的直播式的销售。在展示和直播的过程中，这些平台已经把品牌宣传和销售合二为一，现场即可下单购买。

新营销技术目前可以打通线上线下，使之成为一体，进而做到全面覆盖消费者，服务消费者。目前传统的零售渠道（比如华润万家、大润发、家乐福、全家等）都已经开展围绕店面周围 2 公里布建线上平台销售和线下配送业务。进入到传统店面的新零售中去，是乳品企业必须要开展的工作。

很多区域乳业在前期发展的过程中，通过自建乳品店或者加盟店的方式进行产品的销售，在新营销时代，这些终端店面就具有连接线上线下消费者的功能。围绕这些店面展开新零售的营销工作，可提升店面的效用。

新营销并不是遥不可及，而是在每一家企业的身边。只有采取行动，拥抱互联网的企业才能够抓住新营销带来的增长红利。

7. 功能性产品：满足消费者对健康乳品的本质需求

2020 年新冠疫情发生之后，睿农乳业研究部通过百度搜索信息发现，免疫力这个关键词在短短的两周内，搜索量增加了 5 倍，这说明更多的消费者正在关注免疫力提升。

除此之外，通过舆论媒体的宣传和企业的推广，更多功能性乳品受到消费者的关注。新冠疫情改变了消费者的很多消费习惯，而企业只有充分地利用好消费者的习惯，才能够抓住机遇，提升销售。

我们认为，功能性乳品将会是下一个增长的爆发点。其产品的方向包括：一是"0添加"方向的产品。这类产品在消费者心目中，更多的是健康的功能。二是添加营养素的产品，比如中老年人方向的乳品，添加钙、铁、锌、硒等，提高消费者的健康水平。三是高营养的产品，比如高蛋白类产品、特殊蛋白类产品，比如A2等。这些产品为消费者带去的是高价值的感受。四是益生菌方向的酸奶产品，有功能，就更易于被消费者接受。

第三节　乳业新管理

一、后台服务前台

公司的内部管理层级，基本可以分为后台、中台和前台。后台是企业的管理层，担负着企业的战略、协调及支援性工作；中台是企业的运作中心，包括生产、研发、行政、财务、人资等部门，主要承担着企业支撑服务性的工作；前台是企业的营销部门，这是离市场最近，和消费者接触最多的部门，要随时根据市场的变化而做出反应，所需要具备的灵活性更强。（见图9-5）

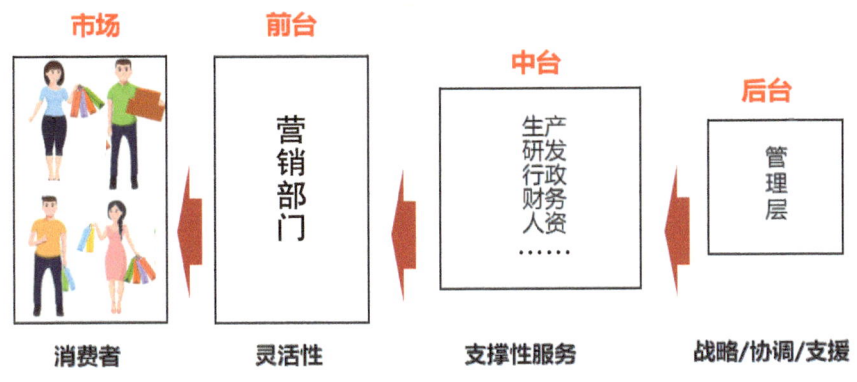

图9-5　公司内部管理层级图

在企业的各个管理环节中,谁直接创造效益?我们认为是离消费者最近的营销部门。

后台服务前台,就是要建立以市场为中心的管理模式,要围绕消费者的需求而展开一系列的动作。从产品研发到生产,从物流运输到产品的新鲜度管理,从行政管理到员工关怀,从新品上市到营销传播,等等,这一切都是为了能够更好地服务消费者。

只有服务好消费者,建立消费者的信任,企业才能够获得持续的发展。

二、过程服务目标

前台是营销部门,要通过目标的不断实现来创造价值。

一是明确目标设定的依据。通过四个指标进行分析:首先是和企业过去达成的目标进行比较,从而根据历史数据确定未来增长的幅度;其次是和竞争对手比较,通过参考竞品的增长速度,分析市场竞争的态势；再次是和行业的标杆比较，通过对标杆的增长速度的研究，找到差距，寻求改进的措施；最后是和行业的增长速度比较，寻找普遍性和企业自身差异性之间的距离。通过对这些指标的分析，可以确定企业下阶段的增速。

二是设定目标。增长速度确定，目标的绝对值就能够确定。但目标并不仅仅是数字目标，还有动作目标，即要采取什么行动才能够支撑数字目标。

目标设定的关键要素有三个：首先是可量化，按时间轴进行目标的分解，包括具体的营销动作，包括新品上市、终端建设、市场推广等，都要用数字化表达，不能模糊。其次是可执行，设定的目标必须是团队可以做到，并且以团队的能力可以实施。最后是有时间节点，任何目标的设定都需要有时间节点，不能无限期或者完成时间不明确，最后导致目标无法完成。

三是做好过程管理。过程管理一般采用四个"围绕"展开：首先是围绕目标做计划，目标确定，具体的实施计划要详细。其次是围绕计划做执行，在每一个时间节点要完成什么工作，在没有特殊事件的情况下，都要根据计划而做好各类执行工作。再次是围绕执行做总结，要定期做工作复盘，随时要对执行过程中的经验教训做出总结提炼。最后是围绕总结做提升，提升就是不断地把优秀的、成熟的经验在团队中复制，而对于在执行过程中出现的不足之处，也要通报团队，在未来的工作中要避免再次犯错。

过程管理是循环往复的工作，只有时时跟进、定期总结，才能够不断提高效率。过程管理就是为服务终极目标而确立的方法。

三、员工第一，客户第二

企业服务好员工，员工才能服务好客户，这并不是表示客户不重要，恰恰相反，客户很重要，但企业的客户都是由员工服务的，只有自己的员工满意，他们才会尽心尽力地让客户满意。

员工为什么在这家企业工作？一是通过努力工作，获得报酬，能够拥有更好的生活。二是为了实现自我理想，创造出与众不同的价值。这两个都属于员工的价值，一个是物质的价值，一个是精神的价值。两者都不能偏废。

企业如何帮助员工去实现自己的价值？

一是设立目标。从公司的目标确立到个人的目标实现，这需要公司和员工达成共识，只有达成共识，员工才会拼力去实现。

二是提升自己。企业作为一个平台，无论是通过培训学习提升个人能力，还是通过工作任务的完成不断积累经验，这都是给予员工提升自己的机会。

三是完成目标。只有帮助员工不断完成目标，企业才能发展。企业的目标都是由一个个员工的目标构成的，只有大家共同努力，才能够共同完成目标。员工的目标达成，个人才会成长，才能体现出价值。

新的管理方式要摒弃单向的、命令式的管理，调整为互动式的、赋能式的管理。其管理的底层逻辑是：通过赋能团队成员，使之能够有权力、有能力去服务客户；而要实现目标，则团队的执行力是关键；要想提高执行力，除了员工要具备能力，还需要企业有合理的激励措施，提高员工的工作动力。

1. 赋能是指企业及每一层级的上级管理人员给予下级人员的支持

主要包括四个方面：

一是授权。让听到炮火的人做决策，这本质上是企业给予员工在一定规则下的决策权，以适应瞬息万变的市场，只有快速反应，才能抓住机会。

二是辅导。上级要对下级进行工作辅导，而不仅仅是考核。只有员工掌握工作方法，不断地提升技能，整个团队才会具有竞争力。

三是跟踪。根据工作计划，对每一个员工的工作进程进行及时跟踪，杜绝出现"目标不跟踪，最终一场空"现象。跟踪的过程，也是不断地修正、提升员工执行力的过程。

四是培训。定期的培训，是提高能力的方法。通过内部组织、外部邀请老师的方式来进行知识、经验、案例的学习。最关键的是学习之后要用到工作中去。

2. 执行力是指团队围绕目标而采取的行动是否按计划进行

执行力决定最终的结果，那么如何提高执行力呢？

一是服从管理。在管理方式上，虽然要做到互动式的管理，但前提条件是下级要能够服从上级的管理。为什么？打胜仗的前提是号令一致，大家目标一致，行动一致，才能够形成强大的执行力。

二是紧盯目标。上级要关注目标，下级要完成目标。只有整个团队都能够围绕目标而展开工作，并定期进行目标的复盘，随时改进工作，执行力才有意义。

3. 激励是团队执行力的动力源泉

激励的原则有三个：一是认同感，通过设置合理的激励方式，让员工能够感受到公司对他的认可。二是荣誉感，和员工共同成长，其每一次的进步公司都能够看到,并给予表彰。三是即时性,要趁热打铁,随时发现员工的成长、进步、达成目标等,并及时进行奖励。

激励的方式主要有两种:

一是物质激励。这个主要是通过奖金、物品等方式实现,比如达成月底目标,奖金 3000 元;比如季度冠军,除奖金外,再奖励笔记本电脑一台等。

二是荣誉激励。对员工的认可,荣誉激励也很重要,要有仪式感,要体现出企业对员工的心理的尊重。比如年度销售的 TOP5,除了奖金,要发荣誉证书,要让每个获奖者发言、拍照、宣传等。

中国市场,潜力无限。乳品企业只要能够从品牌战略着手,通过打造企业的超级单品,紧跟市场发展趋势,用长期主义的理念去做企业,做营销,必将未来可期!

第四节　乳业进入品牌时代

一、企业管理者对品牌的误解

虽然品牌战略的重要性日益凸显,但至今,我们依然看到有很多乳品企业的管理者没有意识到品牌的重要性,或者对品牌存在一定的误解。

误解一:品牌是虚的,不能够落地。这意味着品牌不能创造价值。

误解二:只要做好产品,品牌自然就形成了。这是唯产品论者。

误解三:企业现在的主要问题不在品牌,而在其他方面(比如生产、研发、营销、团队等）。这是为品牌不强找借口。

乳品行业的很多企业认为，自己是本土品牌，只做低温乳品，品牌的定位已经很清楚。而实际上并不是如此，品牌间的同质化定位和诉求都很普遍，大家的品牌定位和诉求基本一致，以至产品结构基本一致，这就导致在竞争的过程中，采用价格战成为常态。做好品牌，企业的产品才能够有溢价能力，才更有竞争力。

我认为，乳品行业的品牌竞争时代已经到来。在竞争中，只有构建品牌，消费者才会产生信任，而产品只是品牌的载体，是传递品牌价值、实现品牌溢价的手段。

二、为什么要做品牌

1. 品牌能提高顾客的购买决策效率

为什么品牌能提高顾客的购买决策效率？是因为当消费者在面对琳琅满目的产品的时候，他知道选择品牌就会减少不确定性，就能够快速做出决策。减少消费者的决策时间，就提高了效率，降低了顾客的选择成本。所以说做品牌就是让消费者脑海里面第一个想到你，到终端看到那么多产品的时候，他首先会去选择你。这是我们做品牌的目的，那么这个目的的背后，就是提高顾客的购买决策效率，降低顾客的选择成本。

2. 品牌加强社会的监督作用

其实做品牌还有一个作用：加强社会的监督，提升企业自身的管理效率和自身的品质。如果是没有品牌的产品，出现质量问题，可能就找不到负责的人；如果是一个有品牌的产品，出现问题的时候，就能够迅速地找到负责人。为什么一个负面的事件，对品牌就产生巨大的影响？为什么一个"三聚氰胺事件"，就让当时的乳业巨头"三鹿"这样一个超百亿的企业迅速倒下，这就是社会监督在起作用。为什么要做品牌？就是让消费者来监督企业，从而提升企业内在的管理能力。

三、乳业的品牌时代

在当前物质丰盈的时代，消费者面对各类乳品及替代性产品，选择成为难题。在这样的情况下，消费者从自我的角度出发，就会去选择品牌影响力更大的产品，因为这样自己所承担的风险更小。

作为乳品企业，只有通过不断地向市场传递品牌价值，才能影响目标消费群体的决策。打造品牌，就需要企业用长期主义的理念来完成，通过聚焦品牌定位，打造品牌价值体系，全方位地进行消费者沟通，这样才能够在同质化的市场建立差异化的品牌形象。

我相信乳品企业的品牌时代已经来临，必须对品牌重视起来，塑造品牌，打造百年企业。

SAC品牌定位模型

S 是 Self advantages 的简写，表示自身优势；A 是 Advantages of competitor 的简写，表示竞品优势；C 是 Consumer cognition 的简写，表示消费者认知。（见图 9-6）

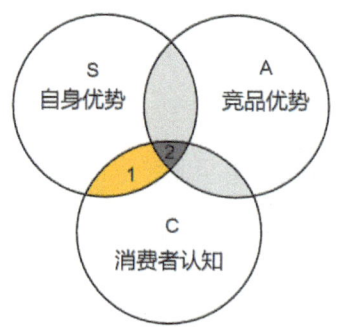

图9-6　SAC品牌定位模型

模型 18　品牌价值体系

品牌价值体系是围绕品牌定位而建立的品牌系统，包括品牌核心价值、品牌诉求、品牌支撑、品牌调性、品牌故事五个要素。（见图9-7）

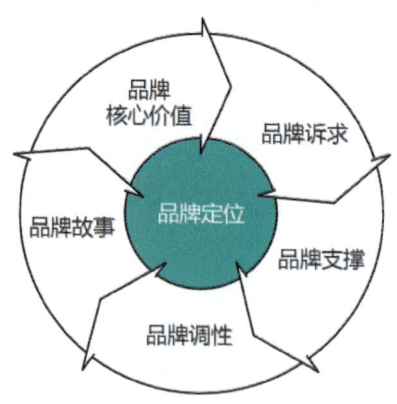

图9-7　品牌价值体系

公司名称索引
（排名不分先后）

伊利　　内蒙古伊利实业集团股份有限公司
蒙牛　　内蒙古蒙牛乳业（集团）股份有限公司
光明　　光明乳业股份有限公司
君乐宝　君乐宝乳业集团有限公司
飞鹤　　黑龙江飞鹤乳业有限公司
三元　　北京三元食品股份有限公司
卫岗　　南京卫岗乳业有限公司
天友　　重庆市天友乳业股份有限公司
天润　　新疆天润乳业股份有限公司
贝因美　贝因美乳业有限公司
三鹿　　石家庄三鹿集团股份有限公司
科迪　　河南科迪乳业股份有限公司
新希望　新希望乳业股份有限公司
完达山　北大荒完达山乳业股份有限公司
娃哈哈　杭州娃哈哈集团有限公司
旺旺　　上海旺旺食品集团有限公司
辉山　　辽宁辉山乳业集团有限公司
菲仕兰　荷兰皇家菲仕兰公司

雀巢　雀巢（中国）有限公司

达能　广州达能酸乳酪有限公司

卡夫　卡夫食品（中国）有限公司

帕玛拉特　意大利帕玛拉特公司

皇氏　皇氏集团股份有限公司

长富　福建长富乳品有限公司

花花牛　河南花花牛乳业集团股份有限公司

佳宝　济南佳宝乳业有限公司

海河　天津海河乳品有限公司

古城　山西古城乳业集团有限公司

银桥　西安银桥乳业（集团）有限公司

绿健　徐州绿健乳业有限责任公司

均瑶　湖北均瑶大健康饮品股份有限公司

圣元　圣元营养食品有限公司

嘉盛　威海嘉盛乳业有限公司

宁波乳业　宁波市牛奶集团有限公司

雅士利　雅士利国际集团有限公司

多美滋　多美滋婴幼儿食品有限公司

美赞臣　美赞臣营养品（中国）有限公司

现代牧业　现代牧业（集团）有限公司

富源国际　内蒙古富源国际实业（集团）有限公司

妙可蓝多　上海妙可蓝多食品科技股份有限公司

苏州双喜　新希望双喜乳业（苏州）有限公司

公司名称索引

湖南南山　湖南新希望南山液态乳业有限公司
西昌三牧　西昌新希望三牧乳业有限公司
绿源唯品　山东绿源唯品乳业有限公司
澳牛　福建新希望澳牛乳业有限公司
夏进　宁夏夏进乳业集团股份有限公司
风行乳业　广州风行乳业股份有限公司
兰格格　内蒙古兰格格乳业有限公司
认养一头牛　认养一头牛控股集团股份有限公司
简爱　朴诚乳业（集团）有限公司旗下的品牌
乐纯　北京乐纯悠品食品科技有限公司
小西牛　青海小西牛生物乳业股份有限公司
生生乳业　洛阳生生乳业有限公司
瑞源乳业　新疆瑞源乳业有限公司
今时代　北京今时代乳业有限公司
养乐多　养乐多（中国）投资有限公司
一鸣　浙江一鸣食品股份有限公司
重庆光大　重庆光大集团乳业股份有限公司
三色鸽　河南三色鸽乳业股份有限公司
得益　山东得益乳业有限公司
高原之宝　西藏高原之宝牦牛乳业股份有限公司
百菲酪　广西百菲酪乳业股份有限公司
圣牧　内蒙古蒙牛圣牧高科奶业有限公司
庄园牧场　兰州庄园牧场股份有限公司

花园乳业　新疆石河子花园乳业有限公司

燎原乳业　甘南藏族自治州燎原乳业有限责任公司

参考书目

〔1〕《经济发展理论》,约瑟夫·熊彼特著,王永胜译,立信会计出版社,2017年。

〔2〕《整合营销传播:创造企业价值的五大关键步骤》,唐·舒尔茨、海蒂·舒尔茨著,王茁、顾洁译,清华大学出版社,2013年。

〔3〕《定位:争夺用户心智的战争》(经典重译版),艾·里斯、杰克·特劳特著,邓德隆、火华强译,机械工业出版社,2021年。

〔4〕《营销管理》(第14版),菲利普·科特勒、凯文·莱恩·凯勒著,王永贵、于洪彦、何佳讯等译,格致出版社,2012年。

〔5〕《水平营销》,菲利普·科特勒、费尔南多·德·巴斯著,陈艳茹译,中信出版社,2005年。

〔6〕《啤酒与尿布——神奇的购物篮分析》,高勇著,清华大学出版社,2008年。

〔7〕《广告与促销:整合营销传播视角》(第11版),乔治·贝尔奇、迈克尔·贝尔奇著,郑苏晖、林薇、陈宇等译,中国人民大学出版社,2019年。

〔8〕《消费者行为学》(第10版),迈克尔·所罗门、卢泰宏、杨晓燕著,杨晓燕、郝佳、胡晓红等译,中国人民大学出版社,2014年。

〔9〕《战略品牌管理》(第4版),凯文·莱恩·凯勒著,吴水龙、何云译,中国人民大学出版社,2014年。

〔10〕《终端销售葵花宝典》(第2版),魏庆著,北京大学出版社,2018年。